Arenas da comunicação com o mercado

CB020023

Arenas da comunicação com o mercado

Articulações entre consumo, entretenimento e cultura

Centro de Altos Estudos da ESPM (org.)

alameda

Copyright 2010 © Centro de Altos Estudos da ESPM

Edição: Joana Monteleone
Editor assistente: Vitor Rodrigo Donofrio Arruda
Revisão: Gabriela Ghetti de Freitas e Rosemary Lima
Projeto gráfico e diagramação: Marília Chaves
Pedro Henrique de Oliveira
Capa: Patrícia Jatobá U. de Oliveira
Assistente de produção e copidescagem: Rachel Duarte Topfstedt

Coordenação editorial (ESPM): Ricardo Zagallo Camargo
Vladimir Safatle
Tratamento de imagens (ESPM): Igor Nunes Abreu

CIP-BRASIL. CATALOGAÇÃO-NA-FONTE
SINDICATO NACIONAL DOS EDITORES DE LIVROS, RJ

A726

ARENAS DA COMUNICAÇÃO COM O MERCADO: articulações entre consumo,
entretenimento e cultura/Centro de Altos Estudos da ESPM (org.); Francisco
Gracioso...[et al.]. São Paulo: Alameda, 2010.

Inclui bibliografia
ISBN 978-85-98325-98-9

1. Comunicação de massa e propaganda 2. Propaganda 3. Publicidade I. Gracioso, Francisco, 1930 II. Centro de Altos Estudos em Propaganda e Marketing.

09-3025.   CDD: 302.23
                    CDU: 316.77

                                    013412

ALAMEDA CASA EDITORIAL
Rua Conselheiro Ramalho, 694 – BelaVista
CEP: 01325-000 – São Paulo – SP
Tel.: (11) 3012-2400
www.alamedaeditorial.com.br

Sumário

Introdução

Em 2007, o Centro de Altos Estudos em Propaganda e Marketing (CAEPM) realizou um encontro internacional visando discutir o que se convencionou chamar de "novas arenas da comunicação". Tal termo visa dar conta da tendência de migração de investimentos publicitários da publicidade tradicional (anúncios em mídia impressa, televisiva, rádio etc.) em direção a ações cuja gestão não estava prevista no interior do antigo modelo de agência de publicidade. Neste sentido, a discussão sobre novas arenas de comunicação é, primeiramente, uma reflexão sobre a necessidade de um novo modelo de gestão de ações de comunicação comercial, modelo este mais capacitado a articular, conjuntamente, criação de eventos culturais, atuação no mundo virtual, intervenção no campo da moda, dos esportes, otimização da experiência em pontos-de-venda, entre outros.

No entanto, esta discussão logo se mostrou muito maior do que um mero problema de reconfiguração de modelos de gestão da comunicação. Pois, por trás desta percepção empresarial, fazia-se sentir uma mutação maior nas articulações entre consumo, entretenimento e cultura nas sociedades contemporâneas. Cada vez mais livre das obrigações de se restringir à descrição material de produtos, a publicidade pôde se trasmutar na promessa de consumo de experiências que se apoiavam na analogia com experiências que encontraríamos em campos de alta relação entre cultura e entretenimento, como a moda, a música pop e os esportes. No fundo, trata-se de um processo no qual cada vez menos a publicidade fica restrita a espaços e tempos específicos para disseminar-se em esferas cada vez mais largas da cultura. Com isto, aparecem novos problemas e dinâmicas que exigem uma reflexão à altura deste desafio.

Tendo em mente tal tarefa, o CAEPM edita este livro com algumas das contribuições mais relevantes apresentadas no II Encontro ESPM de Comunicação e Marketing. Um conjunto formado por doze artigos selecionados a partir dos trabalhos apresentados e contribuições dos professores Derrick de Kerckhove, Francisco Gracioso e Stuart Ewen, conferencistas principais do evento.

A obra inicia-se com texto do professor Francisco Gracioso que visa apresentar o conceito de "arena da comunicação" assim como explorar seu alcance. Na sequência apresenta textos que abordam algumas das esferas mais relevantes desta nova forma de gestão da comunicação, oferecendo ao leitor estudos sistemáticos sobre o universo da moda, o mundo virtual, a esfera do entretenimento e dos grandes eventos, assim como o uso comercial do discurso da responsabilidade social. E também textos referentes a problemas maiores que aparecem no interior das confluências entre publicidade e sociedade.

Equipe do CAEPM
Centro de Altos Estudos da ESPM

Arenas da comunicação com o mercado [1]

Francisco Gracioso[*]

1 Texto elaborado a partir de palestra ocorrida no II Encontro ESPM de Comunicação e Marketing em 6 de novembro de 2007. Não se trata de uma transcrição *ipsis verbis*, mas de um registro elaborado a partir do áudio captado durante o evento. No texto, revisado pelo autor, buscou-se, contudo, a maior fidelidade possível à fala, assim como a preservação das características de linguagem oral. O texto completo da palestra do professor Francisco Gracioso e demais palestrantes citados pode ser obtido nos Anais do II Encontro ESPM de Comunicação e Marketing – As Arenas da Comunicação com o Mercado São Paulo, novembro de 2007, edição em CD.

* Administrador, publicitário e profissional de marketing, com mais de 40 anos de experiência em cargos de direção e em consultoria empresarial. Gerenciou grandes empresas e participou de projetos especiais nos Estados Unidos, América Latina e Europa. Atualmente é conselheiro da Escola Superior de Propaganda e Marketing (ESPM), instituição que presidiu por 26 anos. Dirigiu, por mais de 30 anos, a Associação Brasileira de Alumni do IMD, sendo hoje seu presidente de honra. É conferencista, consultor de empresas e autor de vários livros nas áreas de planejamento estratégico, marketing e propaganda.

A propaganda, no mundo, vai muito bem, obrigado. Em 2006, o faturamento mundial foi de aproximadamente US$ 420 bilhões, com um crescimento médio de 5% (Santos 2007: 25). No entanto, a propaganda não está crescendo nas economias maduras mais desenvolvidas; o que cresce neste caso são os investimentos no que podemos chamar de "novas arenas". O crescimento da propaganda em si está vindo das economias emergentes. O Brasil se inclui entre elas, embora outras grandes economias, como Rússia, China e Índia subam cada vez mais nos rankings dos maiores mercados publicitários do mundo. Como disse Ricardo Cavallini em nosso seminário: "Os anunciantes estão inquietos diante das novas opções, conscientes da necessidade de comunicação integrada e insatisfeitos com os serviços recebidos. As agências tradicionais estão inseguras quanto à remuneração de seus serviços e hoje não existe uma só agência que cuide de todos os canais de comunicação."

A fim de melhor compreender a importância de novas dimensões da comunicação, peguemos o caso das embalagens. Segundo o laboratório de embalagens da ESPM, numa semana típica do mês de setembro, foram lançados, no mundo, 3.460 produtos novos,[1] embalados, isto é, produtos de consumo repetido, destinados a supermercados e lojas, que o consumidor apanha e leva para casa. Desse total, cerca de 4% foram lançados no Brasil,[2] o que não é pouco. Nós estamos nessa estimativa, com praticamente a metade do que lançavam os americanos. Outros grandes países, como México e Indonésia estão também muitos ativos na área dos novos produtos, mostrando que o marketing está se generalizando.

O uso de novos produtos, para aproveitar nichos de mercado, é hoje um conceito mundial que promete uma grande revolução nos próximos anos. Curiosamente, esses produtos não estão sendo apoiados, via de regra, com campanhas publicitárias específicas, como acontecia antigamente, e não há mais possibilidade de um apoio dessa natureza.

Hoje, as empresas confiam muito naquilo que eu chamaria de marca corporativa. A marca Nestlé, por exemplo, inspira uma confiança implícita, uma confiança que dá o aval aos produtos novos que a Nestlé venha a lançar. Esses produtos são colocados no mercado por meio de verdadeiras parcerias com os grandes supermercados, as grandes lojas, de forma a garantir exposição e promoção. Muito daquilo que era feito antigamente pela propaganda, o trabalho educativo da propaganda, é feito atualmente no ponto-de-venda. Este transformou-se também em ponto de educação, de introdução de novos conceitos. Nesse processo, a embalagem tem muita importância.

Queria chamar a atenção à necessidade de aprofundamento do estudo da embalagem e de seu papel nesse novo modo de fazer marketing. A embalagem, muitas vezes, é a única forma de comunicação mais

---

1 Dados de setembro de 2006, fornecidos pelo Laboratório de Embalagens da ESPM com uso da ferramenta GNPD (Global New Products Database) do Mintel International Group, grupo britânico de pesquisas e análise de mercado.

2 Dados do laboratório de Embalagens da ESPM com uso da ferramenta GNPD/Mintel.

detalhada entre o produtor de um novo produto e o seu consumidor. Serão gastos, este ano, no Brasil, R$ 40 bilhões com embalagens de produtos de consumo.[3] É outro campo impressionante de comunicação. Quando propus, pela primeira vez, o conceito das arenas, falei em sete arenas, mas preveni que este era um número cabalístico e que outras, certamente, surgiriam a toda hora. As embalagens são, também, uma arena da comunicação.

Voltemos à realidade do nosso país, onde a propaganda, se não estagnou, como em outros países, também não cresce tão depressa assim. O crescimento deve ficar na casa dos 10%, com previsão de faturamento em torno de US$ 26 bilhões, o que é muito pouco, considerado o PIB real deste país que, este ano, será de US$ 2,56 trilhões. Isso dá uma média de 1% para a propaganda, enquanto a nossa média histórica, nos anos de crescimento acelerado, chegou a ser de 1,1% a 1,2% (Sant' Anna 2008: 16). O que ocorre é que a propaganda é vista atualmente, com muita razão pelos grandes anunciantes, como um instrumento de competição entre marcas. Ela deixou de ser, por absoluta impossibilidade, o instrumento básico de introdução de novos conceitos, novos estilos de vida e de produtos ou serviços. Talvez venha daí a razão para o fato levantado por Ricardo Cavallini: "Nos EUA, foram analisadas as verbas de cada cliente, como GM, Procter e Unilever, entre outros, e constatou-se que o investimento em comunicação caiu. Mas essas empresas explicaram que não caiu, aumentou, pois estavam destinando grande parte dos investimentos a ações que não são mensuradas pelos métodos tradicionais, justamente por não serem gastos em veiculação".

Claro que a propaganda ainda introduz novos conceitos, produtos e estilos de vida, mas ela já fez muito mais nesse sentido, no passado. Também o nível de competição existente em nossa economia não é tão grande assim, embora alguns setores sejam competitivos. Temos neste momento, por exemplo, o *boom* de propaganda imobiliária. De vez em

---

3 Dados do laboratório de Embalagens da ESPM com uso da ferramenta GNPD/ Mintel.

quando, as telefônicas também acordam, a cerveja levanta sua bandeira, mas, no Brasil, a competição do mercado ainda é frágil. Recordo uma frase que ouvi, de Vinícius Prianti, presidente da Unilever, falando da introdução de produtos e da posição de sua companhia: "Olha, Gracioso, no duro, no duro, os meus concorrentes são os planos de saúde, as TVs de plasma e outras coisas desse tipo, que não têm nada a ver com higiene, beleza, com o cuidado do lar e da pessoa". Na verdade, as empresas que, por essa razão, pelo baixo nível de competição, estão reduzindo as verbas de propaganda, deixam também de estimular o consumidor, como deveriam, para gastar em categorias determinadas de produtos. Há algumas categorias que têm atração natural: carro, TV digital e coisas desse tipo. Mas é claro que nem todos os produtos têm esse poder de atração. Dentro desse contexto, no qual a propaganda se mostra importante, ela continuará a crescer no Brasil na razão direta não tanto do crescimento do PIB, mas do crescimento do nível de competição. E nós todos, homens de publicidade e de marketing, devemos ter sempre isso em mente. Nossas profissões dependem totalmente da livre iniciativa, de mercados livres, de mercados competitivos. Combatam os oligopólios, combatam os monopólios estatais, combatam as reservas de mercado, combatam as declarações enjoativas da FIESP contra a importação de produtos. Tudo isso acaba se voltando contra nós e contra o país, porque reduz o nível de competição da economia.

Neste contexto, voltemos, agora, às novas arenas. Falei em US$ 26 bilhões para propaganda. Mas minha estimativa é que os gastos em comunicação sejam bem maiores. Creio que, no conjunto, estamos falando em verbas de comunicação de marketing, verbas de promoção com conteúdo ou teor de comunicação em um valor entre US$ 40 a US$ 50 bilhões, levando-se tudo em conta, desde o agrishow de Ribeirão Preto até o Rock in Rio, o marketing esportivo e da moda, aquilo que se faz no varejo e o mundo digital. É algo realmente impressionante.

Este fortalecimento dos investimentos nas arenas de comunicação faz parte de um movimento cujos exemplos são variados. Em nosso seminário, Carol Garcia e Gustavo Bernhoeft trouxeram um *case* exemplar envolvendo a Fiat e a arena da moda. Carol Garcia descreve o *case* da seguinte maneira: "A ideia era trabalhar a imagem de um automóvel que, naturalmente, é o primeiro carro das pessoas, em função da possibilidade econômica da grande maioria dos brasileiros. Precisávamos adotar um posicionamento que permitisse uma continuidade pelos demais produtos da empresa. Tratava-se de, ao mesmo tempo, gerar visibilidade junto a consumidores sofisticados, distanciando a imagem da marca Fiat do conceito de 'carro exclusivamente popular', facilitar a fidelização de compradores de camadas populares ('primeiro carro') para que caminhem pela gama de produtos da marca ao longo de seu progresso financeiro mediante projeção aspiracional em torno dos consumidores e agregar valores de atualidade e elegância próprios do discurso da moda mediante a sinergia com este mercado, tornando produtos da marca Fiat altamente desejáveis".

Sendo a moda uma mídia portátil que carrega valores e crenças, tratava-se de aproveitá-la a fim de agregar à marca Fiat aquilo que ela procurava. Na época, a empresa tinha uma grife de camisetas polo vendidas em concessionárias, mas desprovida dos valores procurados pela marca. Era necessária uma mudança. Isso aconteceu com a produção de produtos exclusivos e de qualidade ímpar capazes de efetivar transferência de significados de moda para o mundo Fiat. Apareceu assim um linha de produtos para o corpo aparentemente básicos, utilitários e urbanos, com design de autor e distribuição da Fiat, porém com possibilidade de customização. Desta ideia, nasceu uma gama de produtos e serviços sob o conceito FIAT – Fashion Inovative Attitude.

SISTEMATIZANDO O CONCEITO

Mas, antes de continuar avançando, vale a pena procurar sistematizar o que devemos entender exatamente por "arena de comunicação". Começaria dizendo que, da mesma forma que no passado os homens de mídia montavam as suas estratégias em combinações de veículos, deverão agora – e com a mesma desenvoltura – montar estas estratégias com base no que chamamos de arenas da comunicação com o mercado. Tratam-se de campos de comunicação com o mercado que nascem da intersecção entre as intenções de comunicação mercadológica das empresas e as lógicas de comportamento e linguagem próprias a diferentes esferas da vida sociocultural. Tais esferas, ou "mundos" têm padrões próprios de funcionamento e de reprodução. Circulando nos mundos cibernético, dos esportes, da moda, do entretenimento e do consumo cultural, a empresa atenta às características de cada um deles pode criar novas formas de contato com seus públicos, assim como tornar mais eficazes as ferramentas tradicionais. Forma-se, então, o conjunto de arenas da comunicação, entendidas como espaços comunicacionais em que a empresa pode competir mercadologicamente.

Esta necessidade de pensar estratégias globais de comunicação por meio de um conceito como o de "arenas" é apenas uma das consequências da absorção decisiva do universo da cultura e do entretenimento pelo mercado e pelas empresas. Uma absorção que tende a aproveitar-se da tendência à indistinção entre consumo, informação e lazer. Isto implica dizer que o campo da comunicação empresarial tende inexoravelmente a ultrapassar os limites estritos dos espaços anteriormente destinados a anunciantes e informações publicitárias. Da mesma forma que combinávamos no passado comerciais, anúncios e cartazes, teremos de combinar agora desfiles de moda, patrocínios, campanhas de telemarketing e exposição no varejo.

Se quisermos ter uma visão articulada deste novo universo da comunicação empresarial, podemos dizer que as arenas da comunicação são principalmente sete:

- Propaganda na mídia e formas dirigidas de comunicação. Trata-se do uso de espaços criados exclusivamente para a informação publicitária, como outdoors, anúncios em mídia impressa e eletrônica etc.
- Mundo do entretenimento, música, dança, cinema, teatro, festas regionais e folclóricas etc., ou seja, tudo aquilo que poderíamos chamar de âmbito do consumo cultural.
- Mundo do esporte, em que se destaca principalmente o patrocínio de esportistas e clubes.
- Mundo da moda com seus eventos, revistas e padrões.
- Grandes eventos promocionais, como salões e feiras que, embora sempre estivessem como uma das ferramentas da propaganda tradicional, hoje aparecem de maneira cada vez mais especializada e marcada pela lógica do entretenimento.
- Grandes cadeias varejistas ou ainda todos estes "espaços de consumo" em que a primeira coisa a ser consumida é exatamente o *ambiente*, a promessa de uma *experiência sensorial* ligada à construção de um novo espaço.
- Mundo virtual com suas novas dimensões de funcionamento, como Second Life, sites de relacionamento (Orkut), entre tantos outros.

1. Fenômeno social abrangente

Estas novas arenas da comunicação de mercado devem ser vistas como parte de um fenômeno social que ainda não entendemos perfeitamente e cujos resultados na comunicação e no marketing ainda não conseguimos controlar. Qualquer tentativa que se faça por parte das grandes agências de propaganda para entrar nesse mercado e gerir o uso das arenas depende de dois fatores: em primeiro lugar, da compreensão exata, em um contexto mais amplo, do caráter social do fenômeno das arenas; em segundo lugar, da capacidade de controlar os resultados desse torvelinho social, de avaliar, medir os resultados de um grande show, de uma grande exposição, de uma grande campanha de comunicação no varejo, ou no mundo digital. Trata-se de uma exigência difícil e talvez impossível, dirão alguns.

Sobre o primeiro aspecto, vale a pena lembrar que o uso das arenas aparece em um contexto em que as ações de comunicação precisam, muitas vezes, falar com consumidores globais. Como disse Celso Foster, da ESPN Brasil, em nosso seminário: "O que se observa é que os patrocinadores atuais olham um grande clube visando o mundo. O Fly Emirates, ao patrocinar o Arsenal, não tem o foco na Inglaterra, tem foco no mundo; a BWIN (Bet Win), quando patrocina o Milan e o Real Madrid, também tem esse foco. O Unicef, na parceria com o Barcelona, tem um objetivo que não é só espanhol, assim como o New Holland no Juventus. Os patrocinadores deixaram de olhar o mercado local e passaram a olhar o mercado mundial quando patrocinam um clube".

Levando em conta esta nova realidade, partamos de alguns fenômenos que merecem reflexão:

1.1 – Em São Paulo, em maio e junho de 2007, a visita do Papa atraiu 1 milhão de pessoas, uma marcha evangélica reuniu 3 milhões de pessoas; e a parada gay atraiu 3,5 milhões de participantes.[4]

Se considerarmos que os católicos representam 70% da população da Grande São Paulo[5] e que os gays, segundo sérios estudos americanos, representam 2% (embora digam ser mais do que isso), como explicar

---

4   Dados veiculados na mídia da época. Disponíveis em: *O Povo online* (Marcha 2007); *Portal de notícias G1* (Missa 2007); e Portal Terra (Lima 2007).

5   Estimativa a partir dos dados do Censo IBGE 2000, onde os católicos correspondem a 73,6 % da população brasileira.

realmente esses números? Isto tem muito a ver com o mundo do espetáculo de que falarei bastante, mas tem também a ver com aquilo que alguns estão chamando de sociedade pós-moderna. Eu não encampo este termo, porque me parece restrito, mas o seu sentido, para mim, está claro. Nós vivemos em uma época de negação da autoridade, negação dos valores sociais, necessidade de afirmação e busca de experiências novas. Isso realmente explica muita coisa, inclusive o que aconteceu aqui no mês de maio de 2007, em São Paulo.

1.2 – Com pouco mais de 10 anos de vida, um site de busca transforma-se na 5ª empresa americana, ao lado de gigantes como Exxon, GE, Microsoft, AT&T.[6]

Trata-se de um fenômeno impressionante. Em pouco mais de 10 anos um site de busca coloca-se ao lado de gigantes que têm dezenas de anos, instalações de produção milionárias, com dezenas ou centenas de milhares de empregados. Esses números dão ao Google um tamanho dez vezes maior do que a GM,[7] que os americanos encararam como o símbolo do seu país. Lembrem-se da frase: "O que é bom para a GM é bom para os Estados Unidos". O fato é que a GM é atualmente dez vezes menor do que um site de busca. É impressionante a envergadura, a complexidade de um fenômeno como esse. Talvez no mundo das Ciências Sociais já haja estudos mais avançados, mas nós, gente da comunicação, estamos sendo supreendidos, a cada dia, sem conseguir "tomar pé" nessa situação.

---

6   Conforme matéria publicada no jornal *O Estado de São Paulo* (Google 2007).

7   Conforme matéria publicada no jornal *O Estado de São Paulo* (Google 2007).

1.3 – Com o acréscimo de 40% sobre 2006, há hoje, no Brasil, 36 milhões de usuários da internet. Desses, 20 milhões acessam a rede em seu lar, com uma média de 22 horas mensais de utilização.[8]

Esses são números do IBOPE que contabiliza pessoas com mais de 15 anos. Milhões de crianças entre 7 e 15 anos, que também estão na rede, não estão aqui incluídas. Se considerarmos então que esta população de 36 milhões tem principalmente entre 15 e 35 anos, veremos que representa uma percentagem elevadíssima daquele *bracket*, daquele segmento etário. Poder-se-ia dizer que, no segmento entre 15 e 36 anos, 65% dos brasileiros têm acesso à internet. Fala-se aqui de pessoas que declaram ter acessado pelo menos uma vez nos últimos 15 dias. Se olharmos para aqueles que acessam do lar (são 20 milhões), a média de uso de 22 horas resultará na maior atividade de lazer que essas pessoas exercem. É por meio da internet que elas se entendem, comunicam-se, procuram realizar-se como pessoas, firmar a sua personalidade, viver uma segunda vida, nos casos mais extremos.

Como nos lembra Walter Longo em sua palestra: "No ano de 2007, foram vendidos mais computadores do que televisores no Brasil. Existe um fenômeno ocorrendo e não podemos achar que tudo está como era. Vai haver uma mudança, e muito rápida. Tão ou mais importante que a própria internet é a nova geração de mídias que está criando; ela não só entrou como uma bactéria, no cenário da mídia, mas, além disso, está se multiplicando. Estamos fazendo uma cultura de bactérias. É um novo conjunto de ferramentas que está quebrando paradigmas e alterando a relação dos consumidores com a mídia e, principalmente, com os comerciantes". Isso tudo também precisa ser estudado, caso contrário não conseguiremos, como não estamos conseguindo, aumentar os investimentos publicitários no mundo digital. No Brasil, para termos

---

8   Dados do IBOPE/NetRatings (Brasileiros 2007)

uma ideia, a internet corresponde a cerca de 2% do investimento total em publicidade.[9] E o pior é que não controlamos esses 2%. Não sabemos o que produzem, tamanha é a confusão que se generalizou. É possível pôr ordem na casa? Eis uma pergunta que lanço.

1.4 – Neste ano, mais de 30 milhões de brasileiros assistirão aos rodeios espalhados pelo interior. É muitas vezes mais do que o total de espectadores do campeonato brasileiro de futebol (Aragão 2008).

Futebol tem cobertura de TV aberta, TV a cabo, imprensa, rádio. No entanto, ninguém fala de rodeios. Estive uma vez no rodeio de Jaguariúna. Havia 80 mil pessoas, jovens, todos eles vestidos a caráter, ou quase, fazendo comentários de entendidos sobre os bois que estavam lá, derrubando gente. Isso tudo é parte da sociedade pós-moderna, é parte da necessidade que temos, neste mundo global, de buscarmos refúgio em nossas raízes. As verdadeiras raízes do Brasil não estão no litoral, estão no interior. É isso que surpreende muitos estrangeiros que têm uma imagem do Brasil baseada no que há no litoral: o samba, o carnaval, as grandes cidades caóticas. De repente, percebem que o verdadeiro Brasil não tem a ver só com isso, mas também com muitas outras coisas. Está havendo em nosso país uma busca maior de raízes, de regionalismo, um orgulho em ser membro de uma pequena comunidade. Isso tudo ainda não foi entendido nem aproveitado pelo marketing ou pela comunicação.

---

9   Dados do projeto Inter-Meios relativos ao mês de maio de 2007. Disponível em http://www.projetointermeios.com.br/relatorios/rel_investimento_3_0.pdf. Acesso em 5 de novembro de 2009.

1.5 – *Case* das lojas Zara

Segundo a Interbrand,[10] a marca Zara foi a segunda mais valorizada no mundo em 2006, com um crescimento de 22% no valor. O que distingue a Zara é a sua filosofia de investir toda a verba de marketing nas próprias lojas. Não faz publicidade, mas escolhe os melhores locais, com lojas espaçosas, música ambiente e tratamento personalizado. O layout das lojas muda frequentemente, dando ao cliente mais motivos para voltar. Em média, cada comprador volta à loja 17 vezes por ano. A Zara é bastante conhecida no Brasil entre as mulheres. Eles têm uma proposta, um posicionamento diferenciado e apostam na divulgação que é feita boca a boca, provocada pelo ponto-de-venda, sendo este encarado por eles como centro de difusão institucional e promocional de sua marca. Chegaram à conclusão de que o melhor investimento na marca Zara seria o próprio ponto-de-venda. É um exemplo que se soma aos outros, conhecidos por nós – de shopping centers e grandes hipermercados, que também são centros de difusão de marcas –, centro ou arenas da comunicação que principalmente os grandes anunciantes de produtos embalados conhecem muito bem. Certa vez, estive em almoço com os novos proprietários do jornal *O Estado de S. Paulo*. A mensagem que eles nos transmitiram foi a de que estavam cada vez mais preocupados com a concorrência da internet. Achavam que ela poderia acabar com os classificados. Naquela ocasião, eu já dizia que eles tinham razão em termos. O grande concorrente dos jornais não é a internet, mas sim o varejo. É para lá que estão indo muitas verbas de comunicação que iam, antigamente, para a TV, os jornais. Essa é uma verdade ainda em nossos dias.

O caso da Zara nos permite pôr em discussão, em debate, aquela velha história que diz: "É, mas se a propaganda não continuar a proteger a imagem da marca, essa pressão excessiva no ponto-de-venda acaba comprometendo essa marca". Será? Eu acreditei nisso, não acredito mais. As

---

10 Pesquisa Best Global Brands 2007 da Interbrand, consultoria em avaliação de marcas. Disponível em http://interbrand.com/images/BGB_reports/BGB_2007.pdf.

marcas mais vendidas, mais endossadas pelos supermercados, a marca que você mais vê em *displays*, em demonstrações, está granjeando imagem tanto quanto por meio de um bom comercial de TV. Não há diferença nenhuma. Enfim, são inúmeros pontos em discussão que, eu creio, é o que dá sentido a um seminário como este. Se vocês acham que vão sair daqui com certezas, estão muito enganados.

1.6 – Nos últimos 10 anos, a vida útil dos computadores nos EUA caiu de 4 para 2,5 anos (Vianna 2007).

O que isso significa? Esses aparelhos, certamente, depois de 2 anos e meio, ainda têm muito a dar. Não podemos admitir que tal obsolescência seja planejada. É muito mais a angústia, a inquietação que dominam os seres humanos hoje, em todas as circunstâncias, que nos levam a enjoar dos utensílios domésticos. Esta inquietação traz consequências decisivas, como lembrou Walter Longo em nosso seminário: "De acordo com Ken Sacharin, VP da Media Edge, nos últimos 30 anos nossa habilidade para relembrar comerciais de TV caiu 70% , apesar de toda a crescente sofisticação dos "production values" atuais. E o processo está se acelerando. Em menos de 5 anos, o índice de *click-through* dos banners na internet caiu 90%. Não é só o problema de televisão. Temos hoje um *attention deficit disorder* na sociedade como nunca houve. Segundo a Statistical Research Inc., dos EUA, o *zapping*, à noite, é 4 vezes maior do que de dia, porque, no horário nobre, o homem assume o controle remoto. Aí ninguém mais vê nada. Interessante observar o seguinte: se analisarmos o comportamento da mulher, na década de 1970, durante o dia, assistindo apenas aos canais convencionais, sem controle remoto na mão, e compararmos com o homem, no ano 2000, no horário noturno, com um número enorme de canais a cabo à disposição (mais de 100), com controle remoto na mão, chegaremos à conclusão de que mudamos de canal 96 vezes mais do que mudávamos. No entanto, continuamos a fazer pesquisas de audiência da mesma forma como vínhamos fazendo, naquela época".

Tudo isso é parte desse mundo inquietante em que vivemos, daquilo que, repito, chamam de sociedade pós-moderna. E com razão.

1.7 – Finalmente, num fenômeno de inclusão social, que faria inveja ao Bolsa Família, os brasileiros estão consumindo 400 milhões de rolos de papel higiênico por mês.[11]

Esses dados nos mostram algo curioso: a que nível, na pirâmide social, estão chegando hábitos de higiene como esse (e outros mais), que estavam restritos à classe média há até alguns anos atrás. Li recentemente artigo que tratava de produtos de beleza, na cesta básica das classes C e D. Realmente há vários itens que se tornaram obrigatórios nas famílias mais pobres, que reservam, de alguma forma, boa parte do orçamento mensal,[12] para cuidar da aparência, da beleza, enfim, sentir-se melhor. Tudo isso também faz parte dessa sociedade de que

---

11 Estimativa a partir de dados da pesquisa A indústria de Papéis Sanitários – *Panorama Mundial e Brasileiro*, realizada pelo economista Marcos H. F. Vital do BNDES, que revelou crescimento de cerca de 20% no consumo per capita de papel higiênico por habitante entre 2001 e 2005, atingindo, no ano de 2005, segundo dados da Nielsen Consultoria o consumo médio de 30,33 rolos/ano por habitante (o que significa cerca de 3,6 bilhões de rolos ou 300 milhões de rolos/mês, tendo-se em vista uma população estimada de 120 milhões de habitantes acima de 14 anos). Estudo do BNDES disponível em http://www.bndes.gov.br/SiteBNDES/bndes/bndes_pt/Institucional/Publicacoes/Consulta_Expressa/Tipo/BNDES_Setorial/200809_set2808. html. Acesso em 25 de novembro de 2009.

12 Matéria veiculada no site da *Associação Nacional do Comércio de Artigos de Higiene Pessoal e Beleza*, em 11 de abril de 2007, informa que o gasto médio da classe C com esses produtos é de R$ 122,84 por mês. Superando os R$ 120,99 gastos pela classe B e os 97,64 consumidos pelos mais ricos. Para efeito da pesquisa, fazem parte da classe C as famílias cuja renda varia de R$ 1,4 mil a R$ 3,5 mil. Disponível em http://www.anabel.org.br/modules.php?op=modload&name=News&file=article&sid=25. Acesso em 25 de novembro de 2009.

estamos falando. Ninguém jamais faz propaganda de papel higiênico. De alguma forma, entretanto, isso se comunica.

2. ANGÚSTIA, FRENESI E FUGA

De certa forma, as sociedades contemporâneas, que muitos chamam de pós-modernas, estimularam ainda mais a atração humana pelo espetáculo e as experiências novas, como forma de fuga à realidade. Estas sociedades se caracterizam pela negação dos valores sociais, ênfase na individualidade e busca frenética por experiências novas.

Enfatizo muito essa ideia: a busca pelo espetáculo, por experiências novas. Não é novidade, na história da humanidade, o pão e o circo dos Césares romanos, que já aconteceu há mais de 1.000 anos. Era assim que eles mantinham tranquila a população de Roma e das outras grandes cidades romanas. A primeira coisa que faziam era construir o anfiteatro e uma padaria ao lado, para fornecer o pão de graça. Era assim que eles governavam e, até hoje, não mudou muito.

Para nós, no entanto, essas experiências novas têm outras implicações. Vão muito além daquelas condenáveis que, em geral, associamos à juventude: os excessos de tudo, desde a velocidade até as drogas. As experiências novas também têm muito a ver com a aceitação de conceitos novos de vida, de produtos. É isso que está promovendo mudanças cada vez mais rápidas, a difusão desses valores que, eu repito, pela enésima vez, os homens de marketing e de comunicação ainda não absorveram, ainda não compreenderam perfeitamente.

3. VELOCIDADE DAS MUDANÇAS

As mudanças sempre foram características da história da humanidade. A rigor, todas as épocas foram de transição e mudanças. Mas o dado novo atualmente concerne à velocidade das mudanças. O mundo está em constante revolução e isto aprofunda o fosso entre as gerações, ao mesmo tempo em que cria o caldo de cultura para a segmentação dos mercados.

É por isso que o lançamento de novos produtos no mundo inteiro cresce tanto, e podemos falar também de novos serviços. É curioso, pois todos nós, os veteranos que estamos aqui, fomos formados na escola dos produtos, fazendo anúncios, marketing, para leite condensado, creme dental, automóveis e coisas semelhantes. O Brasil, entretanto, já é, hoje, uma sociedade de serviços, uma vez que dois terços do nosso PIB tem a ver com esse setor.[13] Mas, o que é serviço? Serviço é ser, produto é ter.

4. Marketing na sociedade pós-moderna

Queremos ter, ser, fazer, pertencer. E tudo com um único objetivo: esquecer a nossa condição humana. Somos parte da horda e, no entanto, pretendemos ser individualistas. É neste contexto que acontece o marketing de hoje, apoiado cada vez mais no mundo do entretenimento que surgiu para satisfazer o hedonismo das massas liberadas.

Serviços lembra servir. É curioso, muitos de nós acham secundário, acham servil servir. Entretanto, eu repito, é o mundo do futuro. Já há muitos estudiosos que dizem que o mundo do futuro não terá muitos produtos, será o mundo dos serviços, alguns dos quais incluirão produtos. É um conceito sutil, com o qual eu concordo plenamente e sobre o qual é preciso refletir com bastante cuidado, para absorvê-lo totalmente. Acho que o mundo do futuro é um mundo de serviços.

E vem bem a propósito um pequeno poema, contido em uma biografia de Norberto Odebrechet, poema esse que ele mantinha exposto em sua sala de trabalho:

---

13   Segundo dados do IBGE (Abdala 2007)

Dormi e sonhei
que a vida é alegria.
Acordei e percebi
que a vida é servir.
Então servi
e descobri a alegria.
(poema de Rabindranath Tagore)

O sentido de serviço relaciona-se com a ideia do ser, que cada vez será mais importante. Tem a ver com a compreensão do âmago, do íntimo do ser humano. O que mais falta hoje, entre nossas empresas, entre nossos profissionais em geral, é o conhecimento real, profundo, das pessoas a quem eles devem servir. Acabo de escrever um artigo para a revista *Época Negócios*, em que discorro sobre esse tema, sobre o cuidado que têm as grandes empresas em atrair, para seus programas de *trainee*, jovens que visitaram pelo menos cinco países, falam pelo menos dois ou três idiomas, conhecem perfeitamente o que fazem na Tailândia, no dia de Ação de Graças e outras coisas mais. Pergunto, entretanto: será que esses jovens globais conhecem igualmente bem o seu próprio país? Têm noção do que é este país? Do que são os brasileiros? Dos seus anseios, das suas necessidades, das oportunidades de fazê-los evoluir? Eu não creio. Acho que o ideal seria um jovem aberto para o mundo, mas com os pés no chão, na nossa realidade. Chamo a atenção dos responsáveis pelos nossos cursos para essa necessidade. Estamos, com razão, preocupados com a internacionalização. Mas não se esqueçam de que o Brasil continua a ser um país de subúrbio, periferia, de classe média urbana, com todos os seus problemas. Temos, de alguma forma, de aprofundar o conhecimento de nossa gente, tanto quanto investimos no conhecimento do mundo lá fora. Só assim poderemos servir melhor essa gente, um dia.

5. O ESPETÁCULO É A MENSAGEM

Mas há certo conflito de tendências a respeito do qual devemos ter consciência. Há meio século, Marshall McLuhan surpreendeu o mundo com sua famosa frase: "A mídia é a mensagem". Ele estava certo e hoje podemos ir além e afirmar que o espetáculo é a mensagem. Na verdade, o espetáculo é muito maior do que isso. Como disse Guy Debord (1997), o espetáculo substituiu a religião, como força alimentadora dos sonhos humanos.

McLuhan nos inspirou, inclusive, uma grande revolução na forma da propaganda. Mas esta é uma interpretação livre minha. Ele não foi tão longe como hoje podemos ver. Sabemos que a mensagem não é a mídia, ela é o espetáculo, onde quer que ele esteja. Essa ideia é muito importante para compreendermos a natureza, inclusive da propaganda tradicional, nos dias de hoje e daqui em diante.

Para vocês terem ideia da força deste conceito, eu diria que o espetáculo quer substituir a religião. Há uma tendência muito forte para que a religião, como nós a entendemos, assuma uma importância cada vez maior em nossas vidas. Um dia, espetáculo e religião vão se encontrar e vai soltar faísca, mas esta é a minha visão. O sucesso do mundo moderno, baseado no consumismo, no individualismo e no abandono de certos valores tradicionais exige que a religião seja substituída pelo espetáculo. É condição *sine qua non*. E há os que acham que isso jamais deveria acontecer.

Creio que nos próximos anos este será o grande desafio da propaganda pós-moderna. Sem deixar de ser espetáculo, deverá também voltar às origens e preocupar-se em informar, educar e persuadir, mudando atitudes mentais e não apenas causando impacto e badalação. Esse é o grande desafio e, como todos os grandes desafios, não é de fácil solução. Mas temos de encontrá-la, embora não haja fórmulas milagrosas. É preciso trabalhar caso por caso, encontrar a nossa solução para o nosso problema. É fácil fazer espetáculo na propaganda, é facílimo e conseguiremos, com esse tipo de comercial, reter a atenção do espectador por algum tempo pelo menos. Mas qual é o verdadeiro sentido da propaganda? Não é esse apenas. O espetáculo deve simplesmente criar o pano de fundo para que uma mensagem mais substancial seja transmitida, absorvida e sirva para mudar opiniões, mudar atitudes mentais.

REFERÊNCIAS

ABDALA, V. "Novo cálculo do PIB mostra ampliação de serviço e redução do peso da indústria e agropecuária". *Agência Brasil*. 21/03/2007. Disponível em http://www.agenciabrasil.gov.br/noticias/2007/03/21/materia.2007-03 -21.4505417529/view.

ARAGÃO, M. "Nos embalos do sertanejo". *O Estado de São Paulo. Economia & Negócios*. São Paulo, 27/07/2008. Disponível em: http://www.estadao.com. br/estadaodehoje/20087 27/not_imp212553,0.php. Acesso 05/11/2009.

BEST GLOBAL BRANDS 2007. Disponível em http://interbrand.com/images/ BGB_reports/BGB_2007.pdf. Acesso em 05/11/2009.

BNDES SETORIAL – "A indústria de papéis sanitários - panorama mundial e brasileiro". *BNDES*, Rio de Janeiro, n° 28, p. 233-78, setembro de 2008. Disponível em: http://www.bndes.gov.br/SiteBNDES/bndes/bndes_pt/Institucional/ Publicacoes/Consulta_Expressa/Tipo/BNDES_Setorial/200809_set2808. html. Acesso em 25/11/2009.

BRASILEIROS, com acesso a internet já são 36,9 milhões. Site *IBOPE*. Seção: Notícias. Área: Notícias/Press Releases 2007. Publicação: 28/09/2007. Disponível em http://www.ibope.com.br/calandraWeb/servlet/CalandraRedir ect?temp=5&proj=PortalIBOPE&pub=T&db=caldb&comp=Notícias&doc id=BFC78A2E631FF756832573640064164D.

DEBORD, G. *A sociedade do espetáculo*. Tradução de Estela dos Santos Abreu. Rio de Janeiro: Contraponto, 1997.

GOOGLE já vale 10 vezes mais que a GM. *O Estado de S. Paulo*. São Paulo, 01/11/2007. Negócios. p. B21.

LIMA, D. "Parada Gay de São Paulo bate recorde com 3,5 milhões de pessoas". *Portal Terra*. 10/06/2007 http://exclusivo.terra.com.br/paradagay2007/interna/0,,OI167912-EI9099,00html. Acesso em 05/11/2009.

MARCHA para Jesus reúne três milhoões em Sampa. *O Povo online*, 08/06/2007. Disponível em http://opovo.uol.com.br/opovo/brasil/702118.html. Acesso em 05/11/2009.

MISSA do Papa reuniu 1,2 milhão de fiéis. G1 *Portal de notícias Globo.com*. 11/05/2007. Disponível em http://g1.globo.com/Noticias/PapanoBrasil/0,,MUL34978-8524-6472,00.html. Acesso em 05/11/2009

SANT'ANNA, J.P. "Crescimento da economia impulsiona publicidade". *Agências e Anunciantes M&M*. São Paulo, p.16, 09/06/2008.

SANTOS, C. "Indústria global crescerá 5,4% neste ano". *Meio & Mensagem*. São Paulo, ano XXVIII, nº 1244, p. 25, 05/02/2007.

VIANNA, D. "Resíduos Hi-tech: uma bomba relógio ambiental". *Envolverde Revista Digital*. São Paulo, 15/05/2007. Disponível em http://envolverde.ig.com.br/materia.php?cod=31768&edt=.

Moda

A grife Daspu e a espetacularização midiática

Maria Tereza Kersul[*]

---

*   Graduada em Jornalismo (Faculdade Cásper Líbero), Mestre em Comunicação
    e Práticas de Consumo (ESPM), Professora de disciplinas de Marketing e Gestão
    (Estácio/Uniradial) e consultora empresarial.

Introdução

Falar do momento contemporâneo é, acima de tudo, ter como tema predominante o consumo. A característica marcante de nossa época é a valorização crescente da aquisição de bens materiais que, para além do necessário, nos convida ao supérfluo. A proclamada sociedade do consumo, capaz de incluir os excluídos pelo crivo da ordem econômica mercadológica, não perde, ao mesmo tempo, a sua marca hegemônica nas relações de poder. O que permitiu aparecer, no cenário econômico e social, a Daspu e a Daslu? Qual o contexto histórico e político da época? Quais os sentidos e as representações contidos na divulgação das duas grifes? Responder a essas indagações é o desafio proposto.

A Daslu, reconhecida internacionalmente como uma loja de luxo paulistana, tem seu logotipo representado pela junção das iniciais dos nomes das proprietárias Lúcia e Lourdes. Localizada em região nobre da capital paulista, é símbolo de status, riqueza e poder. Seus frequentadores representam uma parcela da população caracterizada como consumidores de alto poder aquisitivo, portanto, capazes de adquirir produtos de luxo, com valores monetários expressivos. Nos seus 20 mil metros quadrados, a Daslu vende roupas exclusivas de grife própria e de outras 120 marcas internacionais como Gucci, Chloé, Chanel, Prada e Louis Vuitton. Também comercializa outros produtos como vinhos, iates e helicópteros.

A Daspu, linha de roupas criada por prostitutas cariocas, é um projeto de sustentabilidade da organização não-governamental DaVida. A ONG surgiu em 1992, como forma de organizar as prostitutas contra o preconceito e na luta por bandeiras da categoria, como a prevenção à Aids e a doenças sexualmente transmissíveis, além do reconhecimento da prostituição como profissão legal. Após 13 anos de atividades, em 2005 a DaVida cria a grife Daspu, referência direta à ocupação de suas proprietárias. Gabriela Leite, prostituta aposentada, presidente da ONG e responsável pela Daspu, em entrevista ao jornal *O Globo*, ressalta: "Feias ou bonitas, não importa. Nossas roupas devem antes de tudo cumprir o papel social da DaVida" (*O Globo*, Cotidiano, 2006).

A ONG DaVida e seu projeto de sustentabilidade – a Daspu – só se tornaram notícia a partir da polêmica com a loja de luxo Daslu. Enquanto durou a ameaça de ação judicial da Daslu contra a Daspu (para alteração do nome/marca) por "denegrir" a imagem da loja, o fato foi notícia em todos os veículos de comunicação do país e em vários jornais internacionais.

A analogia Daslu/Daspu provoca, diverte, constrói e destrói, polemiza e resulta em visibilidade. Provocação? Oportunismo? Grande sacada? Original? Plágio? Em artigo publicado na revista *Veja*, sob o título "Sem vergonha de dizer quem é", o jornalista Roberto Pompeu de Toledo afirma: "Daspu é a marca de pessoas que não escondem nem sua condição nem o melhor nome da atividade que abraçaram".

A grife é um caso exemplar do que um nome é capaz. "Daspu" é um achado. Não apenas porque faz um contraponto à Daslu, loja chique de São Paulo, mas também porque anuncia, na última sílaba, toda a carga imensa de uma das palavras mais sonoras, vigorosas, ultrajantes, estigmatizantes, malditas e belas (sim, belas) da língua, palavra que não vai se escrever aqui por inteiro mas que todos sabem qual é, e que, apesar de sua rica corte de sinônimos – 127 ao todo, no dicionário *Houaiss*, de "alcouceira" a "zorra" – reina com autoridade única para expressar o que expressa (Toledo, Ensaio, 2006).

A palavra negada, não escrita, portanto, interdita na revista *Veja*, é a palavra *puta*, tantas vezes repetida no idioma português, em conversas, xingatórios, poesias, romances, em letras de música, em falas de eruditos e leigos, em casa, em locais públicos e privados, nas telas do cinema, nos muros das cidades, nas portas de banheiros, nas escolas e em todos os cantos do mundo.

A atividade, em referência à prostituição, é retratada na mídia, na maioria das vezes, nas colunas policiais ou em matérias sobre o cotidiano de violência e discriminação em que vivem as prostitutas brasileiras. Em 2002, a categoria das prostitutas foi incluída na Classificação Brasileira de Ocupações (CBO), do Ministério do Trabalho e Emprego. Na referida classificação, são descritas como "profissionais do sexo" e identificadas por várias denominações, como garota de programa, meretriz, mulher da vida, prostituta, puta, quenga, rapariga e outras.

Para Gabriela Leite, da ONG DaVida, a inclusão da atividade na CBO representou um avanço, por poder facilitar, por exemplo, o mapeamento da categoria pelo Censo e ajudar a combater os efeitos nocivos das atividades clandestinas.

A mídia, em determinado momento, faz um deslocamento do foco noticioso sobre a prostituição e elas, as prostitutas, passam a ser destaque, nos meios de comunicação, em colunas sociais e em páginas de moda. A voz delas, normalmente calada, é transmitida em rede nacional, nos programas televisivos de grande audiência. A que podemos atribuir este deslocamento?

A ESPETACULARIZAÇÃO MIDIÁTICA

Na atual sociedade capitalista, os meios de comunicação de massa tornam-se, cada vez mais, fomentadores da cultura do espetáculo e da diversão. O produto esperado pela audiência é, na maioria das vezes, o entretenimento; e a mídia, obediente aos ditames do capitalismo, transforma a informação e a comunicação em mercadorias a serem consumidas por meio da proliferação de espetáculos.

Há mais de quatro décadas, o francês Guy Debord (1997: 127) já afirmava, em seu livro *A sociedade do espetáculo*, que "o espetáculo surge devido ao fato de o homem moderno ser demasiado espectador". Em tempos atuais, a partir da consideração de que o espetáculo e a diversão são importantes à vida social humana, o espetáculo adquire uma nova função, a de também sensibilizar e mobilizar a sociedade, na opinião do professor e sociólogo Antonio Albino Canelas Rubim. E, à mídia, cabe o papel de proliferar espetáculos, em uma sociedade múltipla e complexa, em que diferentes fatos e acontecimentos disputam visibilidade.

O espetáculo remete também à esfera do sensacional, do surpreendente, do excepcional, do extraordinário. Daquilo que se contrapõe e supera o ordinário, o dia a dia, o naturalizado. A instalação no âmbito do extraordinário potencializa a atenção e o caráter público do ato ou evento espetacular. A ruptura com a vida ordinária, condição de existência do espetáculo, pode ser produzida pelo acionamento de inúmeros expedientes, em geral, de modo intencional, mas, em alguns horizontes, até mesmo de maneira não prevista (Rubim 2002: 11).

É neste contexto que a grife Daspu surge na disputa de espaço e de legitimidade social e política. A forma como a mídia divulgou o surgimento da grife passa a ser analisada no âmbito da espetacularização, já a partir das primeiras notícias publicadas e, principalmente, em função delas. A fundadora da grife Daspu e presidente da ONG DaVida, Gabriela Leite, em entrevista à revista *Democracia Viva*, relata como a mídia iniciou o processo de divulgação da grife, quando ela ainda não existia.

> Em um domingo de novembro, saiu uma notinha no Elio Gaspari dizendo que as prostitutas da Tiradentes estavam fundando uma grife chamada Daspu, com o apoio de uma ONG norueguesa. No mesmo dia, o jornal *O Dia* nos procurou querendo saber como era a coleção, quanto custava [...]. Tentamos explicar que ainda era uma ideia que estava sendo desenvolvida. A revista *Isto é* também disse que estava fazendo uma matéria; novamente, tentamos dizer que ainda não estávamos prontas, que o lançamento seria só em março. Mesmo assim, as matérias foram feitas, praticamente sem informação, apenas a questão do nome Daspu já era notícia (Dantas 2006: 42-57).

O tratamento espetacularizado da mídia na cobertura dos fatos pode ser definido, segundo Rubim (2002: 11), como "um processo, através do qual, pelo acionamento de dispositivos e recursos dados, produz-se o espetáculo. Ou melhor, o espetacular". Diferentes autores e estudiosos sobre o tema têm em comum o entendimento de que a abordagem espetacular de determinados assuntos na mídia, que resulta em leitura divertida, leve, com o objetivo de entreter, visa atender, da melhor maneira possível, as diferentes audiências às quais os meios de comunicação são dirigidos.

O escritor peruano, Mário Vargas Llosa, em artigo publicado no jornal *O Estado de S. Paulo* sobre a sociedade do espetáculo, ressalta que "a cultura do nosso tempo propicia e ampara tudo o que entretém e diverte, em todos os domínios da vida social". Para ele, este fenômeno é um efeito colateral de duas conquistas básicas da civilização: a liberdade e o mercado.

Em algum momento, na segunda metade do século 20, o jornalismo das sociedades abertas do Ocidente começou a relegar discretamente a segundo plano aquelas que haviam sido suas funções principais – informar, opinar e criticar – para privilegiar outra que até então fora secundária: divertir. Ninguém planejou e nenhum órgão de imprensa imaginou que esta sutil alteração nas prioridades do jornalismo traria mudanças tão profundas em todo o âmbito cultural e ético. O que acontecia no mundo da informação era reflexo de um processo que abarcava quase todos os aspectos da vida social. A civilização do espetáculo havia nascido e estava lá para ficar e revolucionar até a medula as instituições e costumes das sociedades livres (Llosa 2007: A22).

A principal característica da cultura contemporânea é a sua pluralidade de conceitos, formas e valores. Mais do que em qualquer outra época, vivemos em permanente estado de mudanças e inovações, sejam elas tecnológicas ou sociais. Assim, cotidianamente, deparamo-nos com a fusão ou superposição de pares opostos como rico/pobre, belo/feio, certo/errado, sagrado/profano, santa/puta – que são negados, descartados, rejeitados ou, simplesmente, assimilados.

A mídia, por meio de seus diversos meios de difusão e transmissão, desempenha papel fundamental na divulgação de comportamentos, valores e estilos de vida. Mas a tendência dos veículos de comunicação à cultura do espetáculo tem, como uma de suas consequências, a negação de seu papel principal, conforme assinala Vargas Llosa (2007: A23) – "divertir será cada vez mais o motor e o combustível dos meios, a ponto de essa predisposição deixar em todas as seções e formas do jornalismo seu carimbo, sua marca deformadora".

No livro *Comentários sobre a sociedade do espetáculo*, Guy Debord (2003: 7) reafirmando o papel da mídia na proliferação de espetáculos, define que "o discurso espetacular nada mais seria que o excesso do midiático, cuja natureza, indiscutivelmente boa, já que serve para comunicar, é por vezes dada a excessos".

A espetacularização pela mídia, que produz excessos e promove o *status quo* estabelecido pelo poder dominante, pode, também, ser usada a serviço de minorias que, de forma estratégica, mobilizam diferentes públicos para causas sociais. A aparição do "outro", do marginalizado e do esquecido, nos meios de comunicação de massa, abre possibilidades de conquista de uma sociedade mais justa e democrática.

É dentro deste contexto que o grupo de prostitutas da ONG DaVida dá início a uma bem-sucedida campanha de criação e divulgação da grife Daspu, com o apoio de intelectuais, personalidades, jornalistas e, principalmente, consumidores das roupas criadas por elas. Conforme relata Gabriela Leite, na entrevista à revista *Democracia Viva*, sobre a suposta briga judicial entre a Daspu e a Daslu:

> Na mesma semana [da primeira notícia publicada], recebi a notificação extrajudicial da Daslu dizendo que não podíamos usar o nome Daspu, argumentando que estávamos prejudicando a imagem da loja. Primeiramente me deu uma preocupação danada; nem tínhamos o registro do nome! Resolvemos fazer tudo rapidinho e fomos lá no INPI para registrar nossa marca. Mas logo sacamos que eles estavam sendo burros. Pensamos: é só entregar à imprensa... Que bom que fizeram isso! (Dantas 2006: 42-57).

Excesso da mídia, ou não, ato de "resistência" da ONG DaVida, o fato da suposta briga judicial entre as duas grifes, com algumas características de espetáculo propiciado pelos dois atores principais, obteve dos meios de comunicação, nacionais e internacionais, uma cobertura significativa. O espetáculo, em sua essência, gera visibilidade e faz que temáticas e questões repercutam. Ações reivindicatórias, atos públicos, debates, projetos políticos e lutas sociais buscam a cena pública.

A espetacularização midiática abre o espaço fechado dos interesses privados e, com a repercussão gerada pela veiculação consegue criar, supostamente, a arena democrática para o questionamento, a visibilidade do desequilíbrio de forças, o encontro dos pares opostos, a participação pela via do consumo do "politicamente correto".

No ritmo das notícias publicadas sobre a grife, a Daspu cria seu espetáculo nos desfiles de rua protagonizados pelas prostitutas, com performance de artistas e intelectuais, no Rio de Janeiro e em São Paulo. De forma surpreendente, a grife participa da Bienal de São Paulo 2006, cujo tema era "como viver junto". Com desfiles na abertura e no encerramento do evento, as prostitutas e simpatizantes do movimento ocuparam o estande de artista plástico esloveno com as camisetas e o vestido de noiva da grife.

Mas, em nenhum espaço do amplo prédio da Bienal de São Paulo, estava escrito o nome da grife. Para a socióloga e ativista boliviana Maria Galindo, a direção da Bienal fez uma "desinfecção" do nome Daspu para exibir a grife na Bienal –

> considero que a curadoria levou adiante o trabalho de 'desinfecção', uma vez que o pano de fundo maravilhoso da história do nome, que as coloca no centro da contestação social no Brasil, ficou de fora. Como se este fato estivesse fora da criação da qual elas são protagonistas.
> (UOL Diversão e Arte 2006).

A SOCIEDADE DE CONSUMO E A MÍDIA

Ao ocupar o espaço midiático, adentrar em âmbitos sociais antes inimagináveis e tornar-se conhecida, a grife Daspu inicia a comercialização de suas camisetas com dizeres alusivos à prostituição, em tom irônico e lúdico. As roupas passam a ser consumidas não unicamente pelas prostitutas, mas também pela classe média paulistana, principal público comprador da grife. A este consumo, não podemos nos referir como consumo de moda. Como alternativas possíveis, podemos eleger o "politicamente correto", a participação política via consumo, a contestação, o consumo social, o exótico, enfim, a uma escolha individual, representativa e reveladora. Jean Baudrillard nos fala sobre este consumo, em que o que se consome não é a materialidade do produto, e sim seus significados, como:

> Um modo ativo de relação (não apenas com os objetos, mas com a coletividade e com o mundo), um modo de atividade sistemática e de resposta global em que se funda todo o nosso sistema cultural [...]. O consumo, pelo fato de possuir sentido, é uma atividade de manipulação sistemática de signos (Baudrillard 1997: 206).

A antropóloga Valéria Brandini (2007: 163), em referência ao pensamento de Baudrillard, diz que "o que é consumido nunca são os objetos, os produtos, as marcas, mas a relação entre indivíduos, que passa a ser representada pela dinâmica de consumo que 'mitifica' produtos e 'ritualiza' relações de poder e hierarquias sociais". Ressalta ainda que "o consumo nos dias atuais serve menos ao usufruto da funcionalidade dos produtos e mais a uma ideologia embasada na lógica de diferenciação entre classes e grupos sociais".

O mundo contemporâneo, representado pelas novas tecnologias da comunicação, pelo crescente valor atribuído ao consumo e ao seu principal elemento, o sujeito-comprador, revela diferentes e complexos processos de subjetivação deste sujeito – "tais processos só valem na medida em que, quando acontecem, escapam tanto aos saberes constituídos como aos poderes dominantes. Mesmo se na sequência eles engendram novos poderes ou tornam a integrar novos saberes" (Deleuze 1992: 217).

Aos meios de comunicação de massa, são atribuídas a produção e circulação de sentidos em seus enunciados. Estes, controlados e regulados, retratam o momento histórico e político em que foram produzidos, os seus autores e, principalmente, as suas condições de produção. Em recente estudo sobre a função sociopolítica da informação pública na sociedade, a professora Sylvia Moretzsohn faz uma crítica a jornalistas e autoridades com relação à displicência com que tratam problemas vividos no cotidiano:

> O alto grau de comunicabilidade, que evidencia uma identificação fundamental à vida cotidiana, frequentemente esgota-se na descrição de situações capazes de comover o público, sem alcançar um nível de argumentação que leve a questionar por que as coisas são como são. (apud Caldas 2007: D5).

Também a esta forma de jornalismo, podemos atribuir algumas características da cultura do espetáculo, e mais precisamente, a espetacularização pela mídia. Ao gosto da sociedade de consumo, as mensagens midiáticas parecem produzidas de forma cada vez mais fluida, rápida, efêmera e volátil. Do outro lado, do leitor/receptor, há uma repetição desta mesma cadência, um traço revelador do homem contemporâneo. A responsável pela grife Daspu, Gabriela Leite, remete-nos a esta situação do espetáculo em seu relato.

> Eu já tinha sacado que a prostituta é quem faz sua própria moda e tava pensando de a gente ter uma confecção, algo pequeno. Na verdade, levamos um susto com tudo que aconteceu [...]. Tudo que fizemos, em todos estes anos, não chega aos pés do que a Daspu está fazendo para a gente sair do gueto (Dantas 2006: 42-57).

O resultado da exposição da grife Daspu conseguida por meio dos meios de comunicação é considerado, pelos envolvidos na sua implantação e desenvolvimento, de forma positiva; pois, sem o fato gerado pela mídia, as condições de divulgação do produto não poderiam tornar o projeto viável. O teórico norte-americano da comunicação Douglas Kellner nos fala desta possibilidade como o espaço que pessoas comuns encontram na mídia, sendo retratadas por meio do olhar ideológico da sociedade de consumo, pretensamente feliz e segura. E, também, pelas lentes da espetacularização. Segundo o autor, o espetáculo é "um dos princípios organizacionais da economia, da política, da sociedade e da vida cotidiana" (2006: 119). Kellner ressalta que a cultura da mídia cria formas de dominação ideológica, mas não há uma ideologia dominante, e sim uma multiplicidade de modelos que diferentes grupos políticos mobilizam e transformam em ação. Com isto, a mídia e a cultura podem ser utilizadas como instrumental para a construção de identidades, para a resistência e a luta, para a participação política e o fortalecimento de movimentos sociais.

Enquanto durou a querela com a Daslu, a Daspu atingiu seu ápice de visibilidade. Naquele momento, as grifes igualaram-se pelo crivo da ordem econômica mercadológica. O discurso econômico, respaldado por relações de poder, faz emergir um saber que cria regras e normas para o mercado. Este saber mercadológico permitiu que Daspu e Daslu ocupassem um mesmo espaço midiático. Porém, ao considerar o grupo social constituído por prostitutas, portanto excluído, a mesma mídia, divulgadora do saber mercadológico, não traz à luz questões verdadeiramente sociais e políticas que envolvem grupos historicamente marginalizados

Passado este período "espetacular", o movimento das prostitutas, e seu projeto de grife, começa a perder notoriedade e a atenção da mídia. A proclamada sociedade do consumo, capaz de incluir os excluídos pela ordem econômica mercadológica, não perde, ao mesmo tempo, o crivo das relações de poder hegemônicas. A espetacularização pela mídia, na construção da grife Daspu, pode ser elucidada nas palavras de Debord (1997: 27) – "o discurso espetacular cala evidentemente, além de tudo aquilo que é propriamente secreto, tudo aquilo que não lhe convém. Daquilo que mostra ele isola sempre o meio, o passado, as intenções, as consequências".

A sociedade contemporânea, ávida por novidades e consumidora da informação que entretém, é capaz de (re)criar-se a cada momento. A arena onde acontece esta ação propicia rupturas na ordem estabelecida. Gabriela Leite confirma: "o fortalecimento da democracia só é forte quando privilegia as diferenças, as várias culturas, a não generalização do tal do povo" (Leite 2007). Nas palavras do filósofo francês Gilles Deleuze:

> Acreditar no mundo é o que mais nos falta; nós perdemos completamente o mundo, nos desapossaram dele. Acreditar no mundo significa principalmente suscitar acontecimentos, mesmo pequenos, que escapem ao controle, ou engendrar novos espaços-tempo, mesmo de superfície ou volume reduzidos [...]. É ao nível de cada tentativa que se avaliam a capacidade de resistência ou, ao contrário, a submissão a um controle. Necessita-se ao mesmo tempo de criação e povo (Deleuze 1992: 218).

REFERÊNCIAS

BAUDRILLARD, Jean. *O Sistema dos objetos*. São Paulo: Perspectiva, 1997.

BRANDINI, Valéria. "Por uma etnografia das práticas de consumo", in *Comunicação, Mídia e Consumo*. Escola Superior de Propaganda e Marketing, vol. 4, nº 9, mar. 2007. São Paulo: ESPM, 2007.

CALDAS, Waldenyr. "O senso crítico na mídia escrita", in *O Estado de S. Paulo*, Cultura, 2007.

DANTAS, Iracema. "Entrevista Gabriela Leite", in *Revista Democracia Viva*, nº 31, 2006.

DEBORD, Guy. *A sociedade do espetáculo*. Rio de Janeiro: Contratempo, 1997.

_____. *Comentários sobre a sociedade do espetáculo*. eBooks Brasil.com, 2003.

DELEUZE, Gilles. *Conversações*. Rio de Janeiro: Editora 34, 1992.

KELLNER, Douglas. *A cultura da mídia*. Bauru: Edusc, 2001.

LEITE, Gabriela. "Nossa frágil democracia", in *Jornal Beijo da Rua*, ed. 27 Coluna da Gabi, 2006.

LLOSA, Mário Vargas. "Civilização rende-se ao espetáculo", in *O Estado de S. Paulo*, Internacional, 2007.

O GLOBO. Caderno Cotidiano. 25/05/2006.

RUBIM, Antonio Albino Canelas. "Espetáculo, política e mídia", in *Comunicação e Política*. Dispoível em: http://www.unb.br/fac/comunicacaoepolitica/Albino2002.pdf. Acesso em: 17/12/2007.

TOLEDO, Roberto Pompeu de. "Sem vergonha de dizer quem é", in Revista *Veja*, ed. 1952. Ensaio. São Paulo, 2006.

UOL Diversão e Arte. Disponível em: http://diversao.uol.com.br/27bienal/entrevistas/textos/ult4026u29.jhtm. Acesso em: 11/12/2007.

Estratégias de comunicação na arena global do novo luxo

Diesel – o código de acesso à vida bem sucedida e ao antidestino

Silvana Zibetti[*]

* Graduada em Comunicação Social (Unilago), Especialista em Administração e Marketing (INPG), Mestre em Comunicação, Mídia e Cultura (Unimar), Professora do Programa de Pós-Graduação em MBA Executivo em Negócios de Moda e de Graduação em Moda e Estilismo (Faip), Docente Coordenadora do Curso Técnico em Publicidade (Senac).

Introdução

A nova revolução do consumo consiste na sensação de riqueza criada para seduzir a classe média. A democratização do luxo é a estratégia de marketing que tem desenvolvido o *masstige*[1]: mercado de produtos e serviços de prestígio massificáveis para a classe média, a preços altos, mas não proibitivos, configurando o segmento do novo luxo.

Este artigo conta a história da Diesel, empresa conhecida no cenário da moda global por ter agregado ao jeans e à própria marca o sentido luxuoso. Inclui uma análise do hedonismo, do hiperconsumo e das práticas e métodos usados para tirar vantagem da tendência do novo luxo. Aborda também os diferentes significados de luxo.

Buscando compreender melhor as estratégias de comunicação da moda no novo luxo e seus impactos sociais, à luz dos métodos de aná-

---

[1] Michael Silvertein e Neil Fisk, do The Boston Consulting Group (BCG), que analisam este mercado desde 1998, divulgaram este conceito no relatório "Opportunities for action in consumer markets – Trading up: the new luxury and why we need it?".

lises e leituras de imagens e de interpretação da linguagem publicitária, utilizando-se o método semiológico de análise dos duplos sentidos, denotativo e conotativo, proposto por Roland Barthes, em *A aventura semiológica*, são realizadas leituras de caráter persuasivo e semântico das mensagens da campanha *Camouflage Tales*, veiculadas em revistas de moda, de fevereiro a junho de 2006.

A semiologia analisa os sistemas de signos (ou de símbolos) que possibilitam a comunicação entre os seres humanos, compreende a mensagem como um conjunto de signos e o processo de comunicação como um processo de significação, portanto, portador de sentido.

Um signo insere-se num sistema de dupla face, constituído por um significante que esconde um significado a ser desvelado. Analogamente, no processo de significação, dois níveis estruturais são de grande importância para a semiologia: a denotação e a conotação.

Um signo arquetípico remete-se às "imagens coletivas" ou, de acordo com Freud, aos "resíduos arcaicos" que representam a herança do espírito humano, as formas primitivas e inatas cuja presença não encontra explicação alguma na vida do indivíduo. Essas manifestações podem ter inúmeras variações de detalhes, sem perder a configuração original. "O arquétipo é, na realidade, uma *tendência* instintiva, tão marcada como o impulso das aves para fazer ninho ou das formigas para se organizarem em colônias" (Jung 1964: 69). Para Jung, os arquétipos representam as manifestações instintivas por meio da fantasia e, muitas vezes, revelam sua presença somente através de imagens simbólicas.

A mensagem do discurso publicitário tem como fonte emissora a empresa anunciante da marca/produto/serviço, como receptor o público-alvo e seu canal de transmissão é o veículo de mídia utilizado.

Segundo Barthes, o texto publicitário tem de fato duas mensagens. Ele afirma que "toda e qualquer mensagem publicitária é a união de um plano de expressão ou significante e um plano de conteúdo ou significado" (Barthes 2001: 165). A primeira mensagem, denotada, representa o sentido literal, não divulga propriamente as intenções comerciais do texto publicitário, "essa mensagem comporta um plano de expressão (é a substância fônica ou gráfica das palavras, são as relações sintáticas da frase percebida) e um plano de conteúdo (o sentido literal dessas mesmas palavras e relações)" (*idem*: p. 166). Para todo significante, há um significado correspondente ou significados corretos. A segunda mensagem, conotada, tem caráter único, singular; "é a excelência do produto anunciado" (*idem: ibidem*). O significante dessa mensagem é formado pelo significado da primeira, produzindo outra significação distinta. Deste modo, a segunda mensagem conota a primeira; ou melhor, a primeira mensagem serve para constituir a segunda.

As mensagens publicitárias possuem linguagem aberta e figurada repleta de elementos retóricos (figuras de linguagem, estilo), que garantem várias e distintas interpretações. Contudo, essas interpretações devem respeitar um limite, pois um texto pode dizer muitas coisas, porém não qualquer coisa.

A multiplicidade de elementos retóricos (metáforas, jogos de palavras, aliterações, polissemias, metonímias), aliados aos grandes temas oníricos da humanidade, garante ao anúncio que o convite banal (comprem) seja substituído pelo espetáculo de um mundo em que é natural comprar (Barthes 2001: 168).

A primeira mensagem percebida é a denotada, e a mensagem que precisa ser descoberta é a conotada, já que fica "velada" pela mensagem anterior.

Ao abordar certos temas preexistentes, a comunicação mercadológica tem como objetivos seduzir e posicionar-se diante de seu *target*, baseando-se em seu sistema de valores. A publicidade trabalha, precisamente, com dados existentes, recombinando-os e remodelando-os, e explora alguns dos instintos mais intensos dos seres humanos, tais como a inveja, o medo, a vontade de vencer, o desejo de aceitação social, os preconceitos, a necessidade de autorrealização, o desejo de reconhecimento, a compulsão de experimentar o novo, a curiosidade, a angústia de querer sempre saber mais, a ideia de segurança e os valores da tradição.

Adotando a hipótese de que toda mensagem publicitária é, na sua essência, intencional e persuasiva, faz-se necessário expressar essa intenção clara e objetivamente, para que se possa construir a imagem de uma campanha. Quando uma marca resolve propagar uma mensagem, manifesta-se impregnada de intenções que promovam as transações comerciais. Deste modo, o maior problema do anunciante é obter, por meio das estratégias de comunicação mercadológica, o efeito pretendido junto ao público-alvo, atraindo a sua atenção, despertando seu interesse, conquistando seu desejo, persuadindo-o a efetuar a ação de compra do produto.

Numa campanha publicitária, o mais importante não é só comunicar a mensagem, mas, sobretudo, despertar o interesse do consumidor. Neste caso, o texto não-verbal construído por meio da "ilustração" torna-se o elemento central para chamar a atenção do público-alvo, ficando para o segundo plano a mensagem verbal.

Abordando estratégias de persuasão e sedução por meio da manipulação do jogo de poder e desejo, o discurso da comunicação mercadológica mistura apelos racionais e emocionais, informação e argumentação com os anseios mais íntimos de seu público-alvo, associando elementos aparentemente paradoxais e antagônicos, a fim de atingir o propósito de gerar nos consumidores comportamentos que beneficiam o anunciante que dela faz uso.

1. Hedonismo e novo luxo na era do hiper-consumo

Em *A felicidade paradoxal*, Gilles Lipovetsky (2007), o filósofo francês que adotou a moda como objeto de estudo acadêmico, afirma que, após a "sociedade de abundância", o mundo contemporâneo vive uma nova forma de consumo, marcada pela oferta incessante de produtos em escala e intensidade jamais vistas, iniciada nas duas últimas décadas do século xx. Na era do hiperconsumo, o apelo ao consumismo arraigou-se no cotidiano de toda a pirâmide social, criando uma nova forma de relacionamento do indivíduo consigo mesmo e com o outro – para o bem e para o mal. O hiperconsumo diminuiu as diferenças entre as classes sociais, mas, ao mesmo tempo, passou a se nutrir delas, pois, ao estimular a compulsão pela compra como objeto de desejo, leva as pessoas com menos renda, na ausência de recursos financeiros, a se tornarem consumidoras potenciais, apenas "na imaginação". O desejo de compra frustrado gera a delinquência, a violência e a criminalidade.

O hiperconsumidor é favorável ao consumo associado de forma cada vez mais intensa aos critérios individuais. A satisfação corporal e estética de cada um se sobrepõe à busca pela aparência de classes sociais mais altas. Surge uma nova relação emocional entre indivíduos e mercadorias, em que as marcas se fortalecem de forma independente dos produtos, por meio do *branding*. O produto deixa de ser vendido e dá lugar a um conceito, um estilo de vida associado às marcas, que são representadas por slogans de alcance mundial: *Just do it!* (Nike); *Thing different!* (Apple); *For successful living* (Diesel). Lado a lado com a necessidade de consumir, cresce a ansiedade pelo consumo e, ao mesmo tempo, o hiperconsumo passa a ser visto como uma forma de lutar contra a fatalidade natural da vida, como um antidestino.

De acordo com o filósofo, o aumento do tempo dedicado ao lazer e ao entretenimento, tal como o consumo de ficções, jogos, música e viagens, ilustram bem a dimensão do hedonismo do consumo contemporâneo. Ele adverte que "já não se trata mais de vender serviços, é preciso oferecer experiência *vivida*, o inesperado e o extraordinário, capazes de causar emoção, ligação, afetos e sensações" (Lipovetsky 2007: 63).

Segundo o sociólogo francês Michael Maffesoli (2000), em *A transfiguração do político, a tribalização do mundo*, a pós-modernidade não se fundamenta em distinções precisas e simples, mas em uma "complexidade" que integra tudo, inclusive a instância do paradoxal. Desse modo, estaríamos retornando ao mito nietzschiano de Dionísio, momento em que um novo paradigma cultural está em gestação, deixando para trás os traços da chamada modernidade e adotando um ponto de vista mais emotivo e hedonista com relação ao mundo. Hoje, assistimos ao retorno da figura emblemática de Dionísio, que representa a desordem, a festa e, sobretudo, a "transgressão da norma", do mesmo, do igual. O novo luxo é um segmento distinto, destinado à classe média mundial, formado por produtos e serviços que aparentemente oferecem mais elevados níveis de qualidade, sabor e cobiça do que os artigos convencionais que concorrem, sobretudo, no preço. Por esta razão, esse novo segmento chega a comercializar bens e serviços de 20 a 200 por cento mais caros do que a média normal dos produtos, gerando maiores lucros. Seus artigos são vendidos em quantidades bem maiores do que os do luxo clássico; deste modo, têm maior potencial de crescimento que os itens destinados apenas para os muito ricos. São relativamente acessíveis, bastante atraentes e têm características artesanais, ou seja, há aspectos de interferência manual e do toque humano na sua produção ou apresentação. A ênfase no apelo emocional produz demandas maiores, pois os produtos e marcas do novo luxo são associados aos valores humanos e sociais importantes para seus consumidores.

	Novo luxo	Convencional	Luxo clássico
Aparência	Atraente	Esgotado	Hostil
Acessibilidade	Dentro do seu meio	Onipresente	Exclusivo
Preço	*Premium*	Baixo custo	Caro
Qualidade	Massa-artesanal	Produção em massa	Feito à mão
Desvio social	Impulsivo	Clássico	Elitista

QUADRO I: Características do novo luxo em relação ao mercado convencional e ao luxo clássico *Fonte: Adaptado de Silverstein & Fisk. (2004).*

Michael Silverstein e Neil Fisk (2004), do The Boston Consulting Group (BCG), afirmam que os bens e serviços do novo luxo assumem três classes distintas, cobrindo uma vasta gama de preços em diversas categorias-alvo. Nem sempre são os mais caros itens da categoria, nem sempre estão no topo da linha da marca, mas sempre são vendidos a preços superiores aos produtos convencionais e encontram-se acessíveis no mercado de consumo.

Superpremium acessível	Extensões de marca luxo clássico	Masstige: produtos de massa com prestígio
Produtos com preços extremos próximos aos do topo de sua categoria e valor superior aos da oferta convencional. Eles são acessíveis a um número maior de consumidores da classe média. Uma garrafa de vodca Belvedere, por exemplo, custa 88% mais que uma de Absolut, mas seu preço não é maior que US\$30. Os jeans da linha *Denim Gallery*, da Diesel, são exemplos desta categoria.	Têm preços menores que os *top* de linha; são versões dos produtos criados pelas empresas cujas marcas têm sido, tradicionalmente, acessíveis apenas aos ricos. A Mercedes-Benz, nos últimos anos, reduziu várias vezes o preço do cupê *Classe C* e, simultaneamente, encarou iniciativas para manter o valor "ideal" da marca e lançou o modelo *Maybach*, quase dez vezes mais caro que o *Classe C* e direcionado ao segmento mais alto do mercado.	Os produtos de massa com prestígio, por sua vez, têm preço superior aos convencionais, mas se encontram muito abaixo dos produtos de luxo antigo. De baixo prestígio para o mercado de massa, indicados aos consumidores "entre a massa e a classe A"; possuem valor *premium* em relação aos produtos convencionais e preços bem menores que os artigos *superpremium*. Os jeans Diesel da linha *Premium* são mais acessíveis que os da linha *Denim Gallery*.

QUADRO II: Classificação das três formas do novo luxon

Fonte: Adaptado de Silverstein & Fisk. (2004).

Conforme os estudos da BCG (2004), as melhores marcas do novo luxo classificaram quatro grupos distintos envolvendo consumidores e a experiência da compra emocional. Os artigos da categoria "Cuidando de Mim" ajudam a melhorar o visual e estilo de vida e proporcionam uma recompensa para realizações ou alívio para decepções. Já os itens da categoria "Conectados" ajudam as pessoas a construir, manter e enriquecer as suas relações com a família, namorados, amigos e colegas. Os produtos e serviços da categoria "Questionadores" fornecem um meio para o consumidor experimentar novos sabores e experiências, saber mais sobre ideias e culturas e expandir seus horizontes. Os consumidores do novo luxo são favoráveis às mercadorias que possam ajudá-los a exprimir seu estilo individual, associá-los com valores da marca, demonstrando seus interesses e paixões aos outros.

Cuidando de Mim	Conectados	Questionadores	Estilo individual
Tempo para mim	Sedução, atração	Aventura	Autoexpressão
Rejuvenescimento	Fomentação	Cultura, erudição	Autopromoção
Renovação	Pertencer	Diversão	Sucesso
Cuidados pessoais, *spas*, saúde, gastronomia e alimentos em casa, linhos para cama	Vestuário, jantar fora, alimentos para animais, *home theatre* e cruzeiros	Viagens, automóveis, equipamentos esportivos, computadores e vinhos	Acessórios, lingeries, relógios, automóveis

QUADRO III: Classificação dos consumidores do novo luxo
Fonte: Adaptado de Silverstein & Fisk (2004).

Ainda, de acordo com relatório da BCG (2004), os líderes de mercado do novo luxo desenvolvem um conjunto de práticas que lhes permitem criar produtos e serviços *premium*, construir suas empresas e melhorá-las continuamente. Eles nunca subestimam seus clientes, pois acreditam que eles têm desejo, interesse, inteligência e capacidade de negociação. Não fragmentam a demanda promovendo progressos graduais ou pequenos aumentos de preços, preferem dar um grande salto para atingir um valor *premium*. Criam uma escala de benefícios funcionais, pois não acreditam no sucesso baseado apenas na imagem da marca, por isso adotam melhorias reais que poderão resultar num envolvimento emocional com o cliente. São orientados para inovação, qualidade elevada e oferta de uma experiência perfeita; acreditam que as vantagens técnicas e funcionais são, cada vez mais, de curta duração. As marcas não podem manter uma posição de valor emocional em longo prazo caso os benefícios técnicos e funcionais se tornem indiferenciados. Ampliam o leque dos preços e posicionamento de marca, buscando a constante expansão na participação de mercado a fim de criar o "ciclo de desejo", angariar recursos e instituir o mercado, tornando-o mais acessível e competitivo, e, desse modo, constroem sua demanda. Colocam a tônica no controle da cadeia de valor e o personalizam para integrá-lo à escala de benefícios. Usam sua influência para plantar informações e sementes de sucesso por meio dos apóstolos disseminadores da marca. Somente uma pequena porcentagem dos consumidores contribui para a categoria dominante da cota de valor dos artigos do novo luxo.

Envolvido pelo universo do novo luxo, no qual a civilização do objeto deu lugar à "economia da experiência", o hiperconsumidor, paradoxalmente, vive constantemente em busca de regressão e renovação; anseia trabalhar menos e poder consumir mais durante as férias; fica dividido entre o consumo da experiência simulada e a auto-organização do tempo livre; tenta se apropriar de seus próprios prazeres e deseja passar por experiências subjetivas, não orquestradas pelo mercado. Está em busca de algo genuinamente verdadeiro, de ir ao encontro do seu mundo "íntimo" e, ao mesmo tempo, quer afogar-se em um fluxo de sensações excepcionais, "movendo-se para um espaço-tempo *fun*, teatralizado, sem qualquer risco de desconforto". Procura universos cada vez mais alucinantes ou feéricos, experiências e espetáculos sempre mais deslumbrantes. "Trata-se de ter acesso a uma espécie de estado mágico ou extático inteiramente desconectado do real, um estado de euforia com começo, meio e fim, como no cinema, são perfeitamente cronometrados" (Lipovetsky 2007: 64).

2. Os diversos sentidos do luxo

Do ponto de vista mercadológico, na maioria das vezes, o consumo de luxo está menos associado à funcionalidade ou aos benefícios práticos gerados por um determinado produto e mais conectado às sensações causadas pela experiência da compra e uso desse artigo luxuoso. Por esta razão, o conceito de luxo não pode ser atribuído apenas ao produto ou serviço em si. De modo geral, o luxo pode ser considerado uma característica superior ou um atributo distintivo positivo, de caráter socio-antropológico, que faz alguém ou algo se sobressair em relação a outros e, também, uma força motriz na indústria de bens de consumo.

O consumo do luxo é de natureza emocional, uma vez que ele desperta o que existe de mais irracional nos seres humanos: o desejo. A ideia de luxo está relacionada à representação das desigualdades sociais, ao supérfluo, à ostentação, opulência e à futilidade; é um produto da ganância humana. Mas, ao mesmo tempo, é uma característica daquilo que é requintado e aprimorado; algo que proporciona conforto e aumenta o prazer; ele representa as difíceis conquistas, a busca pelo impossível e pela superação, a satisfação individual.

Essencialmente, o luxo tem caráter de exclusividade, refinamento, sedução, prestígio, raridade e acesso restrito, cujo consumo representa uma condição ou fruto do privilégio de alguém que anseia de acordo com seu contexto, suas possibilidades e, principalmente, impossibilidades. Ele existe desde o princípio da história da humanidade e pautou muito do que formou a hierarquia de classes sociais e a disputa de poder entre os povos.

Um dos maiores desafios para o mercado de luxo é superar a crença religiosa de igualdade social e humildade, uma vez que é preciso convencer os consumidores de que eles são merecedores desse raro prazer e que podem se permitir ao perdão por um consumo supérfluo, praticando a "autoindulgência" e rendendo-se aos apelos do objeto de desejo.

Conforme Gilles Lipovetsky (2005), em *Luxo eterno: a idade do sagrado ao tempo das marcas*, "a arte de viver que acompanha o luxo não é mais uma convenção de classe, é teatro para melhor provar dos prazeres dos sentidos". Contudo, o autor não se refere apenas aos cinco sentidos, mas também a um sexto e fundamental: o tempo. Ele acredita que, mesmo num período em que o presente é muito valorizado, o luxo almeja a eternidade. Do efêmero, extrai-se o eterno.

A hipótese de que o luxo comunica a natureza do sagrado – apesar de seu sentido aparentemente contraditório – tem sido explorada por diversos autores, tais como o próprio Gilles Lipovetsky (2005),[2] o jornalista Jean Ferreux (2006)[3] e o poeta Jair Santos (2006), uma vez que tanto Deus quanto o luxo estão na dimensão do desejo, da utopia. Ambos são recursos utilizados pelos seres humanos que visam saborear outra realidade: a vida eterna.

---

2   Tanto quanto uma luta simbólica intra-humana, o luxo foi uma maneira de garantir os ciclos da reencarnação, um combate mágico contra o tempo e o perecível. Foi menos um processo de negação das coisas e submissão da natureza pelo qual o homem afirma sua subjetividade que sustentou os comportamentos suntuários do que um processo de apropriação das forças do além em vista do renascimento, um processo de captação de poderes para combater a finitude das durações terrestres (Lipovetsky 2005: 81-2).

3   Consideramos, efetivamente, que o luxo é uma angústia existencial e uma fuga diante do mundo. Angústia existencial e sentimento do sagrado são duas faces da mesma tomada de consciência de nossa finitude. Ora essa tomada de consciência pode, por (e para) alguns, receber uma resposta quase mágica: a construção de um mundo (que se queira/que se creia) protegido. O luxo seria então para aqueles que tenham a possibilidade – este termo tomado no sentido que lhe dá estatística – de serem ricos, a de viver num mundo artificial, à margem do mundo real do qual temos a ilusão de que escaparemos (Ferreux 2006: 18).

Jean Ferreux (2006: 17-8), editor da *Téraèdre Publishing*, classifica o luxo clássico como concepção intensiva e o novo luxo como concepção extensiva, para os quais o luxo tem significados distintos.

Linguagens publicitárias e os meios digitais

Na concepção intensiva, o luxo representa o único, significa ter (para mostrar ou gastar) o que os outros não têm; é raro, logo caro; beneficiário daquele que dele se beneficia; marketing eventualmente posterior; imaginário seguido pelo beneficiado. Conforme a concepção extensiva, o luxo tem aspecto múltiplo, significa ter o que os outros eleitos têm; é caro por estratégia, mas não raro, só "seletivo"; no plano financeiro, os beneficiários são aqueles que fabricam, já no plano simbólico, os favorecidos são os compradores; o imaginário é o utilizado ou mesmo manipulado pelo fabricante.

Para Jair Santos (2006: 167), "o 'sonho de consumo' é, na verdade a miragem do nosso autorretrato elitário". Segundo ele, esse aspecto a se tornar ostensivo envolve, mais do que uma economia, uma história; mantém traços de um fundo mítico que seremos capazes de rastrear se reconhecermos aspectos semânticos do luxo no contexto teológico, na ideia de Paraíso e no imaginário do Jardim do Éden. A constituição de uma marca de luxo "é inseparável da gestão simbólica de suas raízes, do trabalho de edificação de um mito. É através de referências a um passado mitificado, de legendas das origens que se moldam as grandes marcas" (Lipovetsky 2005: 83).

De acordo com a especialista em marketing e gestão de marcas Elyette Roux (Lipovetsky; Roux 2005), o que faz passar do "produto" a "marca" é, essencialmente, a dimensão e a notoriedade internacional; as marcas de luxo possuem ética e estética próprias, que lhes conferem identidade e legitimidade, remetendo benefícios simbólicos ao luxo, enquanto os produtos convencionais correspondem a benefícios funcionais; os clientes de luxo buscam experiências de emoções fortes, excepcionais; a análise e gestão criativa da identidade e da comunicação global de marca são algumas chaves para o sucesso neste segmento. O luxo consiste em não se apoiar numa tendência, mas em criá-la, então marketing e criação se unem, de acordo com uma lógica de conjunção, orientação criativa e inovadora voltada ao cliente.

Na relação afetiva do consumidor com o luxo, o que interessa é sentir-se adequado com o uso de uma marca que reflete determinados valores. A manifestação do consumo de luxo não se dá de maneira programada, mas por impulso. Juntamente com a moda, instala-se o luxo absolutamente moderno: superficial e gratuito, móvel e liberto das forças do passado e do invisível. Com o aparecimento da alta-costura, o luxo tornou-se uma indústria da criação e, com os processos de mecanização, surge o falso luxo de preço menor, voltado para as classes médias, para quem os preços e as coisas são a nova promessa de felicidade.

Nos anos 1980, as novas elites do mundo econômico ostentavam sem complexo seus gostos pelos produtos de luxo e pelos símbolos de posição social. Hoje, ainda persiste certo esnobismo, o desejo de parecer rico, o gosto de brilhar, a busca da distinção social pelos signos demonstrativos de identificação e distinção. No entanto, atualmente, os laços com a moda estão mais frouxos e triunfa o culto às marcas e aos bens raros. O narcisismo contemporâneo dominante não se move tanto pelo desejo de ser admirado, mas pelo desejo de se destacar da massa, de sentir-se um ser diferente, de construir uma imagem positiva para si próprio. Desse modo, o luxo está mais para a promoção de uma imagem pessoal do que de uma imagem de classe, e o consumo voltado para experimentar emoções estéticas ou sensitivas. É o reinado do luxo emocional, experimental e subjetivo.

3. *FOR SUCESSFUL LIVING*: DIESEL, A CHAVE PARA VIDA DE SUCESSO

A história arquitetada pela Diesel está diretamente associada à vida de um jovem do interior da Itália, que, de um *jeans* costurado por sua mãe, deu origem a uma marca global e em pouco tempo construiu uma história atrativa, um verdadeiro império,[4] edificando sua marca no cenário do novo luxo.

A marca Diesel fundamenta sua imagem na valorização de seus jeans e no culto a Renzo Rosso. Atribui a eles a fidelidade ao estilo sofisticadamente rebelde, o "espírito dionisíaco" irônico, irreverente e inovador, visando estabelecer um código próprio de reconhecimento e identificação e um valor *premium* aos seus produtos.

Renzo Rosso já teve um Dodge Viper, tem mais de uma Harley Davidson, faz o estilo *rock-'n'-roll*, gosta de coisas agressivas, desgastadas, misturadas com uma batida *kitsch*; declara-se um eterno curioso, que trabalha com afinco para melhorar as coisas, torná-las mais divertidas e engraçadas, pois é alérgico ao comum. O universo da Diesel frequentemente lembra: os anos 1950, um filme *sci-fi*; às vezes, o sótão de uma loja lixo; ocasionalmente, uma viagem psicodélica pela estrada de *Easy Rider*; e, em muitas ocasiões, a mistura dos

---

4   Renzo Rosso começou com uma pequena fábrica de jeans instalada na região montanhosa do Bassano do Grappa, em Malvena, norte da Itália, com 18 funcionários e algumas máquinas. Atualmente, a Diesel está em mais de 80 países, em mais de 6 mil pontos-de-venda e 225 lojas próprias. Paralelamente à linha principal de produtos da marca Diesel (destinados ao público jovem e adulto), a empresa abraça as marcas Diesel Black Gold (*prêt-à-porter*), Diesel Denim Gallery (jeans *superpremium*), Diesel Fragance (perfumes), 500 by Diesel, Diesel Kids (público infantil) e a linha esporte 55DSL (público jovem). Em 2000, adquiriu a empresa italiana Staff International, obtendo a licença para produzir roupas para as marcas dos estilistas Vivienne Westwood, DSquared e Mating Margiela. Todas essas marcas pertencem à empresa Staff, que, como a Diesel, faz parte da holding Only the Brave, de Rosso. Viktor & Rolf, da dupla de estilistas holandeses Viktor Horsting e Rolf Snoerer, foi adquirida pelo empresário italiano em julho de 2008. Rosso ainda possui o Hotel Pelican, sediado em Miami South Beach que, com sua fachada *art déco* e interiores como globo ocular, apreende perfeitamente a *vibe* da Diesel.

três. Mas, na maioria das vezes, a Diesel se parece com o conteúdo da própria mente de Rosso. "Diesel não é a minha empresa. É a minha vida" (Renzo Rosso apud Tungate 2005: 37).

Rosso estudou técnicas têxteis e de confecção em Pádua. Trabalhou como gerente de produção na Moltex, empresa gerenciada por Adriano Goldschmied, que fabricava jeans para diversas marcas italianas. Em 1978, os dois se juntaram a fim de confeccionar jeans com marca própria e fundaram a Diesel. O nome foi ideia de Goldschmied, pois ambos desejavam algo que não tivesse sonoridade italiana, transmitisse uma sensação internacional e fosse pronunciado da mesma maneira em todo o mundo.

Em 1985, Rosso comprou a outra metade da Diesel de Goldschmied e revolucionou o *design* de seus produtos, passando a confeccionar peças mais ousadas, que atendiam ao seu gosto pessoal. Inspirado no visual *vintage*, começou a produzir jeans puídos e rasgados, em lavagens *stonewashed*. Devido ao processo de produção utilizado no envelhecimento do jeans, Rosso fixou seu elevado preço, cerca de 80 a 90 dólares, quando a média na época era de 50 dólares. A partir de 1995, a empresa incorporou os acessórios à sua linha de produtos, integrando óculos solares e relógios de punho às suas coleções.

Em 1988, o holandês Wilbert Das juntou-se à companhia, como assistente de estilo, para projetar roupas que gostaria de ver nas ruas, onde realmente acontecia e ainda se dá a inovação na moda. Logo, foi promovido a diretor criativo e chefe de projeto, tornando-se o principal responsável pelo desdobramento da identidade da marca. Ele desenvolveu uma relação quase simbiótica com o fundador da marca. Ambos são: fascinados pelas coisas *kitsch*, coloridas, decorativas, "retro-futuristas"; encantados pelo choque de estilos e pela união de referências sobrepostas; contestadores das definições de bom gosto; defensores da criação com identidade própria, sem vínculo com os imperativos efêmeros da moda. "A Diesel é a antimoda, moda" (Das apud Tungate 2005: 35).

Em vez de assistir aos desfiles de coleções, mergulhar em luxuosas revistas ou fixarem-se na internet, os designers da Diesel viajam para grandes centros urbanos em torno do mundo. Eles retornam com cartazes, postais, CDs, folhetos de clubes – e, naturalmente, com roupas de segunda mão –, diferentes padrões de tecidos e estampas, que poderão ressurgir, numa forma modificada, como parte da coleção da Diesel.

De acordo com Wilbert Das, a concepção das roupas Diesel não é coordenada diretamente pela demanda, ela segue uma base estabelecida pela política interna da empresa, que prima pela liberdade e inovação. Ele afirma que a Diesel considera seus consumidores inteligentes, pessoas não aficionadas por marca que vão para uma única loja comprar toda a indumentária, mas que estão sempre em busca de uma opção de escolha. Por essa razão, seus produtos são desenvolvidos para se misturarem a outras marcas, às roupas *vintage*, a tudo o que o consumidor desejar. Não é por outro motivo que, a cada nova coleção, a marca oferece aos seus clientes uma enorme gama de jeans: algo como 45 modelos em 67 diferentes lavagens, além das variações de comprimento e cintura (Tungate 2005: 35).

A publicidade irônica da Diesel destaca-se da publicidade comum ao mundo da moda e tem desempenhado um papel essencial na conquista de sua notoriedade, sobretudo entre jovens formadores de opinião. Embora a Diesel contrate uma agência de publicidade, o que é raro para uma marca de moda, Das supervisiona a criação de todos os materiais promocionais, pois compreende que a comunicação é mais um de seus produtos e, sendo assim, as mesmas normas aplicadas às roupas se sobrepõem à comunicação externa.

Em 1991, a Diesel contratou a Paradiset, de Estocolmo, para lançar uma campanha publicitária internacional que a transformasse numa marca global. A agência instituiu o slogan *Diesel: for successful living* (Diesel: para o êxito da vida), que se referia às promessas duvidosas de outras marcas, valendo-se da marca registrada da empresa: a ironia. Criou anúncios atrevidos, coloridos, surrealistas, inspirados nas antigas revistas pornôs, em cartazes de filmes de Hollywood, campanhas de recrutamento para o exército, anúncios de eletrodomésticos; contudo, nada que já tivesse sido de fato propagado pela moda.

Desde então, a Diesel mudou algumas vezes de agências de publicidade, no entanto manteve a estratégia de comunicação que tornou-a afetiva e mundialmente desejada, anunciando peças polêmicas que associam ostentação à beleza, devassidão ao sublime. Veiculou anúncios exibindo modelos sentadas sobre um gigante cigarro, com a seguinte frase: "Como fumar 145 por dia?". Mas o crânio ao pé da imagem indicava a contradição da mensagem que, de fato, era antitabagismo. Rosso comumente tem utilizado a publicidade da Diesel para fazer críticas sarcásticas acerca da visão de mundo da sociedade ocidental. Um cartaz mostrando um modelo masculino com uma pistola na mão censurava o culto às armas nos Estados Unidos e causou um grande tumulto neste país. "Se nascer não é um crime, por que já vem com sentença de morte?", questionava o manual da campanha *Stay Young*. Ela retratava a imagem de humanoides imutáveis que não envelhecem e não têm rugas, cada um deles com uma instrução chave para a vida eterna: não pensar, não dar risada, não trabalhar, não fazer sexo, não respirar, garantir um clone, beber um copo de urina fresca toda manhã, entre outros absurdos. A campanha *The Daily African – Lifestyle* produziu o conteúdo editorial de uma revista dominical com modelos negros exaltando o espírito da Diesel. Ironicamente, os anúncios desta campanha retratam africanos milionários, tomando champanhe e comendo caviar em limusines, mas solidários a campanhas como as de ajuda à Europa e aos Estados Unidos, países em desenvolvimento.

Foi com esse "espírito jovem" que a Diesel se posicionou no segmento do novo luxo, no qual o jeans se consagrou como um verdadeiro curinga, e, nos últimos anos, ganhou novo fôlego, com a febre mundial do *premium* jeans. Este conceito que vende a ideia de qualidade excepcional e recompensa pela conquista vitoriosa foi desenvolvido, no início do século xx, com o objetivo de agregar valor e aperfeiçoar o jeans. Por fim, acabou atribuindo-lhe uma reputação que precede sua própria história, pois a peça que nasceu com apelo proletário ganhou status de artigo de luxo. Associando o jeans aos atributos "exclusividade" e "privilégio", a marca conseguiu elevar o preço destes artigos a valores altíssimos.

A categoria *premium* jeans baseia-se em três pilares: 1. *Fabric* (produção), que está relacionado com a utilização dos melhores tecidos do mundo, como o *denim* americano, italiano e japonês; 2. *Finish* (acabamento), referente às lavagens e acabamentos diferenciados, que, por serem artesanais, resultam em peças exclusivas; 3. *Fit* (silhueta), respectivo ao caimento perfeito devido aos cortes e modelagens que valorizam o corpo e acabamentos internos (como forro de bolsos) diferenciados.

Para fortalecer a imagem de seu varejo, a Diesel abriu sua primeira *flagship store* (loja-conceito) em Nova York, nos anos 1990. No Brasil, em 2001, a grife italiana que já era comercializada na Daslu, instalou sua primeira loja na Rua Oscar Freire, no quadrilátero paulistano do luxo, logo depois se expandiu para o Shopping Iguatemi, Rio de Janeiro e demais centros urbanos, em lojas multimarcas. Visando conquistar os desejos do público ávido por luxo e exclusividade, a empresa lançou a linha *Denim Gallery*, composta pelo jeans *superpremium*, com peças ainda mais diferenciadas que custam em torno de mil dólares, produzidas em séries numeradas de 12 exemplares.

Durante o New York Mercedes-Benz Fashion Week, fevereiro de 2008, a Diesel lançou sua primeira coleção *prêt-à-porter*: uma linha que oferece aos consumidores uma alternativa às marcas contemporâneas, mantendo, ao mesmo tempo, cada elemento do estilo de vida irreverente da marca.

A linha Diesel Black Gold foi criada para agradar ao consumidor fiel à Diesel. Portanto, ela mantém o estilo *street*, mas propõe *looks* mais sofisticados, para serem usados durante o dia ou mesmo à noite, em festas casuais. *Casual luxury* foi o termo adotado pela empresa para definir esse novo segmento de atuação.

Em agosto de 2008, a Diesel inaugurou em São Paulo a loja piloto da Staff. O projeto do luxuoso empreendimento, sediado na rua Haddock

Lobo, foi feito pelo arquiteto italiano Massimo Pegoraro, com quatro pavimentos e cerca de mil metros quadrados. Criada em sociedade com o brasileiro Esber Hajli, a loja trouxe ao país criações do estilista belga Martin Margiela, além de roupas da designer russa Sophia Kokosalaki e da grife Viktor & Rolf. A Staff também comercializa as peças da DSquared2, a linha *superpremium* Diesel Denim Gallery e a linha *prêt-à-porter* Diesel Black Gold.

"Pensar global e agir local" não é a filosofia adotada pelas marcas que atuam no mercado de luxo; o axioma vigente entre as marcas que atuam neste setor é "pensar e agir globalmente". Com o objetivo de reforçar o conceito e a imagem de marca global, uma única campanha é veiculada no mundo todo. Aliás, atualmente, a Diesel tem feito uso da linguagem arquitetônica referenciando diversos locais do mundo, enfatizando mais ainda essa premissa.

Are you global warming ready? (Você está preparado para o aquecimento global?), questiona a Campanha Verão 2007. Por meio de imagens que mostram a vida num mundo completamente alterado – Nova York e Rio de Janeiro praticamente submersos; a Grande Muralha da China enterrada na areia; na Praça de São Marcos, em Veneza, araras substituem os pombos; palmeiras e lagartos circundam a torre Eiffel; no Antártico degelado, não há mais frio – a Diesel explorou a temática do aquecimento global.

Assinada pelo slogan *For sucessful living: Diesel*, a publicidade da Diesel evoluiu da estética do grotesco[5] à sofisticação da linguagem, com requinte arquitetônico recorrente nas últimas campanhas. E a mensagem, inicialmente desenvolvida visando satirizar a concorrência,

---

5   Os vídeos 5 *A.M. Mono Village* e *Little Rock* são exemplos da estratégia de comunicação mais agressiva e irreverente da marca. O primeiro retrata um campo de escoteiros, dentre os quais um menino bem apressado faz uma espécie de "teste" com um velho escoteiro. O teste termina com um surpreendente duelo entre os dois. No segundo, num cenário do velho Oeste norte-americano, em 1873 (ano do lançamento da Levi's), é contada uma história entre mocinho e bandido, na qual o bandido – que rouba pirulitos de criança e chuta cachorros – sai vencedor.

acabou atribuindo notoriedade e o significado de sucesso à marca e o tão desejado sentido luxuoso aos seus produtos.

A Diesel não se apoia apenas na propaganda: promove ações e eventos promocionais visando gerar conteúdo para diversos blogs, comunidades e demais meios de marketing viral. Desse modo, a marca se mantém em evidência constante entre os formadores de opinião, tornando-os apóstolos de sua imagem, por meio da publicidade boca a boca via web.[6]

4. CAMPANHA *CAMOUFLAGE TALES* E O ACESSO AO ANTIDESTINO

A Campanha Verão 2006, *Camouflage Tales* (Narrativas Camufladas), guia da arte de sair do anonimato para fama, conta a história de heróis arrojados em torno da inocência e da paixão. O guia Diesel é dedicado aos interessados em agito e no poder da mente. De forma irônica, foi divulgado como o mais abrangente e detalhado estudo do mundo sobre a vida bem-sucedida, que pode ajudar o "leitor" a mostrar o que sabe às pessoas que estão no auge de suas carreiras e precisam de estímulos para dar mais atenção a si próprias, a como ficarem eternamente jovens e aos assuntos triviais como o "sentido da vida".

A camuflagem foi o artifício utilizado para padronizar tudo o que não fosse ou não estivesse vestindo Diesel, a fim de enfatizar seus produtos e usuários. Para atribuir ao seu universo os significados de luxo, moda, embriaguez dos sentidos e o mais refinado e espiritualizado prazer da estética, as modelos femininas foram retratadas à imagem de Vênus, um signo arquetípico de Afrodite – "O nascimento de Vênus",

---

6   A partir de 2003, a Diesel adotou a prática burguesa do mecenato, criou O DNA – *Diesel New Art*, para apoiar novas formas de expressão na arte, no design e na fotografia. Anualmente, promove o festival mundial de música alternativa e eletrônica – o *Diesel :U: Music* –, no qual músicos independentes competem nos gêneros musicais de rock, música urbana/hip hop e música eletrônica, promovendo cada vez mais a própria marca.

de Sandro Botticelli (1445-1550). A figura de linguagem recorrente em todos os anúncios, criando uma relação de contiguidade, é a metonímia: quem usa os produtos da marca anunciada é sempre o melhor.

O imaginário do Jardim do Éden foi utilizado para atribuir o sentido luxuoso à Diesel: os modelos masculinos, retratados com diferentes características étnicas, remetem ao simbolismo de Adão e de Jesus Cristo (o segundo Adão) e, por conseguinte, tornam Vênus uma manifestação de Eva. Conforme Carl G. Jung (1964), Adão e Cristo representam a morte e a ressurreição, configuram o mito cosmogônico da criação do homem e do mundo. Adão simboliza o pecado original e a expulsão do Paraíso, o nascimento da condição humana. Sua imagem arquetípica, nesta campanha, é um signo da morte para uma vida anônima e do renascimento para uma vida gloriosa.

ANÁLISE DOS ANÚNCIOS

ANÚNCIO 1: Anúncio veiculado na Revista *Vogue* Brasil, número 331, março 2006, p. 10-1.

Plano de expressão ou significante: Em página dupla, num plano geral, em primeiro plano enquadra-se um jovem casal que caminha de mãos dadas, vestidos de forma displicente e sensual. Ela veste jeans e *spencer* semi aberto, deixando colo e abdômen à mostra, e um belo cinto em couro preto. Ele usa calça jeans, camisa manga longa com estampa floral *liberty* e cinto preto. Em segundo plano, um longo corredor com casas conjugadas, tanto do lado esquerdo quanto do lado direito: mãos humanas seguram as longas janelas com desenhos de persianas entreabertas. Todo o cenário composto pela arquitetura regional é camuflado nas cores ocre, marrom, mostarda e verde. No canto superior esquerdo, posiciona-se um retângulo vermelho no qual estão inscritos na cor branca a marca Diesel com o slogan – *For successful living.*

Plano de conteúdo ou significado: Observamos Adão e Eva (Vênus)[7] deixando o Jardim do Éden, seu lugar de origem (cultura local, arquitetura regionalista), a caminho do novo, do desconhecido (cultura global, roupa universal: jeans). Sua morada já não é mais o Paraíso, lugar determinado, cheio de regras, onde impera o igual, mas o próprio corpo (nossa casa terrestre), livre e móvel, que pode ser deslocado para qualquer lugar e desfrutar dos mais diversos prazeres. Os signos gestuais do casal e a verticalidade de seus corpos denotam segurança, sentem-se protegidos pela marca global, ainda que comuniquem certo desconforto com os olhares que os espreitam por trás das janelas e os observam com inveja.

Mensagem denotativa: *Para viver com sucesso, arrisque-se: liberte-se de suas raízes, seja global.* Mensagem conotativa: *Use o jeans da Diesel, a marca do jovem global bem-sucedido, o código de acesso ao antidestino e à vida bem-sucedida.*

---

7   Neste caso, a posição do sol e as cores da camuflagem indicam que quem se manifesta é Vênus Deusa da Manhã, um símbolo de proteção (Chevalier & Gheerbrant 2000: 937).

ANÚNCIO 2: Anúncio veiculado na Revista *Vogue* Brasil, número 333, maio de 2006, p. 24-5.

Plano de expressão ou significante: Em página dupla, plano geral, em primeiro plano, duas jovens posicionam-se em pé, uma frente à outra. Uma delas está de costas para a câmera, com as mãos nos bolsos e o rosto na posição de perfil voltado para a esquerda. A outra jovem posiciona-se de frente para a lente fotográfica, com ombros à mostra e mãos nos bolsos traseiros da calça. As duas estão vestidas sensualmente deixando abdômen à mostra, fazem o estilo *rocker* despojado. Ambas vestem jeans bordados, cinto vermelho e blusa de cetim verde: a da direita tem uma serpente bordada nas costas. Elas estão de costas para o cenário ao fundo: paisagem composta por uma árvore, uma casa com pequeno jardim, calçada na frente, arquitetura típica dos condomínios californianos. À esquerda, em frente ao carro estacionado à frente da garagem, uma mulher, vestindo calça e camisa, posiciona a mão esquerda sobre a boca aberta e a mão direita sobre os olhos do garoto que está ao seu lado, à direita, usando calça e camiseta. Todo o cenário, a mulher e o garoto têm a imagem camuflada por uma pintura que mistura as cores branca, verde, ocre e marrom. Ao fundo, sol poente.

No canto superior esquerdo, posiciona-se um retângulo vermelho no qual estão inscritos na cor branca a marca Diesel com o slogan – *For successful living.*

Plano de conteúdo ou significado: Em cena, o jogo de sedução entre Eva e Lilith; a posição dos corpos das duas forma a imagem de um losango, denotando seu homossexualismo. Eva é um signo do pecado, da tentação, simboliza o elemento feminino no homem, o irracional, a alma, a carne, a concupiscência. Lilith representa a serpente, o ódio contra a família, os casais e os filhos, é um signo de androginia. Elas estão de costas para o garoto, denotando o abandono da infância e a perda da pureza, pois a criança representa o estado *edênico*, anterior ao pecado, a simplicidade, a espontaneidade, a chave para o reino dos céus. O gesto da mãe, ao tapar os olhos do garoto, denota sua preocupação em protegê-lo do ódio de Lilith, protegendo sua inocência, pois possuir duas mulheres, ao mesmo tempo, é uma fantasia sexual recorrente ao universo masculino. As duas dão as costas ao arquétipo negativo da grande-mãe, pois desejam uma vida de sucesso.[8] Elas contestam os valores sociais e instituições vigentes, renunciando à família, à maternidade e aos clássicos signos de sucesso: a casa própria e o automóvel; ignorando preconceitos, redefinem sua sexualidade e assumem a própria opção sexual.

Mensagem denotativa: *Para ter êxito na vida, ouse ser diferente: liberte-se das convenções sociais e sexuais, rendendo-se ao mundo dos prazeres e da paixão.* Mensagem conotativa: *Use o luxuoso jeans Diesel, o código de acesso ao antidestino.*

---

8   Esta é uma manifestação de Vênus no Crepúsculo: um símbolo de proteção, a divindade do amor e da volúpia (Chevalier & Gheerbrant 2000: 937). Todos os mitos do herói representam simbolicamente a luta humana para se livrar das garras impiedosas da mãe terrível, tal como o herói mitológico Perseu, que simboliza tanto a ascensão da humanidade como a do inconsciente (Randazzo 1997: 115).

ANÚNCIO 3: Anúncio veiculado na Revista *Vogue* Brasil, número 332, abril de 2006, p. 40-1.

PLANO DE EXPRESSÃO OU SIGNIFICANTE: Em página dupla, plano geral, do lado direito, em primeiro plano, em pé, com uma das pernas ligeiramente à frente e a outra levantada, um lindo casal de jovens, com as mãos dadas, olham fixamente um para o outro. Ambos estão vestidos sofisticadamente. O belo moreno veste calça e camisa, branco *off white*, sob casaco *sahariene*, cor cáqui, e sapatos brancos. Ela usa vestido de *musseline*, estampado com motivos florais, e sandália, salto alto, visual aprimorado e sensual. Na frente do pé da jovem, há uma cadeira caída, de pernas para o ar. Em segundo plano, em torno de uma mesa farta, posicionam-se seis pessoas. Do lado esquerdo da mesa, uma mulher loira, vestindo um *chemisie* com mangas longas, está em pé com a mão no peito de um homem de cabelos grisalhos, que está à sua esquerda, vestindo terno e gravata e com os braços abertos. No centro, atrás da mesa, um senhor grisalho, vestindo calça, camisa e suéter, está em pé, com uma das mãos apoiadas sobre a mesa e a outra apontando para o jovem. Do lado direito da mesa, um homem moreno, que veste uma camiseta polo de magas curtas, senta-se com os cotovelos apoiados sobre a mesa e as mãos seguram sua cabeça baixa. Na ponta da frente da mesa, senta-se uma senhora de cabelos grisalhos, usando um vestido, *blazer, scarpin*, está com a mão direita sobre o seu rosto e a mão esquerda apoiada nos ombros da adolescente ao seu lado. A garota, usando um vestido e sapatilhas, tem as duas mãos sobre o rosto. A arquitetura clássica, inspirada no romantismo alemão de Mies van der Rohe, compõe o cenário formado por uma varanda com amplos vãos entre os pilares, através dos quais podemos ver uma paisagem de vegetação rasteira; mais ao fundo, uma densa floresta por trás da qual se pode ver o mar e o céu à meia luz. No canto superior esquerdo, posiciona-se um retângulo vermelho no qual estão inscritos na cor branca a marca Diesel e o slogan: *For successful living*.

Plano de conteúdo ou significado: Vemos um casal apaixonado em fuga. Os códigos gestuais dos pais, dos avós e da irmã da jovem indicam indignação, espanto, desapontamento e desaprovação com a cena. A posição tanto da jovem quanto do jovem forma um triangulo retângulo, indicando a equivalência e completude de ambos. A organização da família em torno da mesa desenha um quadrado, que reflete a estabilidade, a estagnação e o antidinamismo desta instituição; suas vestes também revelam seu conservadorismo. O rapaz, sentado do lado direito da mesa, expressando desolamento, representa o namorado abandonado. A jovem Vênus,[9] em nome do amor e do prazer de estar na companhia do seu desejado companheiro, renuncia não apenas à convenção social da instituição do casamento, mas também ao conforto do lar e à segurança dos vínculos afetivos familiares e da posse dos bens materiais. Ela "chuta o balde" e foge em busca da felicidade e da vida bem-sucedida. Rompendo o ciclo de estabilidade, ela revela sua personalidade audaciosa e atrevida. Ele demonstra sua coragem ao confrontar a família dela e o seu rival de peito aberto.

---

9   Neste caso, a posição do sol indica a manifestação de Vênus no alvorecer: um signo de amor e proteção (Chevalier & Gheerbrant 2000: 937).

Mensagem denotativa: *Para viver com sucesso, seja ousado: liberte-se das convenções sociais familiares, entregando-se ao amor e à paixão.* Mensagem conotativa: *Use Diesel, um signo de luxo, o código de acesso ao antidestino.*

Anúncio 4: Anúncio veiculado na Revista *Elle* France, número 246, fevereiro de 2006, p. 66-7.

Plano de expressão ou significante: Em página dupla, plano geral, deita-se sobre um clássico divã um lindo casal. O jovem tem cabelos castanhos, veste calça cáqui e camisa branca, um colar rústico e pulseiras, visual moderno e despojado, tem os olhos fechados, a cabeça apoiada no encosto do divã e o antebraço apoiado no chão. Ela veste um vestido vermelho escarlate de seda, um *scarpin* branco, visual sofisticado e sedutor; ela está ajoelhada sobre o divã, suas mãos tocam o peito do seu parceiro e seguram uma das partes da camisa semiaberta. Em segundo plano, nas sacadas do prédio que se opõe ao edifício em que se encontra o jovem casal, por trás da superfície vítrica das amplas portas ou das lentes de um binóculo, várias pessoas olham na direção do casal. O cenário deste anúncio é característico da arquitetura moderna de Le Corbusier. Todo o cenário, incluindo o divã, as paredes e o chão do ambiente em que se encontra o casal, além das outras pessoas que compõem esta peça, têm a imagem camuflada por uma pintura que mistura diversos tons de azul, que vão do turquesa ao marinho. No canto superior esquerdo, posiciona-se um retângulo vermelho no qual estão inscritos na cor branca a marca Diesel com o slogan: *For successful living*.

Plano de conteúdo ou significado: As cores da camuflagem e o tipo de iluminação denotam que a picante cena se passa à noite. Ela é acentuada por certo *voyeurismo* que aguça ainda mais o clima de erotismo entre a Vênus da Tarde (Lúcifer) e o Cristo[10] (o segundo Adão). A posição dos corpos do jovem casal "desenha" um triângulo retângulo em torno de cada um, denotando a individualidade dela e dele, uma vez que o triângulo formado pela jovem reflete um grande contraste de tamanho, por ser muito maior que o triângulo formado pela imagem do jovem. Se considerarmos a diagonal de leitura, veremos o feminino penetrar no masculino, no espaço da conjunção entre os dois triângulos; é a Vênus que seduz completamente seu parceiro, que é retratado à imagem

10 A Vênus da Tarde representa a indicação do caminho às estrelas (Lúcifer): é a divindade do amor e da volúpia, a rainha dos prazeres que ama o gozo e a alegria, a dama dos destinos, a senhora das sortes. Cristo é a síntese dos símbolos do universo: o céu e a terra, por suas duas naturezas – divina e humana; o ar e fogo, por sua ascensão e sua descida aos infernos; o túmulo e a ressurreição. Ele é o rei dos símbolos: "eu sou o caminho, a verdade e a vida". Quando se considera a face noturna do símbolo, por sua agonia, crucificação e calvário, ele representa as consequências do pecado, das paixões, da perversão da natureza humana. E para as consequências que não admitem essas noções de pecado, de piedade ou de sacrifício, ele encarna o desprezo pela natureza e por seus arrebatamentos. Volta contra si mesmo todos os valores humanos. O que ele se tornou, na interpretação da Igreja, segundo Nietzsche, opõe-se a tudo o que há de bom na vida: tudo o que exalta no homem – o sentimento de poder, a vontade de poder e o próprio poder (Chevalier & Gheerbrant 2000: 937, 304).

de Cristo. Os signos gestuais dele denotam sua entrega aos domínios dela. A cor vermelha é um signo de riqueza, de Eros livre, do princípio da vida, indica a potência e o vigor do apelo de sedução da Vênus da Tarde e o princípio de uma nova vida para o Cristo, repleta de prazer, desejo e poder. O branco da vestimenta dele já não é mais o branco imaculado, signo de pureza, é o branco acinzentado, sugerindo "a pequena morte", o gozo e o deleite. A cena da Vênus da Tarde seduzindo Cristo atrai o olhar de todos ao seu redor, tornando-os atração única para seus vizinhos. Nesse jogo do espelho e do olhar, do espetáculo e do parecer, agora rebatidos no jogo do olhar no anúncio, tem-se o olhar do receptor e seu reflexo. O observador, ao olhar a cena de sedução do jovem casal, vê-se no enredo da história criada, vê também o reflexo de tudo que está inserido no anúncio. Tudo isso, somado ao seu imaginário, multiplica as possibilidades de ver e de olhar o que ali está exposto. Cada espectador cria seu universo feérico a partir das interpretações propostas pelo texto. É nesse enredo fantástico, do discurso da publicidade, que se espelham as vontades dos espectadores que os levam, pelos efeitos de sentido, a desejarem os produtos da marca que está sendo anunciada, ao mesmo tempo em que são manipulados pela sedução momentânea de um ato de sedução sexual.

MENSAGEM DENOTATIVA: *Para viver com sucesso, seja atrevido: liberte-se das convenções religiosas do cristianismo, entregando-se à paixão e aos prazeres de Dionísio.* MENSAGEM CONOTATIVA: *Use Diesel, o código de acesso ao antidestino, a marca signo de uma vida bem-sucedida e de um estilo de vida repleto de luxo e luxúria.*

CONCLUSÃO

O crescimento da Diesel demonstra que a edificação de uma marca de moda se constrói em torno de sua comunicação mercadológica, uma vez que ela atua no segmento de moda vestuário. É como a encenação de uma peça de teatro, na qual a marca é o astro principal. A personificação de sua personagem se realiza através de sua identificação com a figura mitificada do empresário bem-sucedido, Renzo Rosso. Seus valores são a liberdade, ironia, ousadia, irreverência, inovação, inteligência, sagacidade, transgressão às normas, autenticidade e desprezo ao comum. É a apropriada reencarnação do deus Dionísio e a assimilação do espírito jovem e rebelde do traje que produz – a calça jeans.[11] Seu palco não se restringe às passarelas das Fashion Weeks. A Diesel desfila nas páginas das principais revistas de moda e jornais, não apenas como anunciante, mas também por causar polêmica com sua comunicação e gerar conteúdo noticioso com seus eventos e conquistas econômicas. Navega entre as páginas da web, em seu próprio site (que já foi profanado pela própria empresa com um picante *realist show*, durante 40 horas ininterruptas), em sites de relacionamento, de divulgação de vídeos, em blogs e comunidades criadas pelos seus apóstolos, divulgando e promovendo incansavelmente a sua imagem.

A análise da campanha *Camouflage Tales* mostra claramente as intenções sedutoras da mensagem da Diesel, pois tanto na ilustração como no texto há promessa de desejos satisfeitos com a ideia de celebridade e sucesso condicionados à utilização do produto.

Explorando os paradoxos Global x Local (anúncio 1), Homossexualismo x Heterossexualismo (anúncio 2), Ousadia x Conformismo (anúncio 3), Sagrado x Profano (anúncio 4), a linguagem da campanha *Camouflage Tales* deixa-se invadir pelo seu duplo, unindo o melhor ao pior por uma ilusão de racionalidade cuja fórmula é: "todos precisam acreditar nisso".

---

11   Na minha dissertação de mestrado, escrevi sobre o jeans e a sua relação com a cultura jovem e, consequentemente, sobre o espírito transgressor que confere, aos seus usuários, os sentidos de juventude e de proteção: "a gente veste jeans quando quer parecer jovem, a gente veste jeans quando quer comprar uma briga" (Profª Drª Maria Tereza Canezin Guimarães apud Zibetti 2007: 17).

Na campanha *Camouflage Tales*, os anúncios da Diesel não vendem o produto, eles promovem um estilo de vida irreverente e audacioso associado aos usuários da marca, que são capazes de lutar contra toda e qualquer fatalidade natural da vida e de construir o antidestino. Essa coragem, que se manifesta por meio da luta contra a própria sina, atrai todos os olhares para os adeptos da Diesel. Deste modo, a marca vende o sucesso e a notoriedade. A imagem da marca é ironicamente associada à mítica do hedonismo, da irreverência e do dionisíaco. Manipulando os signos arquetípicos de Vênus, Eva, Adão e Cristo e signos de contracultura, em campanhas anteriores, a publicidade da marca promove uma das características mais expressivas da sociedade burguesa – a distinção social por meio da ostentação de grifes. A Diesel contesta paradigmas, valores e instituições tradicionais a fim de enaltecer o valor simbólico da própria marca, associando-os aos vários sentidos do luxo, sobretudo o da luxúria.

Os anúncios da Diesel não veiculam uma promessa real, mas fantasiosa, espelhada na montagem das cenas criadas em ambientes cenográficos; com aprimorado requinte arquitetônico, divulgam o simulacro[12] da

---

12   Em *Simulacros e simulações*, Jean Baudrillard cita o Eclesiastes: "O simulacro nunca é o que oculta a verdade – é a verdade oculta que não existe. O simulacro é verdadeiro". Segundo o autor, a simulação "é a geração de modelos de um real sem origem nem realidade: hiper-real". Os simuladores atuais "tentam fazer coincidir o real, todo o real com os modelos de simulação". Desse modo, "o real é produzido através de células matizadas, de matizes e de memórias, de modelos de comando – e pode ser reproduzido um número indefinido de vezes a partir daí". Na verdade, "já não é mais o real, pois já não está envolto em nenhum imaginário". "É um hiper-real, produto síntese irradiando modelos combinatórios num hiperespaço sem atmosfera". "Nesta passagem a um espaço cuja curvatura já não é a do real, nem a da verdade, a era da simulação inicia-se, pois, com uma liquidação de todos os referenciais – pior: com a sua ressurreição artificial nos sistemas de signos, material mais dúctil que o sentido, na medida em que se oferece a todos os sistemas de equivalência, a todas as oposições binárias, a toda a álgebra combinatória. Já não se trata de imitação, nem de dobragem, nem mesmo de paródia. Trata-se de uma substituição no real dos signos do real, isto é, de uma operação de dissuasão

felicidade e da vida bem-sucedida. Sua publicidade transmite um ultimato implícito de cunho socioeconômico, dizendo e repetindo, intensa e incansavelmente: "compro, consumo, gozo" (Baudrillard 1991: 118).

Referências

BARTHES, Roland. *A aventura semiológica*. São Paulo: Martins Fontes, 2001.

BAUDRILLARD, Jean. *Simulacros e Simulações*. Lisboa: Relógio D'Água, 1991.

CAMPBELL, Joseph. *O poder do mito*. São Paulo: Palas Athena, 1990.

FERREUX, Jean. "O marketing do novo luxo: da exceção ao conformismo 'elitista'", in: CASTILHO, Kathia; VILLAÇA, Nízia (org.). *O novo luxo*. São Paulo: Anhembi Morumbi, 2006.

CHEVALIER, Jean; GHEERBRANT, Alain. *Dicionário de símbolos: mitos, sonhos, costumes, gestos, formas, figuras, cores, números*. Rio de Janeiro: José Olympio, 2000.

JUNG, Carl Gustav (org.). *O homem e seus símbolos*. Rio de Janeiro: Nova Fronteira, 1964.

LIPOVETSKY, Gilles. *A felicidade paradoxal: ensaio sobre a sociedade de hiperconsumo*. São Paulo: Companhia das Letras, 2007.

_____; ROUX, Elyette. *O luxo eterno: idade do sagrado ao tempo das marcas*. São Paulo: Companhia das Letras, 2005.

MAFFESOLI, Michel. *A transfiguração do político, a tribalização do mundo*. Porto Alegre: Sulina, 2000.

RANDAZZO, Sal. *A criação do mito na publicidade: como os publicitários usam o poder do mito e do simbolismo para criar marcas de sucesso*. Rio de Janeiro: Rocco, 1997.

---

de todo o processo real pelo seu duplo operatório, máquina sinalética metaestável, programática, impecável, que oferece todos os signos do real e lhes curto-circuita todas as peripécias. O real nunca mais terá oportunidade de se produzir – tal é a função vital do modelo num sistema de morte, ou antes de ressurreição antecipada que não deixa já qualquer hipótese ao próprio acontecimento da morte. Hiper-real, doravante ao abrigo do imaginário, não deixando lugar senão à recorrência orbital dos modelos e à geração simulada das diferenças" (Baudrillard 1991: 7-9).

SILVERSTEIN, Michael; FISK, Neil; BUTMAN, John. *Trading up: the new American Luxury*. Nova York: Portfolio, 2003.

_____. *Trading up: Trends, Brands and Practices*. BCG Publications, 11/05/2004. Disponível em: http://www.bcg.com/impact_expertise/publications/Book_Trading_up.html. Acessado em: 11/11/2007.

SANTOS, Jair Ferreira dos. "Deus está morto, mas o meu cabelo é incrível" – Luxo, céus e romances contemporâneos, in: CASTILHO, Kathia; VILLAÇA, Nízia (org.). *O novo luxo*. São Paulo: Anhembi Morumbi, 2006.

TUNGATE, Mark. *Fashion brands: branding style from Armani to Zara*. Londres: Kogan Page, 2005.

ZIBETTI, Silvana. *Jeans*: um símbolo de cultura jovem. Dissertação (Mestrado Mídia e Cultura) pela Faculdade de Comunicação e Turismo da Universidade de Marília, 2007.

Mundo virtual e novas tecnologias

O Futuro da Inovação[1]

Derrick de Kerckhove[*]

No Brasil, pelo que entendi, há uma tendência de manter sentimentos contraditórios em relação a tecnologia em geral. Isso porque a tecnologia é, com frequência, mais um inimigo do que uma contribuição para os brasileiros. Então me parece interessante discutir sobre tecnologia nos seus mais insidiosos aspectos. O que acontece hoje quando mudamos de uma sociedade dominada pela escrita no papel para uma dominada pela eletricidade e suas várias fases? Vamos analisar a imagem 1:

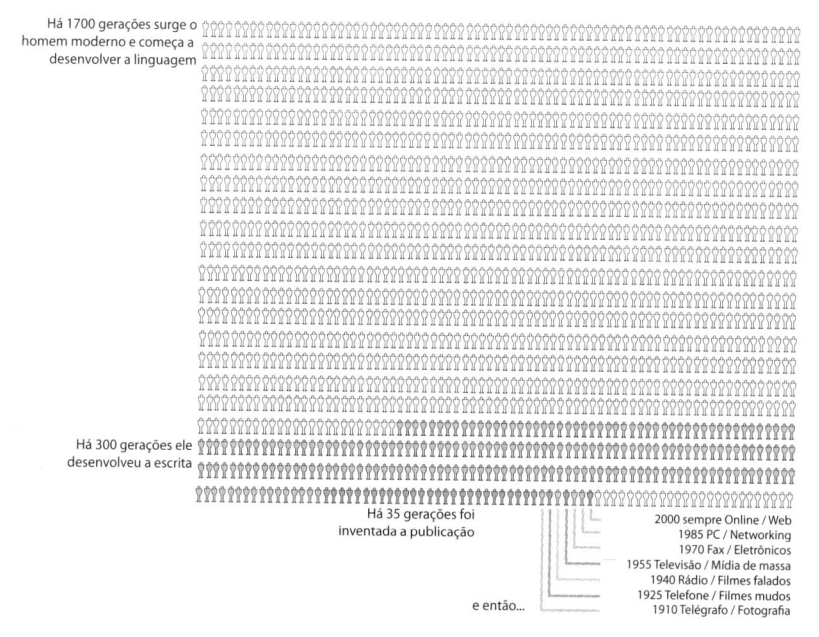

Há 1700 gerações surge o homem moderno e começa a desenvolver a linguagem

Há 300 gerações ele desenvolveu a escrita

Há 35 gerações foi inventada a publicação

e então...

2000 sempre Online / Web
1985 PC / Networking
1970 Fax / Eletrônicos
1955 Televisão / Mídia de massa
1940 Rádio / Filmes falados
1925 Telefone / Filmes mudos
1910 Telégrafo / Fotografia

As três eras da linguagem

Temos uma ideia da escala, do tamanho e da velocidade do uso da linguagem e de suas consequências tecnológicas. Podemos observar 1700 gerações que usaram apenas a linguagem, sem outro suporte além dos corpos dos enunciadores e dos ouvintes. Esta é uma linguagem praticada por uma cultura tribal, por sociedades orais nas quais a distribuição do conhecimento é lenta e as mudanças sociais acontecem apenas em um período de tempo muito longo. Abaixo pode-se ver 300 gerações que desenvolveram a escrita de uma forma ou de outra (não apenas no Ocidente e no Oriente Médio, mas também na China e em outros lugares, muito cedo). Todos os estudos históricos apontam para uma enorme aceleração de mudanças sociais e políticas e evidenciam uma espécie de amadurecimento do tipo específico de cultura que adotou a escrita. Observemos com atenção as últimas 35 gerações quando a impressão/tipografia foi introduzida. É a peculiar história da sociedade ocidental e da típica mente ocidental. A impressão foi um grande salto na aventura da linguagem, gerando uma situação de rápidas mudanças e evolução que, em menos de 35 gerações, chegou à descoberta e ao uso da eletricidade, outra aventura da linguagem.

Certo, enquanto humanos forem humanos não poderá haver uma divisão radical entre os que viveram exclusivamente em condições orais e o povo que nos tornamos agora, globalizado e interconectado pela eletricidade, as três grandes aventuras da linguagem – oral, letrada e eletrônica – são claramente três fases distintas da evolução humana. A questão então é tentar entender, de uma perspectiva ampla, o que está acontecendo na evolução humana agora e o que pode ser esperado em um futuro imaginável.

NOVAS GERAÇÕES

Tendo em vista a rapidez crescente das mudanças que cada nova tecnologia eletrônica trouxe – do telégrafo até a web –, podemos observar uma curva quase vertical, em 10 gerações, de aceleração da inovação, da conectividade e de mudanças na realidade social. Na ilustração 2, podemos avaliar como cada tecnologia produz sua própria geração dotada de habilidades próprias e uma mentalidade particular.

Em um nível mais alto/outra escala, vemos pessoas contemporâneas ao surgimento do rádio – pessoas que têm hoje entre 55 e 70 – e que estão geralmente, se não sempre, liderando a atual situação social, econômica e política, a gerontocracia que usualmente prefere não levar muito em consideração as novas mídias. O presidente Obama, um homem muito mais novo, provavelmente deve sua eleição ao fato de ter dado muita atenção à mídia dos seus contemporâneos e dos mais jovens, a Internet. A televisão como mídia criou uma geração que hoje tem entre 40 e 54 anos que está presente na média e alta administração. Eles ainda pensam em termos de *broadcasting* e tendem a se sentir inconfortáveis com os desafios que a nova mídia coloca para a mídia noticiosa deles. Não se trata de incompetência, mas de uma mentalidade diferente porque são modos diferentes de lidar com a tecnologia e a informação, se for transmitida on-line ou a cabo.

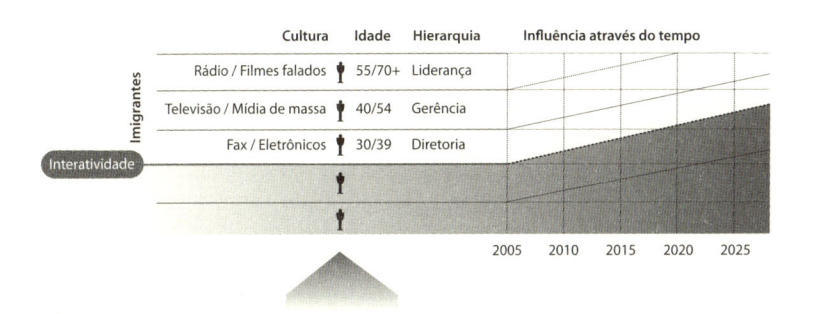

A geração eletrônica e do fax tem de 30 a 39 anos (apesar de estar envelhecendo rápido; este diagrama/gráfico pode se tonar ultrapassado em pouco tempo!). A geração PC tem de 20 a 29 e acredita em *laptops* e estações de trabalho. O novo contexto é a nova fase da eletricidade, a fase *wireless*, e implica em uma geração de pessoas "sempre on-line", sempre disponível. Os mais novos (15-20) tendem a dormir com seu celular embaixo do travesseiro. O gráfico também mostra onde eles estarão com o passar dos anos e que tipo de perfil terão em sua carreira.

A era da televisão criou uma socidade da abundância e de muito desperdício. Se as sociedades ocidentais fossem capazes de evitar a socidedade da afluência da era da TV, o ambiente certamente não seria tão ameaçador quanto é hoje e o planeta não seria perigosamente quente e poderia ser mais seguro. Mas a era da TV também aumentou os privilégios de poucos para muitos e trouxe para as pessoas o primeiro gosto de viver em uma democracia, onde você pode ganhar dinheiro não apenas para dar uma vida ao seu chefe, mas também para ter uma para si mesmo. A TV é uma mídia que despeja cultura em milhões de telas, desaguando produtos e serviços e distribuindo-os para todos os lugares. A TV é um tipo de mãe eletrônica não apenas cuidando de nossas crianças, mas também nos mantendo em uma receptividade infantil ao dar constantemente sem esperar um retorno. A TV acelerou o comércio e a cultura e criou seu próprio tipo de comunidade; a geração *hippie* contestatória preferia estar em contato com o mundo exterior, viajando, e com o interior, através das drogas, a pensar em uma carreira com um emprego das 9 às 5. A única época em que um grande número de pessoas estava relaxado de verdade foi durante os anos 60 e começo dos 70, quando a TV reinou sobre a nossa sensibilidade sem rivais.

Em comparação, a primeira geração dos computadores – sendo os primeiros PCs de 1981 –, introduziram os *yuppies* (*young urban professionals*) que ficaram muito felizes em cortar seus cabelos, trocar seus jeans por um terno e conseguir um trabalho, desde que incluísse *networking*. É visível a diferença entre o mundo criado pela televisão e pela eletriciade no seu modo análogo. No modo análogo, eletricidade é luz, energia e calor e transporta sinais, mas não os cria. Isso cria um mundo de vibração. Cria uma sensibilidade que de fato foi muito associada ao mundo dos *hippies* e do rock. Mas no modo digital, a eletricidade se transforma em informação. É aí que entram os *yuppies*. Mas eles também vão passar. Hoje, por exemplo, as pessoas não falam mais sobre *yuppies*, falam em *digital natives* [nativos digitais].

Digital natives são aquelas crianças e jovens que nasceram com um celular em suas mãos. Eles são a geração "sempre conectada". Participei de um estudo do uso do celular entre pessoas de 15 e 25 anos e o grupo amostral era de 1.000 pessoas. Descobrimos que abaixo dos 18 anos, 80% das crianças dormem com o telefone debaixo do travesseiro. Isso é o que quer dizer estar "sempre conectado". Não chega a ser uma metáfora. E a situação não está limitada a essa geração. Todos nós estamos "sempre conectados!" Estamos mais "sempre conectados" do que nunca, com cada vez mais conexões e mais próximas a um maior número de pessoas e serviços. E isso às vezes gera ansiedade, algo como: "você não acha que será demais?" Bom, você precisa perguntar a um neurônio quantas sinapscs ele pode aguentar. Um neurônio poderá aceitar enorme quantidade de conectividade e nosso ambiente especializado nos fornece um volume imenso de informação constantemente atualizada sobre o mundo.

Acho que estamos conectados demais e algumas vezes submersos, mas na maior parte delas agimos em um mundo de mídia eletrônica em uma escala maior – o modo que realmente operamos com nosso próprio corpo, com grandes níveis de complexidade e de flexibilidade instantânea.

A média total da dieta midiática das *always on hyperkids* [crianças hiperativas sempre conectadas] é de 10 mil horas de videogame, 250 mil horas de e-mails e SMS, 10 mil horas no celular, 20 mil horas de televisão (este número está caindo agora nos Estados Unidos e no Canadá), 500 mil horas de propaganda contra 5 mil horas lendo livros. Essas 5 mil horas lendo livros são muito preciosas porque garantem uma identidade pessoal. Um livro, um jornal impresso, ou uma carta escrita em papel é a linguagem sob seu controle. As palavras estão paradas, você move os olhos, você interpreta o conteúdo. Em todos os outros tipos de situação de linguagem, a linguagem controla você – está ao mesmo tempo movendo e piscando (pensando, falando, ouvindo) –, ou seu controle é dividido com a tecnologia que lhe dá suporte. Com sistemas de informação eletrônicos você está dividindo a responsabilidade pelo conteúdo em uma tela com um programa ou transmissor. A interatividade permitiu às pessoas retomarem o controle de suas telas desde que os primeiros *zappers* foram introduzidos, mas você ainda precisa lidar com os protocolos do sistema que está sendo usado.

Meus estudantes são *digital natives*. Eu os chamo de *wreaders*.[1] Um *wreader* é alguém que não consegue ler alguma coisa sem também escrever. Eles precisam interagir com o material. A multidão multimídia não "trabalha com" manuais. A última coisa que querem fazer é ler o manual! Eles vão diretamente à coisa e fazem. Estão habituados a trabalhar em grupos ou equipes, fazendo múltiplas tarefas, sampleando, eles fazem fora da cabeça, em uma tela, o que nós, "imigrantes" como eu, pensamos internamente. O que quero dizer com isso é que nosso relacionamento com a tela é muito complexo e um em que delegamos muito da nossa função cognitiva.

Mas o que acontece hoje é que a geração da net que está colhendo e escolhendo informação de todos os lados e todo o tempo, indo ao Google, à Wikipedia, procurando em uma enorme fonte de informação disponível sob demanda. Eles podem pegar e arrastar e juntar tudo. Eles vivem, pensam e agem hipertextualmente. Depois fazem fora, em uma tela, as coisas que nos foram ensinadas a serem feitas dentro. Mas os seus recursos são uma fonte sem fim de coisas e dados virtuais que vêm de qualquer lugar.

---

1   De write (escrever) + readear (leitor)

INTELIGÊNCIA CONECTADA

Estamos agora em uma situação em que as pessoas estão desenvolvendo um tipo de inteligência hipertextual. O que temos dentro da nossa cabeça é hipertextual. Claro que nós não sabíamos! Mas, apesar disso, é verdade! Não importa sobre o que você está pensando, você está criando a partir de pequenos pedaços e partes que estocou em algum lugar e que vêm junto quando você começa a pensar. Você pode manipular o que está pensando muito facilmente, modificando, alterando características e situações como desejar. É o que é chamado de imaginação. Mas a informação parece vir em uma linha contínua e linear, ou, como um filme, e parece estar sempre reunindo, de uma maneira unida e indiferenciada.

A melhor maneira de entender como uma mente hipertextual funciona é considerar como interpretamos um horóscopo. Alguém lê o horóscopo, um parágrafo ou dois escritos não apenas para si mesmo, mas para uma população maior, como a de São Paulo. Como ele pode ter algo a ver com você? Você faz ter! Você decide. Você faz exatamente o que chamo de inteligência hipertextual. Se você tem uma imagem, uma palavra, uma lembrança que surge e uma voz começa a falar na sua orelha... e começa a fazer sentido! Fez sentido! Certo? A diferença é que nós normalmente fazemos isso dentro da cabeça, quando pensamos, mas podemos fazer agora do lado de fora, nas telas, pegando qualquer fonte de qualquer lugar e com os nossos celulares, que estão em um modo hipertextual.

Um exemplo perfeito de inteligência hipertextual ou conectada é a Wikipedia. Como ela funciona? Ela funciona com alguém apresentando uma definição em uma "wiki", que é uma plataforma on-line onde qualquer um pode contribuir com conteúdo, correções, ajustes em qualquer artigo já postado nela em qualquer momento. Assim uma definição ou uma explicação até mesmo do conceito ou da informação mais anódina pode ser refinado e adicionado a ela por consenso. As pessoas colaboram anonimamente , à distância, e podem chegar a uma decisão como: "isso é o que podemos dizer sobre essa questão agora..." O que acho fascinante na Wikipedia é a interconexão do conhecimento das pessoas. A encilopédia das pessoas (*People's encyclopedia*) foi prevista por McLuhan em 1962 quando ele disse que nós iríamos externalizar, faríamos da TV o conteúdo da internet e com isso seríamos capazes de partilhar as faculdades enciclopédicas de cada mente individual. Isso foi o que McLuhan disse, que nós iríamos desenvolver esse tipo de coisa. Claro, há problemas com a Wikipedia, mas não os vejo eles diminuindo as vantagens de modo algum, mesmo havendo informações completamente falsas ou erradas difundidas nela porque as pessoas não tiveram a oportunidade chegar em tempo. Informações falsas podem acontecer na Wikipedia, mas se você comparar qualquer item dela com algum item de uma enciclopédia impressa, se comparar um por um, não conheço um caso onde a Wikipedia não supere completamente o que está na versão impressa.

A Wikipedia não é apenas um bom exemplo do aspecto hipertextual desse novo ambiente chamado Web 2.0, também é um dos mais elegantes exemplos de uma geometria específica de conectividade, que é, a configuração da conectividade aberta para todas as pessoas, mas que seleciona apenas aqueles elementos que são pertinentes nesse coletivo e armazena-os para o uso de qualquer um sob demanda.

A configuração ou geometria de *networking* da Wikipedia é muito diferente da geometria de outro site inteligente, Innocentive. Nele você tem 40 mil químicos, farmacêuticos, físicos, a quem é oferecida uma dose diária de perguntas para ajudar pesquisas científicas.

Assim é que funciona: eles têm um jornal, 40 mil pessoas têm um jornal on-line no qual um número importante de questões sobre suas próprias profissões são colocadas e qualquer um dos 40 mil pode responder à questão se ele ou ela tiver a solução, a resposta. A reputação da pessoa que descobriu a resposta se eleva em capital de estima no sistema e também pode se tornar um negócio porque possibilita essa espécie de talento e então cria um produto ou qualquer coisa que decorra disso.

Innocentive é uma inversão extraordinária da Wikipedia. Wikipedia é como a formação de correntes que vêm do planeta todo e aqui é uma simples fagulha de conectividade que cria a inovação ou a descoberta ou qualquer coisa. É como um sistema inovativo – outra gramática, eu diria, da internet.

Com esse tipo de novos instrumentos, estamos literalmente hipertextualizando, assim como externalizando, nosso processo cognitivo.

O IMAGINÁRIO OBJETIVO

Primeiro, um exemplo concreto de como as funções que todos nós pensávamos ser exclusivamente internas a nós, como a memória, que é a lembrança ativa de alguma coisa, e a imaginação, que é a criação das imagens dentro das nossas cabeças, estão na verdade emigrando para servir a novos propósitos. A terra virtual em 3D chamada Second Life é um tipo de ficção eletrônica que convida as pessoas a imaginar a vida não internamente, mas fora da cabeça delas. Eu chamo isso de delegação das nossas atividades imaginárias para uma tela, o "imaginário objetivo" (OI).

O que acho fascinante no Second Life é que você tem na tela uma produção imaginária (produção conectiva) que, mesmo que com menos detalhes, possui um nível maior de confiabilidade do que o tipo de imaginação que você desenvolve em sua cabeça. Se você lê um romance e vai para cama, no dia seguinte ao abrir o livro você se lembra do espaço que criou na sua cabeça, lembra dos personagens e basicamente os reencontra e pode continuar lendo o romance. Second Life tem a mesma confiabilidade em termos de imaginação espacial e caracterização, mas tem, acima de tudo, a aparição não planejada de outros personagens que vêm e dividem este ambiente

Second Life é na verdade um híbrido curioso de objetivo e subjetivo, onde o objetivo provém do cenário e dos outros atores na tela, mas onde sua subjetividade, externalizada e parcialmente objetivada pelo avatar, continua a estender sua subjetividade pessoal que está dentro de você. É verdade que podemos facilmente projetar nossa subjetividade em figuras menos inusuais, como os personagens de um filme ou romance. Posso com naturalidade tomar o lugar do narrador em um romance, principalmente se a narrativa for em primeira pessoa. Mas além de mim não há ninguém em um filme ou novela, apenas personagens. Um avatar também é um personagem, então ele não é tão diferente de mim projetado nesse personagem. O que muda é o fato que os personagens de outros avatares além do meu terem outras pessoas por trás deles, alguém como eu, dotado de uma subjetividade diferente. E nós interagimos no mesmo espaço imaginário, isso é o que é diferente. Vamos dar um passo além: quão diferente é o ambiente do Second Life de um playground infantil onde outras crianças também podem se juntar a ele ou ela e atuar em seus papéis?

Além do óbvio, que em um playground os jogadores estão restritos a estarem face a face, Second Life é um ambiente criado pela imaginação de todos os participantes, um mundo ficcional que você pode compartilhar. Dom Quixote não poderia compartilhar a imaginação de seus romances quando estava lendo. Há uma oposição direta em ter sua imaginação na tela e ter sua imaginação na sua cabeça, literalmente o que está na sua cabeça está agora em uma tela. A peculiaridade do Second Life é que permite a você, como só a própria imaginação pode fazer, ver o mundo segundo uma visão verdadeiramente subjetiva, verdadeira segundo seus olhos, ou imaginar a si mesmo como um homúnculo atuando em um teatro. As duas opções estiveram sempre disponíveis para sua cabeça, mas nunca antes em nenhuma outra mídia.

Agora estamos em um imaginário objetivo. Second Life é o exemplo mais literal, mas quase tudo que acontece em sua tela pode ser considerado seu imaginário objetivo já que muito da imagem está lá como o oposto de estar aqui. Mas Second Life é claramente o ponto mais maduro (parece um tanto polido dizer isso sobre Second Life) mas é o ápice de amadurecimento de uma tendência que vinha se desenvolvendo há 15 anos, criando-se uma representação 3D que pode ser compartilhada on-line. As pessoas colocaram dinheiro no sistema e assim o Second Life tornou-se um sistema que funciona.

Eu participei da criação da primeira universidade em um ambiente virtual on-line, muito parecido com o Second Life, mas muito antes, em 1996, em Florença. Nós criamos o que chamamos de Alpha World. Essa arquitetura de universidade 3D tinha pequenas telas de PCs que representavam as portas dos portais de diferentes disciplinas em diferentes línguas. Nós pensamos que seria apenas uma coisa divertida a se fazer, mas ela desapareceu. Ninguém nunca ouviu falar disso, meus próprios alunos não vão nisso; existíamos antes do Google, logo não tinha ninguém para nos comprar.

Também estávamos em um tempo em que a banda larga não era tão larga e tão acessível como é hoje, então levava-se muito mais tempo para fazer o download de qualquer imagem que chegasse. Provavelmente esta foi uma das razões pelas quais não fomos tão bem-sucedidos e acredito que ao colocar dinheiro nisso uma economia do Second Life se tornou possível e fez disso um sucesso. É uma economia virtual baseada inteiramente em coisas virtuais. Você compra uma propriedade virtual. É uma contradição em termos – propriedade virtual – propriedade deve ser real! O fato é que você compra propriedade virtual e pode construir casas virtuais nela, pagar com dinheiro real e ganhar dinheiro real pelo que está fazendo.

Second Life definitivamente representa e fornece o impulso cognitivo em um ambiente tecnológico que sempre vai aparecer disfarçado de um produto hardware ou software em um tipo de ambiente comercial. O seu terreno é o da mudança da abordagem cognitiva. Quais são as mudanças sobre as quais podemos falar a partir de agora? Google, mp3, iPod, DVD, voice over IP, video blogs, todas essas coisas estão sendo desenvolvidas agora na *network* e as pessoas começam a entender o que Folksonomy é, Wiki para tudo… Eles todos dependem dos *tags* [identificadores].

A ERA DO *TAG*

A tecnologia que está emergindo de um tipo de serviço técnico subterrâneo, fora de vista e desconhecido, é o *tag*. Está sendo reconhecida agora como um sistema pelo qual as pessoas podem fazer conexões e pelo qual tanto o local como o global, o especialista e o generalista, o histórico e o atual, tudo isso chega, sob demanda, de qualquer lugar, de qualquer ponto na produção. A palavra como hipertexto, esta é a era do *tag*.

O que é um *tag*? Um *tag* é a alma da internet. É o endereço de qualquer *packet*[2] que é o conteúdo básico de qualquer mensagem. A mensagem é dividida em *packets*, eles têm um endereço e uma ordem de visualização e reconstituem-se um no final do outro. *Tags* e telefones celulares constituem um ambiente de seres totalmente rodeados por informações, onde quer que seja.

Celulares são uma figura comum, onipresente, do que chamamos de a terceira fase da eletricidade. É muito claro. A primeira fase é energia, luz e calor; a segunda fase é a digital. É a eletricidade se tornando inteligente, se tornando informação, conteúdo cognitivo, e a terceira fase (a que nós todos carregamos nos nossos bolsos) é a na qual o conteúdo cognitivo se torna ação cognitiva. Nós estamos na terceira fase da eletricidade – um tipo de fase *wireless* onde a presença e o uso de WiFi faz todo sentido. Nós sabemos com certeza que o futuro terá uma banda muito larga, acesso aberto para todos a baixo custo, se não gratuito, então estaremos rodeados de informação, como já estamos, mas muito mais, estaremos nadando nela. A era do *tag* também é a era da identificação por rádio frequência (RFID) que é a etiqueta de cada objeto que você possui, veste ou usa, que tem seu próprio endereço que pode também ser individualmente marcada, "tagueada" [*tagged*], por assim dizer, e reencontrada. Então estamos cercados e banhados nesse

---

2   Unidade de informação enviada pela rede.

ambiente de informações, que também produzimos e que, por isso, são identificáveis. Nós deixamos informações sobre nós em vários bancos de dados, automaticamente. E, claro, nós recebemos uma grande quantidade delas que nós reprocessamos.

A GLOCALIZAÇÃO DA CULTURA

Este ambiente de informação inclui potencialmente – e em vários casos – todo o espaço planetário, como McLuhan sempre apontou. Em uma conversa com Gilberto Gil, então ministro da Cultura, estávamos comparando o Canadá e o Brasil em termos de dimensão social e há coisas interessantes a se dizer se compararmos dois tipos de multiculturalismo. Por exemplo, os brasileiros têm uma sociedade multicultural que é incrivelmente integrada e que parece muito integrada. Os canadenses acreditam muito nisso, mas apresentam sua sociedade como um moscaico. Isso não é a mesma coisa. É um passo atrás. Quando conversávamos, Gil pegou um livro e trouxe com orgulho. Era um livro sobre a "brasilianização" do mundo. Este é o tipo de mudança fantástica que temos hoje. Como brasilianizar o mundo? Como fazer a tolerância social funcionar deste modo? Nós realmente precisamos disso. Há muitos experimentos neste país como pode ser visto e explorado. Há várias maneiras de ser.

Por exemplo, outra coisa que acho particularmente interessante no contexto da sociedade brasileira é a questão da aura. Há muitos santos no Brasil e eles sempre têm uma aura. Um santo tem uma aura. O que está por trás é a ideia de que o santo emana saúde ou emana um tipo de poder. A crença é de que ao se aproximar de um santo a pessoa pode se sentir melhor. O que estou dizendo é que as pessoas sentem auras. Elas sentem aura até mesmo em comunicação interpessoal. O fato é, aura é alguma coisa que você projeta.

Agora o que temos é uma aura eletrônica que tem um certo tipo de poder. Ela não possui necessariamente o conteúdo moral, mas tem conexão e conteúdo presencial. Então o tipo de condição que temos com nosso celular e com nossa conexão com o resto do planeta cria um relacionamento completamente diferente tanto com o mundo como com cada um de nossa própria comunidade.

O que se entende por "glocal" é o fato de que ninguém é mais exclusivamente local. No momento em que você tem um celular em seu bolso você é "glocal". Você pode não estar literalmente mundialmente acessível porque há zonas em que a intercomunicação não funciona (eu não posso usar meu celular canadense no Brasil). Estamos globalmente conectados mesmo que não usemos um celular globalmente porque nossa condição ou resposta não foi globalmente estendida. Mas alguém também é "hiperlocalizado" porque é no seu contexto exclusivo e localizado que você está usando estas tecnologias. Então você tem um contexto local muito forte e um amplo contexto global aberto. Mas o seu corpo está unicamente neste lugar específico. Isso cria uma diferença na sensibilidade que é extremamente necessária agora. E por que isso é extremamente necessário agora? Acho que a conectividade que temos e esse sentido global é o que vai tornar este local habitável. Estou falando sobre todo o planeta.

Voltando ao tema das nossas emoções, como nos relacionamos com uma nova dimensão como pessoas globais, isto é, "locais" mas também pessoas globais? Temos grandes desafios e vivemos grande parte deles pela televisão ou outros tipos de mídia. Nós vivemos com notícias de terrorismo. O terrorismo pode não ter atingido o Brasil particularmente, mas alguns lugares foram atingidos duramente. Ouvimos notícias sobre a depredação ambiental que são extremamente severas. Como então, uma sociedade que agora é interconectada e que tem conhecimento dessa espécie de informação que se relaciona com o mundo todo, como a sociedade se organiza para responder a essa situação?

Manter o planeta em boas condições é totalmente uma questão de atitude. Mudar a atitude das pessoas é o menor investimento que alguém pode fazer para um máximo de retorno. Na verdade, isso pode ser feito política e socialmente, assim como aconteceu com a mudança de atitude do movimento do politicamente correto que é muito forte no Canadá, ou o que foi feito com a ideia de parar de fumar e ainda o que está sendo feito por movimentos ambientais globalmente. Há meios pelos quais as pessoas podem mudar atitudes sem serem violentas, sem serem antidemocráticas, radicais demais ou fascistas. Também é uma questão de estar consciente do que está acontecendo no planeta de um modo geral. É simplesmente estar consciente de que temos esse desafio a enfrentar.

Um exemplo de uma rápida mudança de atitude foi como o muro de Berlim foi derrubado em novembro de 1989. O muro caiu em um momento, o resultado da precipitação de sensibilidades que estavam pressionando para o acontecimento deste evento inimaginado. O que acontece em um ambiente hipertextual, dentro de um ambiente *tagged*? Tudo emerge, uma situação que permite a queda do muro de Berlim é uma situação que emerge do caos e carrega o efeito deste ambiente.

O MOMENTO PÓS-GALILEANO

A fluidez do tempo em que vivemos hoje é algo que foi observado por muitos filósofos e pensadores, Zygmunt Bauman e Manuel Castells entre outros. Castells diz: "O espaço do fluxo é causa e efeito da mudança rápida de oportunidades e de desafios que podem emergir de qualquer lugar do globo dependendo da *network* que estiver sendo considerada." Essa mudança do que antes pensávamos como sólido (átomos, matéria em geral, física, etc) para líquido é o que chamo de "movimento pós-Galileano". Estamos em uma situação agora onde mesmo as bases da física estão no nível do quantum – a mecânica quântica reduz a solidez da matéria a uma extraordinária fluidez. Parece que cada vez mais o hardware se torna software e cada vez mais as transações humanas movem-se em direção da informação, movem-se on-line e são experenciadas de um modo instantâneo. Cada vez mais nossa maneira de pensar está parecendo uma simulação em nossas máquinas. É como se estivéssemos revertendo a ordem dos sólidos para a dos fluídos.

O momento Galileano aconteceu quando o mundo do mito, o mundo do líquido, o mundo do fluído, o mundo de fantasmas emergentes, lendas e imagens dava espaço ao mundo das ciências, ao mundo do átomo, ao mundo do sólido, ao mundo do confiável, ao mundo do objetivo, ao mundo de tudo que pudesse ser arquivado de uma maneira racional, focada e classificatória. Era também o mundo onde religião e vida secular estavam separadas, e principalmente o Estado e a Igreja. Estamos voltando para uma situacão em que estamos dentro de um tipo completamente novo de fluidez vindo da situação global, vindo da pressão da implosão do mundo nele, mas também vindo do nível da física onde hoje você não pode mais falar no nível sub-atômico e no nível sub-atômico não há nada de estável ou contínuo. Estamos voltando a um tempo heraclitiano onde tudo está no fluxo. Assim, o momento pós-Galileano criou uma situação de uma mudança profunda de sensibilidade.

No nosso passado vivenciamos muitas transições, mudanças difíceis de linguagens e tecnologia e revoluções culturais e societárias as seguiram. A inquisição espanhola e as guerras religiosas dos séculos 15 e 16, por exemplo, foram ambas produtos da resistência da Igreja para a mudança do mito ao sólido, do mito ao escrito, da linguagem oral coletiva e imposta de cima para a linguagem privatizada e conquistada de cada um. Foi um tempo muito difícil. Teremos um tempo global árduo porque estamos mundando para esta redistribuição da personalidade [self] globalmente e isso me leva de volta ao terrorismo: o terrorismo é a forma de guerra em um ambiente de informação, em um ambiente de informação globalizada. Também é uma forma de guerra que é inteiramente tangível. É uma forma de guerra muito econômica porque sacrifica um número relativamente pequeno de pessoas mas tem grande efeito. Isso não é minimizar as pessoas que foram mortas, mas se compararmos o custo da Segunda Guerra Mundial ao de 11 de setembro estamos falando de um modo de fazer guerra baseado em informação em oposição a um modo pesado [*hardware-based*]. Isso não significa que eu possa explicar a todos aqui quem realmente levou as torres abaixo. Não estamos falando disso. O terrorismo também é muito uma fabricação. Era – e ainda é, mas não por causa da presente administração norte-americana – uma informação fabricada, encorajada. Também é a forma de informação possível em um planeta que implodiu globalmente em si mesmo devido as intercomunicações. Cada pessoa tem sempre um outro às suas costas devido a esta concentração de informação.

O motivo pelo qual estou falando de terrorismo e de seu comércio tangível é porque o terrorismo diz respeito a cada um de nós. Estamos em uma guerra civil. Como apontou Paul Virilio, não estamos na Terceira Guerra Mundial. Estamos na Primeira Guerra Civil Mundial, que é muito diferente. Como podemos esperar responder a essa situação?

RESPONSABILIDADE

A responsabilidade que temos conosco se chama culpa. Os etnologistas distinguem culturas baseadas na vergonha das que são fundamentadas na culpa. Experenciamos a culpa privadamente, em silêncio, e em relação a nós mesmos, enquanto as pessoas experienciam vergonha em relação a outras pessoas. Você se sente responsável pelas pessoas, não por si mesmo. Em culturas orais, as pessoas são primeiramente responsáveis pela família, pelo clã, pela tribo e esta responsabilidade é compartilhada por todos. Quando algo dá errado, se alguém fizer algo errado, por exemplo, é a família que sofre. Todos carregam a vergonha. É o problema de ficar com a cara no chão.

Ao aprender a se apropriar da linguagem, lendo e escrevendo, você internaliza a vergonha e faz dela culpa.

Durante o Renascimento o mundo se tornou um objeto de teoria, um objeto de teatro, um objeto que você poderia separar de si e julgar. Era um mundo a se olhar. O mundo no qual estamos entrando agora é o que chamo de "ponto de ser" [*point of being*]. O ponto de ser é um sentido da presença do ser no mundo. Não é visual, mas tátil. Meu sentido de onde estou é uma resposta paradoxicalmente tátil ao planeta todo em diferentes níveis, em diferentes configurações. Quanto mais sabemos, quanto mais sentimos, quanto mais ouvimos o que está acontecendo ao nosso lado e em geral, mais sentimos que temos acesso a uma sensação física. É uma coisa física que você pode experimentar agora, simplesmente enfatizando a sensação física, que vem de sentir com o seu corpo, (também chamada "propriocepção"), sobre a intelectual, que vem exclusivamente do seu pensamento e da imaginação na sua cabeça. Ao invés de representar-se a si mesmo como se estivesse fora do espetáculo, você começa a perceber que está dentro dele. O ponto de ser está imerso no mundo. Estar conectado com o resto do planeta cria uma resposta inteiramente nova de responsabilidade em nós. Como nos relacionamos com essa responsabilidade?

O que estou perguntando, por enquanto como uma questão de pesquisa não resolvida, é: qual conexão nós temos fora de nosso corpo globalmente sobre o que sabemos que está acontecendo no planeta hoje, por exemplo os homens-bombas e a experiência física que temos quando ouvimos sobre isso? O ponto de ser é a experiência tangível do intervalo entre seu corpo, sua aura e tão longe quanto ele for. Ele vai criar mudança – é esta a esperança.

Nossa nova responsabilidade não é exclusivamente com o grupo, como em um passado oral, nem conosco, como em nossas aventuras letradas, mas com toda comunidade da Terra. Isto é em essência o que McLuhan, inspirado por por Buckminster Fuller, previu quando sugeriu que "Não há passageiros na espaçonave Terra, somos todos tripulação" (1964).

Hoje há uma parte relativamente pequena da população mundial que não tem nenhum poder visível além dos poderes sobre os quais não falarei mais. Mas milhares compartilham amplamente crescentes poderes tecnológicos. Para pessoas que pensam que podemos mudar o mundo, a nova ideia é que hoje é possível, e que cada um de nós pode contribuir para isso. Há muito mais poder hoje na relação que temos com a comunicação, com as descobertas, com a troca, com a interação, como por exemplo os blogs resistindo ao poder político. Haverá cada vez mais esse tipo de coisa e mais e mais uma sensilibidade conjunta planetária irá emergir. O Brasil parece ser um bom local para se começar. É uma cultura tão variada e capaz de tanto, que cruza referências de diferentes tipos de ser com diferentes atitudes do mundo. A população brasileira é uma grande arquitetura cognitiva.

Eu gostaria de terminar na ideia particular de que movemos do sólido para o líquido, do duro ao flexível. Os tempos extremamente difíceis podem estar para trás, mesmo se o mundo vai continuar enfrentando traumas dolorosos. A boa notícia é que talvez, apenas talvez, tempos suaves estejam no nosso futuro. É claro que não estou dizendo que eles não vão ser difíceis. Quero dizer que a resistência da história, a resistência da matéria, a resistência do destino está enfraquecendo e logo há cada vez mais poder sobre ela devido às transmutações tecnológicas de nossos desejos em simulações e ação. Há um ciclo de crescimento que está fazendo nossa relação com a história muito mais cognitiva e mais poderosa. Não tenho certeza se vai acontecer rápido, mas já está aqui, acontecendo agora em uma pesquisa científica com mecânica quântica e computação quântica.

A computação quântica está ainda na infância, mas desenvolvendo-se rapidamente. Está hoje em um nível comparável ao que a computação digital estava no final dos anos 50. A diferença é que enquanto a computação digital é ainda algo linear – uma sequência de uns e zeros, ligado e desligado – a computação quântica é holística. O seu princípio não é um ou zero, ligado ou desligado; é um ou zero, ligado ou desligado e cada variação possível entre estar ligado ou desligado. Um computador quântico pode teoricamente examinar todas as possíveis combinações de uma vez. Isso significa você poder colocar grande quantidade de contradições e mesmo questões conflituosas e possíveis resultados em um computador quântico para qualquer tipo de resolução que você queira chegar, e o que resulta emerge de uma configuração instantânea de todos os requisistos. O que emerge é a soma de todas as possíveis contradições experienciadas ao mesmo tempo pela simples calculadora. A lógica e a tecnologia da computação quântica pertencem ao momento pós-Galileano. A computação quântica é intuição se tornando científica e exata. Assim como a computação digital forneceu uma espinha cognitiva muito ampla das metáforas da administração, do governo, da educação e da tecnologia, podemos esperar que a computação quântica traga valores mais sutis e soluções de intuição.

Então, claro, para recapitular, a eletricidade está tanto fora como dentro de nosso corpo. É uma energia, chamada corrente, que faz nosso sistema nervoso funcionar. E como McLuhan disse, nós externalizamos nosso sistema nervoso fora e o globalizamos – e é isso que está acontecendo. Essa externalização de nós está realmente acontecendo e a projeção de nossa imaginação para fora está mesmo acontecendo enquanto o reverso é verdadeiro. O mundo está implodindo em cada um de nós e sendo reintegrado dentro de nós. Então a questão agora é identificar o modo desejável de receber isso, de estar consciente disso e eu particularmente acredito que, por a eletricidade estar tão perto do sistema tátil, é mais próxima do tipo de relacionamento tangível com o ambiente que o encontrado na sociedade oral. Quero dizer que é tangível como dançar é um tipo de intervalo que você tem entre coisas e pessoas. É a variação deste intervalo, é fundamentalmente intuição.

Talvez, em palavras mais simples, possamos dizer que precisamos de uma intuição do planeta. É isso. Nós podemos ter uma intuição das pessoas, das cidades, temos uma intuição dos quartos em que andamos, uma intuição de muitas coisas, algumas perto, outras longe. Mas a situação que temos agora, por causa de nossa aura estendida, do nosso sistema nervoso, requer uma percepção intuitiva do planeta.

PERGUNTAS

Prof. José Roberto Whitaker Penteado (ESPM) – Professor, vou tentar provocá-lo! Acho que você nos apresentou generosamente um rico conjunto de ideias. Mas gostaria de falar de duas coisas que me preocuparam mais do que as outras. A primeira é sobre o gráfico que você mostrou no qual vemos pessoas de diferentes gerações, idades diferentes, que tendem a pensar diferentemente. E as pessoas vivem mais então você tem mais faixas etárias do que em qualquer outra época na história. Você tem também cinco gerações vivendo junto, gerações que ouvem falar de Second Life e não têm a mínima ideia do que é. Isso me preocupa, como podemos nos comunicar? Como podemos nos comunicar com as pessoas mais velhas que têm mais experiência e pessoas jovens que estão mais ativas na mídia mas que quase não têm experiência? Fiz uma experiência com o Second Life. Entrei e até escrevi um texto chamado "Tchau Celina". Celina era meu avatar. Eu mudei de sexo! Era a única chance de fazer isso! Esse é um aspecto que nos preocupa. Que idade nós temos? Em volta todos tendem a ser muito jovens. A média de idade é muito jovem. Nós estaríamos fora da média. Acho isso preocupante. Como podemos ter gerações mais próximas para podermos compartilhar nossas experiência, em nossa escola? Essa é uma coisa que tentamos fazer. Vou deixar a segunda pergunta para mais tarde.

Derrick de Kerckhove – Esta é uma questão interessante porque trata de vários aspectos do que foi chamada a geração *crash*, a geração *crunch* e a geração *gap*. No começo da internet, esqueci a proporção exata, mas os primeiros usuários eram universitários. Os segundos foram os militares (isso foi bem no começo) e os terceiros usuários eram pessoas mais velhas e a razão era que eles tinham tempo de aprender e havia uma geração mais nova para ensiná-los. Então houve uma transferência de conhecimento que foi muito evidente na época. O que está acontecendo hoje não acho que seja tão baseado na idade, mas no interesse.

A idade se tornou menos relevante como um ponto na interação entre esses vários grupos e acho isso promissor e não uma ameaça. Acredito que muitas barreiras tenham sido eliminadas também pelas possibilidades de comunicação, enviar um sms ou pela internet. É o que realmente está acontecendo agora em países avançados. Há um constante aumento da média de idade de uma geração, mas também a qualidade de vida que o acompanha. O que é algo que permite muitas pessoas continuarem a partilhar as suas experiências mesmo depois da idade da aposentadoria. No Canadá, por exemplo, você não é mais obrigado a se aposentar. Isso acompanha uma tendência muito forte de manter todas as pessoas dentro do sistema social, desde tão cedo quanto possível até o último momento. Acho que essa é uma resposta. Você acha que existe uma fragmentação etária?

Prof. José Roberto – Certamente. Acho que há uma grande ausência de entendimento entre gerações mais velhas e as mais jovens, especialmente em assuntos tecnológicos.

Derrick de Kerckhove – Sim! As pessoas mais velhas sofrem muito ao se depararem com coisas que não conhecem, eles não se sentem à vontade. É como forçá-los a aprender piano ou algo assim. Eles não querem fazer isso. Isso eu entendo, mas isso tende a desaparecer.

Prof. José Roberto – Porque as pessoas mais velhas morrem!

Derrick de Kerckhove – Não quis dizer isso, estava dizendo que o número de usuários dessas tecnologias aumenta e isso se propaga. Então há uma integração muito mais ampla de todos nesse desenvolvimento e por isso disse que a dificuldade tende a desaparecer. No Canadá não é um assunto de que tratamos mais. E não estou dizendo isso para falar que somos maravilhosos. Estou apenas dizendo que as pessoas não falam mais sobre esse problema de integração nem mesmo nos escritórios.

Questão enviada por escrito – O que o senhor quis dizer com a "brasilianização" do mundo? Qual é a imagem que o Brasil passa para o mundo? É uma atitude, um comportamento positivo que os outros devem seguir, ou deveriam seguir?

Derrick de Kerckhove – Sim! Boa pergunta. Não inventei a palavra. Ela me foi apresentada ontem por Gilberto Gil. O que nos levou a esse assunto foi que conversávamos sobre esse problema de como responder a implosão do próprio mundo. Nós não chegamos na implosão, mas em como você lida com a imensa complexidade de diferentes destinos e acho que foi aí que começou: diferentes contingências, diferentes atitudes, diferentes religiões e povos diferentes. Então conversamos sobre multiculturalismo e sobre o Brasil como terreno de experimentações sociais, experiências sociais, uma experiência social permanente, mas uma bem-sucedida onde formas de integração são visíveis de uma forma mais clara, mas que também vemos muito em Toronto. E o então Ministro da Cultura disse: "Espere um minuto!" e buscou este livro chamado *The Brazilianization of the World*. O que era entendido como tal era a expansão de um estilo de tolerância e integração, integração intercultural que você encontra no Brasil. Essa era a ideia que poderia ser expandida para o resto do mundo. Tenho uma outra ideia na mesma área que talvez complete minha resposta.

Eu adoro o Canadá. Acredito que é uma das situações políticas mais interessantes que podemos encontrar hoje. É uma das melhores e uma na qual é preciso lidar com as enormes tensões, especialmente entre o inglês e o francês. O que vemos acontecer é a integração da figura francesa dentro de um quadro inglês, mas sem que o francês perca sua cultura. O modelo foi repetido com os First Nations,[3] então imagino o Canadá como um modelo de nação estabelecido sem nacionalismo. E, evidentemente, espero que eu não soe nacionalista ao dizer isso. Qual seria a melhor maneira de lidar com geopolítica hoje? Integrar o Quebec sem forçar sua sensibilidade; o Canadá começou gerando uma política bicultural, que envolvia uma política multicultural. Isso consti-

---

3   Termo para se referir aos aborígines canadenses.

tui um modo inteiramente novo de funcionar politicamente. De certo modo, a reconcialiação do francês e do inglês (inimigos hereditários na Europa) no solo canadense proveu inspiração e a crença em um novo estilo de confederação que é inclusivo mais do que divisível. O modelo não é o mesmo no sistema norte-americano. As pessoas o chamam de "mosaico" para distingui-lo do *melting pot* americano.

O que seria o equivalente hoje para o resto do mundo? Minha sugestão é que a Turquia possa ter para o mundo o papel que o Quebec tem para o Canadá, o de um convite à política da integração que poderia ser tida como ir contra a natureza ou então ser vista como aceitável, combinando diferenças sob uma instituição superior reconhecida. A Europa, nesse sentido, já é um sucesso espetacular. Minha proposta é que a Europa ao invés de recusar a Turquia, deveria integrá-la na União Europeia, trazendo assim literalmente metade do mundo ao discurso multicultural e criando para o mundo (e aqui está a "brasilianização" e "canadização", eu diria, do mundo), unindo o mundo de um jeito que o Canadá juntou – com tensões ou sem tensões. Você tem tensões, você sabe que tensões são essas e você as administra, como nós. Mas estou dizendo que ao invés de resistir à entrada turca, a Europa deveria saudar a oportunidade de incluir um país muçulmano, representativo de um grande número de habitantes do mundo de uma convicção muito diferente. Infelizmente apenas 30% de europeus quer que a Turquia faça parte da UE, o que significa que vai demorar um bom tempo antes de isso acontecer. Claramente a Turquia não está pronta para entrar para UE agora. Há muitos assuntos para resolver, o problema do Chipre entre outros, mas o que estou dizendo é que um dia nós vamos precisar fazer esse tipo de coisa: aceitar que um tipo particular – uma arquitetura cognitiva feita de pequenos pedaços da Europa – leve outra arquitetura cognitiva para dentro e se relacione com ela em um nível político e social que globaliza tudo. Então poderemos ao menos falar de um espaço comum, de uma linguagem comum, evitando a todo custo, claro, o facismo global.

Questão enviada por escrito – Podemos dizer que existe um paradoxo entre o contexto do *tag* que rotula, delimita a informação, e o ambiente da fluidez que não permite demarcações?

Derrick de Kerckhove – Esta é uma questão muito interessante porque é o oposto do que está acontecendo. O oposto exato. O *tag* libera tudo porque é único e não precisa nem mesmo corresponder a algo que seja semanticamente completo. É um pedaço de um pedaço de um pedaço! Então, na verdade, ele libera tudo. Isso é o que acontece: no modo normal de classificar qualquer coisa para inventário, em uma livraria ou em uma loja, você tem a ordem hierárquica onde você tem algumas categorias e sub-categorias básicas e então categorias associadas e você precisa de títulos de índices para extrair associações úteis em um grande documento que deve ser atualizado a cada três anos porque o mundo mudou. Este tipo de relacionamento é baseado inteiramente em hierarquias muito sólidas. Mas com a informação armazenada [*tagged*] tudo o que você precisa fazer on-line é clicar neste site que não envia a hierarquia, ele envia para você algo que está alojado fora de qualquer categoria em particular. Assim, como a informação está cada vez mais processada desta maneira, de repente tudo é acessível de qualquer lugar sob demanda. Qual o propósito de termos categorias? Elas nos fornecem a estrutura e a arquitetura de um sistema de classificação hierárquico que limita o alcance e até mesmo precisa o que você vai encontrar. Os *tags* sendo quase o oposto de reduzir a liberdade de escolha e flexibilidade, permitem a administração da informação de modo completamente fluído.

A grande discussão hoje é o que constituirá a web 3.0. O que está acontecendo agora é: 1. a eliminação de categorias na classificação; 2. o acesso a tudo ao mesmo tempo de todos lugares; 3. nossa imersão em um ambiente totalmente cercado de informação; 4. o desenvolvimento de uma aura de informação que nós produzimos e recebemos, onde cada pedaço e peça de informação tem seu endereço individual e está interconectada com todo o resto etc.

Então, nesse ambiente particular, como você ordena, como mantém uma classificação? Como você estrutura a coisa toda? Essa é a discussão que opôs Weinberger a Tim Berners Lee que inventou a web e agora quer refiná-la em o que chama de Web semântica. David Weinberger foi quem nos introduziu ao mundo do *tag* onde *Everything is miscellaneous* [Tudo é miscelânia], o título de seu livro.

A questão é que o futuro da web, o futuro da administrabilidade, da sociabilidade e da acessibilidade e tudo o que você espera e deseja da web pode ser visto de dois modos diferentes: os que pensam que as categorias devam ser reintegradas para acelerar o acesso ao mais contextualizado e ao mais relevante (ou o que eu chamo de "hipertinente", o inverso do impertinente, a mais "hipertinente" conexão feita), o modo mais rápido, e os que pensam que, ao contrário, "a informação quer ser livre". As pessoas que estão pensando sobre o futuro da administração da informação estão dizendo: libere tudo completamente, arquive absolutamente tudo e simplesmente peça ou busque isso quando você precisar, faça inteiramente sob demanda. A web 2.0 seguiu essa opção. Qualquer pessoa pode conectar qualquer coisa com um certo tipo de desenvolvimento de software Facebook, MySpace, Second Life, Wikipedia... A Web 2.0 é feita de todas essas coisas que têm comunidades participando na produção e na qual os usuários geram conteúdo. Isso é a Web 2.0.

E como reconciliar isso com um ambiente classificatório? Basicamente estamos projetando na web alguns tipos de faculdades cognitivas que possuímos dentro de nosso cérebro. Assim nós apanhamos o mundo, com informação visual, tátil, olfativa e nós o analisamos. A abordagem analítica seria a da web semântica. Enquanto a ação de apanhar seria do mundo dos *tags*. Assim a web é um tipo de projeção das duas funções básicas de nosso cérebro. Elas são conhecidas como: o lado direito do cérebro, que condiciona o aparato sensorial e colhe as evidências do mundo, enquanto o lado esquerdo o analisa. É um modo muito simplificado de dizer isso, mas estamos vendo agora esse tipo de progresso nas operações cognitivas que entretivemos em nosso software.

Questão do público – Inspirado na "brasilianização" da sociedade, estou pessoalmente muito assustado com a influência americana no que será esse global, no que a web vai se tornar. Estamos falando de fronteiras e de falta de fronteiras, da sociedade pré-Bush e da pós-Bush. Como isso será em 10 anos com o peso da influência norte-americana?

Derrick de Kerckhove – Bom, primeiro não estou convencido de que o peso continue o mesmo. Eles se enfraqueceram terrivelmente. O império americano, ao agir da forma que fez com o Iraque, se enfraqueceu muito.

Questão do público – Tecnologicamente também?

Derrick de Kerckhove – Não tecnologicamente, mas nós estamos mostrando que mais e mais inovações aparecem de todos os lugares do mundo. Na verdade, muita inovação vem do Brasil! Eu acho que em software ainda há uma certa dominância norte-americana, mas a própria web foi inventada por um britânico e o Linux, afinal, por um finlandês. A questão do software tende a ser um problema de copyright e de quem o possui. No software padrão isso é ainda uma questão, eu concordo, mas em geral, o software tende a liberar e maximizar o uso do conteúdo em qualquer lugar do mundo. Por que o Orkut é mais usado aqui no Brasil, por exemplo? É um tipo de situação muito aberta e não acho que seja uma questão de poder. Mas você está certo em ficar atento!

Professor Stuart Ewen (CUNY) – Gostaria de fazer um breve comentário e então uma pergunta que é uma mistura de pergunta e observação. O comentário é: tive experiência com as impressoras 3D. Passei um período como artista visitante e pesquisador na Cranbrook Academy of Design que é uma das mais prestigiosas academias de design nos Estados Unidos e eu vi o que as impressoras podem fazer e elas não podem resolver os problemas da favela. Isso quer dizer que se você colocar um copo de leite em uma ponta do fio ou em uma sem fio, ela não vai produzir um copo de leite que alguém possa beber. Se você colocar uma bicicleta em uma ponta ela não vai produzir uma bicicleta que alguém possa pedalar. Ela produz uma superfície impressa. Não produz produtos úteis. Então, até atingirmos o estágio do replicador do Star Trek, onde alimentos comestíveis chegam até o outro lado, e tecnologia utilizável acaba do outro lado, as "favelas" e os pobres de todo mundo não vão se beneficiar das impressoas 3D. Estou dizendo isso porque eu vi e trabalhei com elas.

A segunda coisa é, e é muito interessante ouvi-lo falar porque acho que suas observações sobre as coisas são extraordinárias, muito incisivas, mas uma das coisas que me faz pensar em suas descrições do mundo (mesmo se você demonstrou certa preocupação no final), é que você é um dos primeiros intelectuais visionários que ouço descrever um mundo sem contradições. E deixe-me colocar uma contradição, que é a entre as pessoas que estão aptas a participar no diálogo global da imaterialidade que você descreve e as que são a maioria dos ocupantes do nosso planeta, que são forçadas pelas circunstâncias a viverem no mundo material. Eu sugeriria que uma das contradições do mundo que você fala de modo muito visionário é que a imaterialidade aliena as pessoas, separa as pessoas, de uma apreciação das circunstâncias materiais.

Acho que o que deve mudar, por exemplo, na crise global do planeta, não é simplesmente intuição e atitudes, mas requer ação. Requer mudancas materiais fundamentais que, aliás, estão sendo ativamente combatidas por indústrias de grande porte.

Também diria que quando você fala sobre terrorismo como algo que ouvimos na TV é um tipo de perspectiva imaterial. Eu moro em Nova York e para mim o 11 de setembro não foi algo que vi pela TV, não foi uma coisa da qual ouvi falar. Foi algo que experienciei de primeira mão e o impacto foi visceral e físico e as interpretações imateriais que vi eram quase inúteis e acabaram como parte da propaganda política que levou os Estados Unidos a entrarem no Iraque.

Então, acredito que uma das maiores contradições do mundo que você descreve é a necessidade que as pessoas que estão operando no diálogo global imaterial redesenvolvam o reconhecimento de sua própria materialidade e de sua própria dependência e conexão com a materialidade. E acho que de algum modo a aldeia global sobre a qual você fala, assim como muito da cultura consumista, que acaba usando o planeta como algo desejável, realmente requer um reengajamento com a materialidade e com as pessoas que pelas forças da circunstância vivem de acordo com as regras da circunstância material e não podem escapar na internet ou no "hiperespaço".

Derrick de Kerckhove – Bom claro, isso é ótimo! Acho muito válido. Mas sobre os "fab labs", a coisa é que eles são reais. Você pode estar correto ao ver os resultados de uma impressora 3D mas esses "fab labs"[4] existem e estão em Sumatra, na Índia e em locais onde as pessoas estão criando com sucesso uma indústria a partir deles. Não estou dizendo que eles estão fazendo bicicletas, apesar de que, se você usar resina, não vejo porque não. Vamos dizer que eu ouvi da fonte e achei muito interessante. Eu mencionei as contradições, como você disse, no final. Não é que eu não esteja consciente delas. Talvez a maneira que você apresente traga a questão de volta à socioeconomia mais do que para questões tecnológicas e a socioeconomia existiu e continuará conosco por um bom tempo. Nós concordamos perfeitamente nisso e não quero minimizar esse lado. Mas a grande divisão eletrônica não se dá expandindo, mas estreitando porque há um interesse na indústria em distribuir isso em todo lugar. Por exemplo, um uso que acho fascinante, apontado recentemente por Manuel Castells, é o do pescador sul-africano que carrega seu telefone celular enquanto vai de bicicleta ao porto, onde guarda a bicicleta. Ele entra

---

4 Fabrication laboratory. O programa Fab Lab faz parte do MIT Center for Bits and Atoms e explora como o conteúdo da informação se relaciona à sua representação física.

no barco e usa o seu celular para descobrir quanto o peixe que ele vai pescar está sendo vendido no mercado, evitando que o intermediário pegue muito de seu lucro. Ouvi essa história de fontes diferentes de várias manerias políticas também. Pessoas em condições muito desfavoráveis hoje estão sendo realmente ajudadas por essas coisas. Então a divisão que, como eu disse, divide estreitando, pode marginalmente ajudar aproximando o outro. Essa é a esperança.

Agora sobre a segunda questão, da experiência física da torre. Estou tocado pelo que você disse e claro que deve ter sido algo absolutamente horrível e aterrorizador. Minha experiência daquele dia foi minha mulher me ligando do seu escritório e dizendo: "vá para a televisão, algo terrível está acontecendo e você precisa ver". Eu passei o dia todo na frente daquela cena e foi como um tipo de ataque. Então você pode pensar, tendo estado lá, que isso não foi algo para as pessoas que não estavam lá, mas foi uma experiência e posso te dizer que eu não consigo ver um único vídeo, fotos com sangue em qualquer jornal que tenda a mostrar essas grandes fotos das pessoas que foram os homens bombas. Acredito muito que seja uma reação física que temos. Nós podemos nos habituar a ela, mas é algo visceral. É algo visceral quando você ouve a respeito. E é o que eu quero dizer quando falo de experiência física e tangível de coisas muito distantes.

Professor Stuart Ewen (CUNY) – O problema dessas mesmas imagens é que devido a sua imaterialidade e devido a habilidade em serem modificadas e justapostas a outras coisas elas se tornaram, em certos casos, parte da propaganda política que permitiu ao povo dos Estados Unidos transpor Osama Bin Laden e os eventos em Nova York para uma Guerra no Iraque, que tinha pouco, se nada, a ver com isso... Saddam foi apontado e, com todo o horror que usou para esmagar de todas as formas a oposição Shiita no Iraque, isso foi ridículo. Então estou dizendo que quando se torna imagem ela pode ser utilizável em modos que são diferentes da experiência visceral vivida e é uma das razões pelas quais em Nova York a oposição a Guerra do Iraque nunca enfraqueceu. Os nova-iorquinos se opuseram à Guerra do Iraque desde o começo e continuaram assim.

Derrick de Kerckhove – Cool! Isso é fabuloso! Uma precisão incrível e acho que é absolutamente verdadeiro, mas também é um outro discurso no qual sou muito tentado a entrar mas que pode me dispersar e posso pronunciar às vezes colocações muito politicamente incorretas.

Questão do público – Professor, obrigada pela sua palestra. Como o evento aqui fala de moda, vou tomar este partido. É mais leve. Desculpe, mas acho que a moda hoje mostra este novo paradigma que você expôs e podemos ver claramente a fluidez e hibridização como no evento em que você participou ou organizou na Áustria, em Linz, e outro ponto é o "tecno-fetichismo" como você fala em seu livro. Então, gostaria de saber, é uma curiosidade minha. Gostaria de saber sobre a pesquisa relacionada ao corpo, como a de Steve Mann, sobre computadores e tecidos inteligentes em Toronto, e coisas relacionadas ao evento "Pret-à-porter" que aconteceu nos Estados Unidos, por favor.

Derrick de Kerckhove – Bom, ontem tive a sorte de conhecer Ronaldo Fraga. Não sei se você o conhece mas ele é muito conhecido em Belo Horiznte como um *fashion designer*. Ele saiu do Second Life! Seu cabelo é liso e arrepiado. Ele usa óculos fashion. O número de pessoas que vi saindo direto do Second Life é impressionante! Meninas cortando o cabelo exatamente com o tipo corte com tatuagens [*hair etching*] que você tem no Second Life. E as pessoas do Second Life usando seu rosto para modificar as próprias feições. Eu vi no Second Life pessoas que tinham metade de uma fotografia no seu rosto e a outra metade era desenhada para reproduzir o que a fotografia está mostrando.

Acho que a moda hoje é universalizada de um modo muito surpreendente. É um lugar em que as pessoas parecem que pertencem ao mesmo espaço – principalmente crianças, adolescentse, jovens que estão espalhando essa universalização.

Apesar de Toscani ter sido o responsável por algumas fotos da Benetton elas estão em todo lugar! E essas empresas estão criando uma moda global. Essa foi a sua pergunta? Sobre Steve e seu computador usável, ele não está usando nada mais porque tem dois filhos, mas o trabalho do Stelarc continua muito forte. A ideia de um computador usável, a ideia cyborg está tomando uma posição hipertextual, nodal no mundo todo. O trabalho mais interessante do Stelarc além de engolir uma câmara para mostrar a parte interna do seu estômago – a mais peça de arte mais nojenta que já vi se é que eu vi uma – é esta conexão do sistema nervoso para outro, contectado e traduzido pela Internet. É um tipo de coisa muito chocante – um artista que realmente experiencia a tecnologia. Esta é uma imagem do trabalho de Stelarc que mostra a experiência dos artistas investigando a metáfora tátil. Esta é uma imagem do corpo nu de Stelarc preso por 364 ganchos na sua carne e pendurado 150 pés acima do chão por uma torre. Acho que ele deveria tentar bungee *jumping* desse jeito, mas é o tipo de experiência que esse artista particular está fazendo e o mais impressionante é quando ele faz a conexão direta entre o dentro e fora. É uma declaração metafórica muito forte quando ele conecta seu sistema nervoso, comandos musculares, pela internet, com um dançarino que tem uma conexão que recebe seu impulso. Ele está traduzindo o orgânico em eletrônico e voltando ao orgânico – algumas experiências acho extremamente interessantes.

Sobre a moda do computador usável, fiz uma experiência uma vez em que queria ter uma imagem de um satélite fornecendo imagens em tempo real em um vestido de alta costura incorporando um tecido macio de tela. Isso poderia ter sido feito e propus para Ted Lapidus e também Calvin Klein, mas Klein disse que minha proposta chegou tarde demais e Lapidus disse que era impossível lidar com as baterias então que uma coisa desse tipo não poderia ser feita. Mas esse é o tipo de situação que a tecnologia eletrônica pode eventualmente lidar. Houve experimentos com isso no Japão que são muito bonitos. Mas eu acho que o mais usável de todas essas coisas de computadores é isso, esse celular que carregamos na mão.

Outra experiência: Kevin Warwick integrou algumas coisas sob a pele. É algo que o permite abrir as portas e fazer todas essas coisas de *body-to-technology*. Foi algo experimental. Amantes implantam referências, do tipo de frequência radioeletrônicas, em algum lugar em suas mãos para se interconectarem. Há muitas coisas bizarras acontecendo, mas também bastante especializadas.

Blogs, publicidade e marcas[*]

Jean Charles Jacques Zozzoli[**]

* Versão revisada e ligeiramente modificada do trabalho apresentado no II Encontro ESPM de Comunicação e Marketing: as Arenas da Comunicação com o Mercado – São Paulo – 6 a 8 de novembro de 2007. Uma versão diferenciada e mais extensa, que trata mais detalhadamente da lógica organizacional observável nas configurações da nova economia e da natureza das relações e das características dos blogs de marca, de sua operacionalização e de seus eventuais redatores, foi apresentada com o título "Presença da marca nos blogs: consumo com participação?" no XXX Congresso Brasileiro de Ciências da Comunicação – Intercom 2007 – Santos, SP, 29 de agosto a 2 de setembro de 2007.

** Graduado em Propaganda e Marketing (Université de Franche-Comté–Besançon); Especialista em Linguística e Comunicação (Ufal); Mestre em Multimeios (Unicamp); Doutor em Ciências da Comunicação (USP). Professor de Graduação e de Pós-Graduação na Universidade Federal de Alagoas (Ufal).

Considerações sobre o caráter autopoético da comunicação

Dentro do ciberespaço, o surgimento crescente e vertiginoso dos blogs, como espaço de notícias, análises e debates, gera oportunidades de aproximar a marca de seus clientes e outros *stakeholders*, conferindo-lhe características integrativas, dinâmicas e interativas. Estabelece-se um novo tipo de relações, das quais emergem valores diretamente gerados pelos consumidores e não consumidores, que escapam ao controle econômico e midiático dos anunciantes, proprietários da marca e dos comunicadores a seu serviço. Numa confrontação entre o discurso autorizado, o vivido diário e as potencialidades do imaginário, a marca encontra-se definida no amálgama dos múltiplos diálogos que ocorrem nos domínios relacionais do emocional e da experiência. Ultrapassa-se a prática de uma comunicação institucional clássica, coligada a um marketing de massa, para abrir para o caráter autopoiético da comunicação.

1. Internet e ciberespaço: novos costumes sociais e culturais, novos modos de se comunicar

A geração, a difusão e a adoção das novas técnicas proporcionadas pela tecnologia da internet e a paralela exploração dos ambientes do ciberespaço produziram o aparecimento de novos costumes sociais e culturais e de novos modos de se comunicar. Delineiam-se novos paradigmas, provocando mudanças estruturais nos mercados. A internet fez que emergisse outra lógica organizacional, observável nas configurações da nova economia. Redefiniram-se os mercados tanto do lado dos produtores e distribuidores como do lado dos consumidores.

As potencialidades da rede permitem consolidar os elos que unem as empresas e outras organizações a seus clientes com a utilização do marketing *one-to-one*, do marketing de permissão, do marketing viral, do *buzz marketing*, por exemplo. Com efeito, os recursos da informática e as características dos mercados digitais abriram um mundo de informações fatorialmente classificáveis e segmentáveis, permitindo que as empresas registrem os dados individuais e até representem os gostos e desejos singulares de cada consumidor.

Paralelamente a essa abordagem dos consumidores pelas empresas, observa-se, na rede, a manifestação, cada vez mais explícita, de um fenômeno de colaboração voluntária ou remunerada entre os internautas.

1.1 Wikinomia ou economia do wiki:[1]
a troca de ideias interativas

Tapscott e Williams, em seu livro *Wikinomics*, discutem como o conhecimento coletivo e padrões de cooperação desse tipo podem mudar o mundo das corporações. Expõem que um novo modo de administrar os negócios é possível, ao propor projetos participativos que envolvem

---

1   Ver Amorim e Vieira 2007; Crouzet 2007; Oliveira 2007.

pessoas dentro e fora das empresas, gerando uma colaboração em massa pela internet. As pessoas decidem se colaboram ou não. Essa produção se fundamenta no comunitarismo e na mútua colaboração e preza a auto-organização no lugar de estruturas regidas e controladas de maneira autoritária e estritamente hierárquica.

Observa-se que a pessoa (cliente, não cliente, consumidor, não consumidor, cidadão) é motor nesse processo que muda as formas de inventar, projetar, distribuir, produzir, vender e comprar produtos, num contexto que pode ser mundial ou glocal. Nos alicerces dessa mudança paradigmática, encontram-se públicos relativamente jovens, críticos e informados, que avaliam cuidadosamente as empresas produtoras e vendedoras dos produtos que consomem. E, fato importante, Tapscott e Williams (apud Oliveira 2007) constataram que 65% dos integrantes dessa nova geração de consumidores *on-line* gostariam de estabelecer uma relação de mão dupla com as marcas de sua preferência. Além de pretender proporcionar *feedback* às empresas, eles almejam contribuir diretamente com o produto.

O jornalista Ricardo Cesar comenta (na revista *Exame* de 24 de agosto de 2006) que muitos consumidores da geração digital criam espaço *on-line* para discutir, com outros apaixonados como eles, as minúcias técnicas e tirar dúvidas, personalizar a relação com os produtos e/ou serviços e, é claro, criticá-los positiva ou negativamente. Para o Marketing e para a Comunicação, é justamente essa postura que caracteriza os aficionados pelos ambientes de interação. Eles estão dispostos e têm os meios para emitir e ler/ouvir opiniões (favoráveis ou desfavoráveis) sobre os produtos que eventualmente consomem, podem vir a consumir ou não consomem e sobre as empresas presentes no mercado. Não há marketing tradicional que possa controlar ou administrar o teor desses bate-papos acessíveis a muitos.

1.2 Empresas, consumidores e relações interativas x relações impositivas

Sobre essa troca de ideias interativas, divulgada e disponível em massa, verdadeira propaganda boca a boca, Tapscott e Williams (apud Cesar 2006) comentam a respeito de um eventual internauta: "vai entrar num site, assistir a um anúncio ou visitar uma loja com base no conselho de um desconhecido que tenha uma boa reputação estabelecida na rede. Mas não fará o mesmo se a indicação vier de um vendedor". É por isso que, ao tentar interagir com os consumidores e não-consumidores que optam por se expressar *on-line* para explorar suas opiniões, não se pode agir de maneira tradicional e entrar em sites de relacionamento, no circuito do Orkut e dos blogs, por exemplo, de forma invasiva. Com efeito, mesmo se os profissionais da comunicação permanecem idealizando suas campanhas com base no tradicional modelo da teoria Matemática da Comunicação, as comunidades virtuais constituem-se, agem e comunicam, de maneira totalmente distinta, em suas ações de ler/ver/escrever, divulgar/aprender. Interagem, alheias a essas considerações teóricas de outrora.

Vale salientar que, mesmo quando consideram a interatividade, os profissionais, de maneira geral, continuam concebendo linearmente o poder de indução dos efeitos provocados sobre o destinatário. Por exemplo, quando as inter-relações se limitam apenas a um leque preestabelecido de possibilidades de uso de sistemas eletrônicos de comunicação, que permitem navegar em hipertexto, sem possibilidades de interferir nos conteúdos disponibilizados *on-line,* a interação[2] não ultrapassa o engodo de um jogo cujas opções são controladas, beirando a falácia.

---

2   Assimétrica e fortemente restrita em razão das condições técnicas e do poder desigual das forças em jogo, similar à interatividade da TV digital, por exemplo.

Pessoalmente, inspirados na Biologia do Conhecer ou teoria da Autopoiese,[3] propomos – como mostraremos mais adiante – esquemas contextuais em que todas as entidades, que participam do chamado processo comunicacional, gozam de autonomia e estão em relação de copresença interativa entre si, se houver algum tipo de exposição midiática. Cada uma enuncia, a partir de suas possibilidades e de seus referenciais, aquilo que percebe (Zozzoli 2002; 2006).

Convém resgatar também, aqui, que interatuar verdadeiramente na web significa que qualquer internauta pode exibir tanto sua reação como intervir no conteúdo daquilo que é dito, transgredindo as fronteiras hegemônicas atribuídas ao exercício profissional da comunicação jornalística, de relações públicas ou publicitária. Em outros termos, interagir equivale a reconhecer que não-profissionais da comunicação intrometem-se a qualquer momento e participam, ativa e publicamente, em escalas midiáticas apreciáveis, na cofabricação de valores constituintes dos objetos debatidos (sejam esses acontecimentos, ideias, pessoas, produtos, empresas etc.).

Assim, no mercado e nas considerações teóricas que dizem respeito à comunicação, mina-se progressivamente a supremacia da argumentação, sedução e/ou manipulação unilateral. Desfaz-se o monopólio discursivo de quem detinha o poder de comparecer na mídia para evidenciar-se a copresença de um discurso autorizado e de uma diversidade de outros discursos que, tendo encontrado lugar para se expressar com força, podem revestir todas as feições que as comunicações de opinião apresentam com relação ao grau de identificação ou dissimulação de sua origem e/ou de seus mandantes.

O ciberespaço é multidirecional, interativo e instantâneo. É justamente nesse ambiente e no quadro dos conteúdos colaborativos

---

3   Uma apresentação simples dessa teoria pode ser encontrada, por exemplo, em: *A árvore do conhecimento* (Maturana e Varela 1995) e/ou em: *Invitation aux sciences cognitives* (Varela 1996).

que se destacam, por exemplo, a atuação e a frequentação, em forte crescimento, dos blogs.

2. Os blogs

Cipriani (2006, p. 28) afirma que não existe uma definição correta do que seja um blog. Caracteriza-o como:

> uma página de internet muito fácil de implementar e colocar no ar [que,] apesar de ser publicado cronologicamente, [...] possui classificações por categorias e a possibilidade de busca nas publicações anteriores dentro dele mesmo. Além, claro, da troca de links, formando uma cadeia contínua com o mundo todo (Cipriani 2006: 28-29).

Por sua vez, Hewitt (2007: 246 e 249) confere tanto à blogosfera quanto a um blog isolado, um poder de filtro.

Os blogs resgatam, portanto, um contexto não-fornecido pela mídia, cômodo e favorável à discussão, com numerosos contextos, em princípio livres de censores institucionais e com possibilidade de serem oriundos de qualquer parte da rede.

Verifica-se então que, nessa capilaridade, os blogs assumem feições tanto de diário virtual quanto de ambiente de discussão aberto, de vitrine de notícias superatualizadas, de coleção de links, de espaço colaborativo ou de pensamentos pessoais ou de qualquer outra coisa do desejo dos internautas que respectivamente os mantêm, podendo até ser um canal de marketing boca a boca, canal que aqui, prefiro qualificar de "marketing tela a tela".

Os blogs podem optar entre o discurso autorizado, provindo de especialistas e de outras autoridades comprometidos com a estrutura que os sustenta, e sua própria percepção singular abalizada pelo seu conhecimento e sua experiência, sendo-lhes facultado não somente emitir, mas também transmitir esse seu ponto de vista. Em meio a comunidades virtuais sensíveis e compreensíveis, o público tem a palavra final. O blogueiro é editor.

2.1 Os blogs em ambientes mercadológicos

Assim, nessa nova exploração da mídia e no que diz respeito ao ambiente mercadológico dos produtos de consumo e de suas marcas, estabelecem-se também novos tipos de relações. Valores diretamente gerados pelos consumidores e pelos não-consumidores emergem dessas relações. Escapam ao controle econômico e midiático dos anunciantes, proprietários da marca e dos comunicadores a seu serviço.

Dessa maneira, numa confrontação entre o discurso autorizado, o vivido diário e as potencialidades do imaginário, a marca encontra-se definida no amálgama dos múltiplos diálogos que ocorrem nos domínios relacionais do emocional e da experiência. Resgata homens e mulheres escondidos nas figuras abstratas do *target* e outros consumidores sígnicos.

Como espaços de notícias, análises e debates, os blogs já não são mais exclusivamente o lugar de expressão de internautas anônimos e desinteressados. Ao contrário, numa *démarche* transparente e explicitamente publicitária, eles são vistos e usados como uma nova ferramenta comunicacional. Com remuneração (em dinheiro ou *in natura*), blogueiros profissionais praticam a venda de espaços para diversos tipos de anúncios ou se dedicam exclusivamente a um produto ou a uma marca. Paralelamente, observam-se também práticas perniciosas, que aparentam espontaneidade, veracidade e credibilidade pretensamente atreladas e falsamente exibidas, arriscando o capital ético da marca.

Assiste-se, portanto, a uma reivindicação manifesta de poder dos consumidores sobre as marcas. A voz do cliente não se restringe à abstração dos resultados de pesquisa ou ao discurso diferido dos relatórios de vendas. Nesse novo contexto, apreendido tanto como uma ameaça quanto como uma oportunidade, as empresas e outras organizações empenham-se em adaptar-se e tirar proveito da situação. Se, por um lado, a audiência dos blogs aumenta num ritmo intenso e é proposta às marcas a compra de espaços para veicular anúncios publicitários em alguns dos blogs mais conhecidos ou interessados por essa fonte de recursos, por outro lado, ao constatar que, cada vez mais, as pessoas procuram informações nos blogs, empresas e outras organizações empenham-se em penetrar nesse ambiente, com o objetivo de entreter e consolidar sua notoriedade nos diversos segmentos que a blogosfera atinge. Assim, esforçam-se para fazer que se fale delas e de seus produtos e marcas, apostando obter um retorno sobre seus produtos e serviços.

O leque de interlocutores e diálogos possíveis, evidentemente não exaustivo, pode ser estabelecido a partir do escopo dos clientes internos e externos da marca sob a ótica daquilo que Gracioso (2007, por exemplo) chama de (novas) arenas da comunicação[4] em interligação com o gerenciamento das relações de parceria da marca *on-line*, considerando-se que todas as ações de uma empresa ou outra organização se refletem e refratam em sua(s) própria(s) marca(s).[5]

3. DE UMA COMUNICAÇÃO "CLÁSSICA" A UMA COMUNICAÇÃO "AUTOPOIÉTICA"

Vê-se com evidência que a empresa ou outra organização não é mais a única parte emissora da relação. Os comunicadores e outros estrategistas já tiveram de convir que os parceiros das empresas escolhem a quantidade e a qualidade das informações que desejam receber e o momento. Já se fala de protagonista absoluto ou de ator principal, conferindo ao consumidor, por exemplo, poder de procurar infor-

---

4   E que, pessoalmente, na esteira de Regouby (1988), denomino *comunicação global* ou *comunicação complexa* (ver, por exemplo, Zozzoli 1994).

5   Ver Zozzoli 2005: 140-1 e 136-7.

mações, de comprar *on-line*, de dar conselhos sobre novos produtos, de participar na redação de campanhas publicitárias, de expressar críticas etc., como se isso nunca tivesse existido e só aparecesse com o advento dos blogs.

Mais uma vez, o modelo operacional e/ou teórico decorrente não deve ser entendido no absoluto. Tais feições relacionais sempre estiveram presentes em menor ou maior grau conforme permite a relação de assimetria entre os poderes de se fazer ouvir e de agir de cada ator no mercado (ver Zozzoli 2002 e 2006). Presentemente, no caso dos blogs, o ambiente e o contexto permitem que se demonstre de maneira manifesta o caráter ativo dos protagonistas, tanto na esfera da emissão de mensagens quanto na esfera da recepção, caracterizando produções autônomas de sentido nas duas instâncias.

Ultrapassa-se a prática de uma comunicação institucional clássica, coligada a um marketing de massa, para abrir, mesmo que empiricamente, para o caráter autopoiético da comunicação. Isso leva os profissionais da comunicação e do marketing a afirmar que tanto o marketing relacional quanto a publicidade decorrente estão se tornando uma questão de afinidade e que, portanto, não é mais a marca que impõe sua mensagem, mas o consumidor que se apropria dela e do que ela significa (Alexandre 2006, por exemplo). Vale lembrar que já tecíamos considerações similares há mais de uma década (Zozzoli 1994: 252; 2004) sem ainda nos apoiarmos, na época, na teoria da autopoiese.

Assim, mais do que nunca, confiança, diferença e preferência definem a essência marcária, uma vez que, sempre com mais magnitude, a marca encontra sua força nos domínios da experiência e do emocional, numa partilha do cotidiano do consumidor em que frequentemente prima, não os hábitos, mas a convicção, seja ela subjetiva ou racional.

Essas considerações demonstram que a marca não se constrói. Os valores que ela incorpora e expressa não aparecem milagrosamente das características reais e/ou fabricadas do produto e do serviço que ela representa. A marca emerge das relações entre os seres, assumindo-se também como ser. Dito de outra maneira, são os públicos que "fazem a marca". A marca precisa encarnar-se para existir (ver Zozzoli 2002, *passim*).

4. UMA NOVA EXPLICAÇÃO TEÓRICA

Ao tempo em que retrata o quadro da emergência da marca, a figura que apresentamos a seguir[6] contém a proposta de um novo esquema para explicar a comunicação. Observa-se que o processo da comunicação não é descrito e explicado como oriundo de uma implicação linear, caracterizadora de um processo de transmissão de dados, mas como uma "conexão" entre dois sujeitos ativos a partir da produção/formulação contextualizada e autonomizada, voluntária ou não, de algo por um primeiro sujeito[7] e a produção/formulação (de sentido) contextualizada e autonomizada de um segundo sujeito, levando-se em conta, para cada um respectivamente, seus referenciais, sua história e sua percepção do contexto e daquilo que transmite, bem como suas possibilidades de apreender, julgar, enunciar e difundir aquilo que, intencionalmente ou não, expressa (teoria da Autopoiese). Situamos, lógica, teórica, temporal e contextualmente, esses sujeitos no polo da emissão, no caso do primeiro, e no polo da recepção, no caso do segundo.

A produção do primeiro sujeito – isto é, seu fazer – dá lugar a algo expresso, podendo ser qualificado de mensagem – isto é, seu dizer, na

---

6   Essa figura (resultado de nossas atuais pesquisas pessoais a partir dos autores que compõem nosso referencial geral de análise) complementa sinoticamente estudos anteriormente realizados (Zozzoli 1994; 1998), ao acrescentar aos resultados da época considerações relativas à teoria da Autopoiese. Observa-se que o esquema apresentado aqui se subdivide em vários outros em função dos diversos duplos circuitos dos atos de linguagem suscetíveis de ser considerados, porém não-tratados no quadro limitado deste capítulo (ver Zozzoli 2004, por exemplo).

7   No caso de um trabalho coletivo em agência, por exemplo, o autor é a agência ou, mais especificamente, para o grande público, a marca.

perspectiva da Análise do Discurso francesa, particularmente dos estudos de Charaudeau (1983, notadamente).

Observável na presença ou ausência de quem é autor de suas feições plásticas, e contendo em si só dados de sua interpretação, esse algo, satisfazendo-se por si só, corresponde também à enunciação enunciada, objeto da semiótica greimasiana e neogreimasiana (Escola de Paris).

A produção/formulação de sentido, quando da percepção da conduta e/ou de sua consequência (feições plásticas desse algo) pelo segundo sujeito, corresponde a uma enunciação que ocorre não por transmissão de informação contida numa palavra proferida oralmente ou impressa, numa imagem, num objeto ou comportamento, mas sim a partir da perturbação oriunda daquilo que é percebido por esse segundo sujeito em função de sua determinação estrutural.

Nessa perspectiva conceitual, o fenômeno dito Comunicação depende daquilo que acontece com o organismo chamado comum e – de certo modo – abusivamente "receptor". Observa-se, portanto, que a emergência da marca se dá em cada momento em que, num domínio de acoplamento estrutural, ocorre coordenação comportamental entre um enunciador[8] da marca e a própria marca como ser.

Essa emergência ocorre ainda no contexto e sob a atenção de outras entidades (pessoas físicas e jurídicas) que constituem o auditório societário (noção oriunda do conceito bakhtiniano de auditório social).

---

8   Enunciador (qualquer que ele seja) em sua condição de sistema fechado que processa informações que lhes são externas, ao adotar uma conduta comunicativa ontogênica (isto é, ao delinear semanticamente sua percepção para ele e eventualmente para os outros).

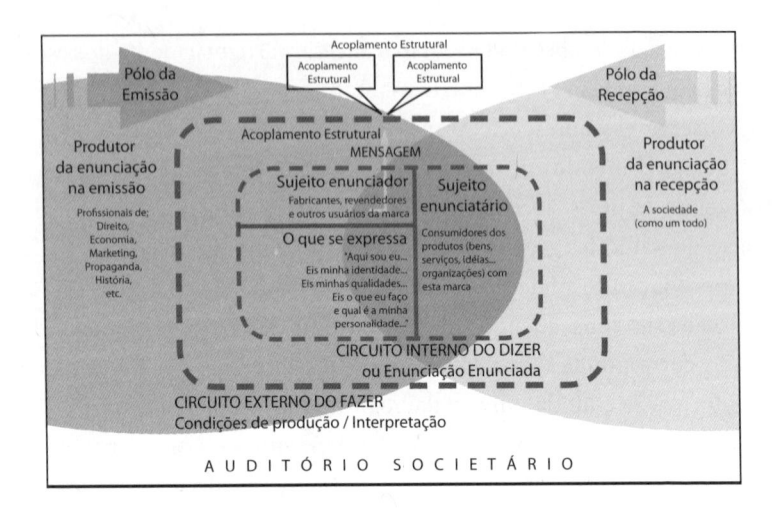

FIGURA 1: Emergência da marca: produção de sentido em cada instância quando dos respectivos acoplamentos estruturais

5. ESTRATÉGIAS CORRETAS E INCORRETAS DE DIVERSOS TIPOS DE BLOGS

Como expressam os blogueiros profissionais, quando clientes, parceiros e concorrentes conversam diretamente entre si, quem poderia se dar o luxo de permanecer cativo exclusivamente no mundo da comunicação institucional e do marketing de massa? O blog constitui-se como uma ferramenta relacional, geradora de ambiente, promovedor de uma assembleia viral. Não se reduz a um mero objeto publicitário. A blogosfera convoca e monopoliza transparência, conteúdos e interatividade. Neste quadro, a marca está compelida a investir em autenticidade.

Todavia, os métodos de construção e difusão da marca ainda são pouco acostumados a investimentos desse tipo. Aplicam-se os velhos esquemas de persuasão, rejuvenescidos, por exemplo, com sistemas de remuneração do *target* em função de sua atenção aos anúncios.

Dando um exemplo recente desse tipo de técnica que provocou a indignação de muitos internautas, muitos apostam nos blogs à maneira da Citroën, que confundiu, em junho de 2007, os internautas brasileiros com a campanha *Pallas*,[9] tanto pelo teor da notícia como pela autoria, apesar de ter mencionado o caráter publicitário da mensagem no canto inferior do *post* veiculado na tela; contudo, propositadamente, de um modo tão imperceptível que até jornalistas repassaram a notícia como sendo real. Confunde-se, mais uma vez, "escore de notoriedade" com conteúdo de notoriedade.

Ao convocar um consumidor-ator para aumentar o nível de difusão das mensagens marcárias, buscando uma infestação, como em todo relacionamento, convém não infringir as leis do bom senso, nem principalmente tentar ludibriar seu público ativo ao recorrer a blogueiros e blogs que pretendem ser o que não são. Ao pensar ser esperto, ancorado nos pressupostos de que o significado só se consome (ao apoiar-se em premissas oriundas de explicações e projeções decorrentes da teoria Matemática da Informação), "escorrega-se" cedo ou tarde nas reações denunciativas de quem descobriu e espalhou a fraude, enfrentando uma profusão exponencial de ataques destrutivos múltiplos e diversos, não-lineares e multidirecionais.

A clientela presente nos blogs é segmentada, restrita, porém seleta e poderosa. Observa-se que, mesmo com os esforços empenhados pelas

---

9   Inspirado na invasão da Terra por marcianos encenada no rádio por Orson Welles nos EUA, nos anos 1930, veiculou-se nos dias 10 e 11 de junho de 2007, nos principais portais da internet brasileira, a fotografia de um asteroide com a legenda "Asteroide Pallas pode se chocar com a Terra". Clicando na foto, entrava-se no site intitulado "Observatório de asteroides: um site associado ao IAC – International Astronomy Center, onde se informava que o asteroide 2-Pallas apresentava uma órbita alterada e segundo os últimos cálculos estaria em rota de colisão com a Terra. O site fora criado para indicar o lançamento do modelo homônimo C4-Pallas da Citroën, provocando contágio sim, mas de forma negativa.

marcas, o impacto dos blogs, nessas condições, permanece limitado ou propicia efeitos contrários aos desejados. Logo, as agências de comunicação devem mixar as mídias tradicionais com meios mais recentes, com o fim de gerar a maior audiência útil possível, dentro das verbas e recursos disponíveis. Nessa perspectiva, os blogs são vistos geralmente como complementares, reforçando o impacto das outras mídias, uma vez que cada uma tem um papel que lhe é específico. Assim, e entre outras possibilidades, destaca-se principalmente o uso de blogs para expressar, consolidar e até delatar, colocando *on-line*:

- a versão autorizada do próprio anunciante e sua marca;
- a versão permitida de quem trabalha para ou com essa marca;
- a versão de blogueiros profissionais patrocinados às claras por essa marca;
- a versão de blogueiros profissionais patrocinados, que disfarçam sua origem em prol dessa marca;
- a versão de blogueiros independentes;
- a versão de blogueiros profissionais ou simples blogueiros cuja origem pretende fazer-se diferente do que é em detrimento da marca (blogs patrocinados pelos concorrentes, blogs ideologicamente contrários à existência e a atividades de determinadas empresas ou organizações e suas marcas).

Os *posts* em blogs de marca necessitam envolver o cliente ou consumidor como parceiro, devendo, por isso, a própria empresa por meio de sua(s) marca(s) constituir e dinamizar essa rede societária. Não basta ser proprietário de uma rede ou simplesmente enviar mensagens nela.

7. Considerações finais

A presença da marca em blogs de marca deve, portanto, ser discreta e não-impositiva tanto na forma como no tempo. Deve-se respeitar o internauta. Principalmente, deve-se evitar dicotomias entre o discurso veiculado e o vivido diário, pois, se ocorrer qualquer abalo ou rompimento da relação compromissada da marca com seus públicos, o consumidor não terá mais motivos para confiar nessa marca, escolhê-la e ser-lhe relativamente fiel. Ao contrário, desconfiado e sentindo-se traído, espalhará, na maior parte dos casos, sua revolta na internet, produzindo uma contrapublicidade cujos efeitos dificilmente poderão ser atenuados.

Verifica-se, portanto, que colocar mensagens na blogosfera, para ser simples e passivamente consumidas, demonstra uma incompreensão de como funcionam os fenômenos comunicativos nesse ambiente.

Ademais, ao tempo em que corrobora onticamente as explicações teóricas em foco neste trabalho, a simples ocorrência de participação observada na partilha e veiculação dos *posts* e comentários remete ontologicamente à posição defendida quanto à natureza autopoiética da produção de sentido e, portanto, dos fenômenos denominados comunicativos (mesmo quando de massa): não ocorre transmissão de informação/comunicação de sentido, existe somente geração-manifestação-difusão de signos a serem dotados de significação; isto é, acontecem apenas processamentos individuais de elementos apreendidos no âmbito do entorno midiático das pessoas que os percebem e lhes atribuem sentido conforme o conhecimento, a história de vida e o horizonte de expectativas que lhes são próprios e exclusivos, no seu papel de enunciador, isto é de produtor da enunciação, qualquer que seja sua posição nas instâncias do processo comunicativo.

As marcas devem entender que muitos internautas já falam delas nos blogs. Em função disso e por causa disso, precisam originar e manter uma verdadeira partilha dos valores que defendem, isto é, do sentido produzido tanto nas enunciações efetuadas na esfera da emissão quanto na esfera da recepção.

Referências

ALEXANDRE, Christelle. "Quand le relationnel devient affinitaire", in Relation-client.net, La communauté des utilisateurs et fournisseurs de solutions de gestion de la relation client (CRM). 25 dez. 2006. Disponível em: http://www.relationclient.net/QUAND-LE-RELATIONNEL-DEVIENT-AFFINITAIRE-_a2244.html. Acesso em: 12/01/2007.

AMORIM, Ricardo; VIEIRA, Eduardo. "Como fazer de seu blog um campeão de audiência", in *Época*, nº 428, 31/07/2006. Disponível em: http://revistaepoca.globo.com/Revista/Epoca/0,,EDG74912-5990-428,00.html. Acesso em: 24/02/2007.

CESAR, Ricardo. "Geração digital: alvo das grandes empresas", in *Exame*, nº 875, 24/08/2006. Disponível em: http://portalexame.abril.com.br/revista/exame/edicoes/0875/tecnologia/m0101307.html. Acesso em: 24/02/2007.

CHARAUDEAU, Patrick. "Eléments de sémiolinquistique d'une théorie du langage à une analyse du discours", in *Connexions*, Paris, nº 38, p. 7-30, 1983.

CIPRIANI, Fábio. *Blog corporativo*. São Paulo: Novatec. 2006.

CROUZET, Thierry. Wikinomics. *Le peuple des connecteurs, blog politique du cinquième pouvoir*. *Post* colocado *on-line* em: 9 jan. 2007. Disponível em: http://blog.tcrouzet.com/. Acesso em: 24/03/2007.

GRACIOSO, Francisco. "Espetáculo e comunicação: um casamento pós-moderno", in *Revista da ESPM,* São Paulo, ano 13, nº 4, p. 10-6, jul./ago. 2007.

HEVITT, Hugh. *Blog*: entenda a revolução que vai mudar seu mundo. Rio de Janeiro: Thomas Nelson, 2007.

MATURANA, H. & VARELA, F. *A árvore do conhecimento: as bases biológicas do entendimento humano.* Campinas: Editorial Psy, 1995. (ed. orig. 1984).

OLIVEIRA, Flávio. *Wikinomics. Sementes estratégicas. Post* colocado *on-line* em: 12/03/2007. Disponível em: http://sementesestrategicas.blogspot.com/. Acesso em: 23/03/2007.

REGOUBY, Christian. *La communication globale: comment construire le capital image de l'entreprise.* Paris: Les éditions d'organisation, 1988.

VARELA, F. J. *Invitation aux sciences cognitives.* Paris: Seuil, 1996.

ZOZZOLI, J. C. J. *Da* mise en scène *da identidade e personalidade da marca: um estudo exploratório do fenômeno marca, para uma contribuição a seu conhecimento.* 1994. 327 f. Dissertação (Mestrado em Multimeios). IA, Unicamp, Campinas.

_____. "Compreensão da significação marcária – A marca, instrumento e reflexo da produção social de sentido: transformação e transação", in RUBIM, A. A. C.; BENTZ, I. M. & PINTO, M. J. (orgs.). *Produção e recepção dos sentidos midiáticos.* Petrópolis: Vozes, 1998. p. 55-69.

_____. *Por uma ontologia da marca.* 2002. 342 f. Tese (Doutorado em Ciências da Comunicação). ECA/USP, São Paulo.

_____. Três momentos na comunicação da marca comercial/institucional. 7º Congreso Latinoamericano de Investigadores de la Comunicación – Alaic, 2004, La Plata, Argentina, set. 2004. CD *de Ponencias*, 2004. vol. 1.

_____. "A marca comercial-institucional – retrospectiva e prospecção", in BARBOSA, I. (org.). *Os sentidos da publicidade: estudos interdisciplinares.* São Paulo: Pioneira Thomson Learning, 2005.

_____. "Marca: para além da concepção de *branding*", in GOMES, Neusa Demartini (orgs.). *Fronteiras da publicidade: faces e disfarces da linguagem persuasiva.* Porto Alegre: Sulina, 2006.

A influência do ambiente *on-line* no comportamento do consumidor

Rafael Lucian[*]
Salomão Alencar de Farias[**]
André Falcão Durão[***]
Francisco Tigre Moura[****]

* Graduado em Administração (UFPE), Mestre em Gestão Organizacional (PROPAD/ UFPE), Aluno de Doutorado do Programa de Pós-Graduação em Administração (UFPE). Pesquisador do Núcleo MKP. Autor do livro Sobrecarga de Informações e o Processo de Decisão de Compra (Editora Universitária UFPE).

** Graduado em Administração (UECE), Doutor em Administração (USP), Professor do Programa de Pós-Graduação em Administração (UFPE). Pesquisador do Núcleo MKP.

*** Graduado em Turismo (UFPE), Mestre em Administração (USP), Aluno de Doutorado do Programa de Pós-Graduação em Administração (UFPE), Pesquisador do Núcleo MKP.

****Graduado em Turismo (UFPE), Mestre em Administração (PROPAD/UFPE). Pesquisador do Núcleo MKP.

1. Introdução

O s fatores ambientais podem ser a chave determinante da imagem que será formada pelo consumidor sobre uma loja de varejo. E essa imagem provavelmente afetará a tomada de decisão do consumidor. Russell e Mehrabian (1976) investigaram as variáveis ambientais no comportamento do consumidor, no sentido que estas podem ser utilizadas para prever e explicar esse comportamento.

O varejo eletrônico (*e-tailing*), e seu respectivo ambiente de loja *on-line,* vem chamando a atenção de pesquisadores nos últimos anos, devido ao seu potencial mercadológico e às suas implicações para as empresas e consumidores. Na perspectiva dos varejistas, esse meio virtual parece oferecer inúmeras vantagens em relação ao comércio tradicional, como a economia de tempo, a conveniência gerada pela tecnologia e o maior número de informações disponíveis sobre a empresa e o produto. Portanto, é cada vez maior o número de empresas que consideram o varejo eletrônico como uma oportunidade de fazer negócios.

Nos últimos anos, o interesse de alguns pesquisadores pelo ambiente de loja, encontrado por consumidores em suas atividades de compra, parece estar em crescimento para o varejo *on-line* (Eroglu *et al.* 2001; 2003). A área do marketing que lida com os aspectos tangíveis das lojas foi denominada por Kotler (1973) de "atmosfera de loja" e preocupa-se com o efeito potencial dos elementos presentes no ambiente de varejo, na percepção e no comportamento humano (Baker *et al.*1992). Fatores do ambiente podem declarar que uma loja de varejo é um pacote de sugestões e mensagens que se comunicam com o consumidor. No campo da psicologia ambiental, Mehrabian e Russell (1974) podem ser considerados como clássicos e serviram de base para muitos trabalhos na área de atmosfera de loja (por exemplo, Donovan e Rossiter 1982).

Segundo Kalakota e Whinston (1997), o comércio eletrônico vem possibilitando a redução dos impactos das variáveis tempo e espaço no processo de compra, que parecem desaparecer neste meio virtual. Assim, os consumidores optantes pelo varejo eletrônico desfrutam de conveniências temporais e espaciais, de valor (através da fácil e rápida oportunidade de comparação de preços), e de outras possibilidades hedônicas. Essas características tornaram o *e-tailing* um meio de compras desejável para clientes e varejistas.

O ambiente físico no varejo tradicional influencia o resultado de venda e a percepção dos consumidores (Donovan e Rossiter, 1982; Bitner, 1992; Sherman *et al.*, 1997), e certamente no contexto da atmosfera de varejo *on-line* estão alguns dos fatores que afetam o uso (intencional e real) e resultados (satisfação, fidelidade, montante gasto e tempo despendido *on-line* na loja virtual, entre outros) no *e-tailing*. Porém, um dos desafios acadêmicos atuais é identificar até que ponto o referencial teórico construído para meios tradicionais também é válido para os meios *on-line*.

A proposta deste artigo é avaliar, na realidade brasileira, as dimensões do modelo de Mehrabian e Russel (1974) com base nas hipóteses dos estudos de atmosfera do varejo *on-line* realizados por Eroglu *et al.* (2001; 2003). Considerando que os fatores atmosféricos exercem influência no estado interno, o qual forma o comportamento dos consumidores no contexto do varejo tradicional (Mehrabian e Russell 1974; Donovan e Rossiter 1982; Bitner 1992), Eroglu *et al.* (2001) apresentaram um modelo acompanhado de suposições referentes ao ambiente virtual.

A importância de um artigo desta natureza, que investiga pesquisas desenvolvidas em outros países no âmbito nacional, pode ser observada no artigo de D'Angelo *et al.* (2003), que testou o modelo proposto por Baker *et alii.* (2002), em que foi relacionada a atmosfera de loja com a intenção de retorno e de recomendação do consumidor. A pesquisa brasileira não obteve na íntegra as mesmas confirmações de hipóteses que o modelo americano. Razões culturais, geográficas, etnológicas, religiosas, entre outras, afetam e distorcem a percepção dos consumidores de diferentes países aos mesmos estímulos oferecidos pelo ambiente de varejo tradicional ou virtual, sendo, pois, indispensável o estudo e a compreensão da realidade brasileira para que, de posse dessa, exista a possibilidade de oferecer contribuições mais objetivas e eficazes ao mercado e ao meio acadêmico.

2. O MODELO E-O-R (ESTÍMULO – ORGANISMO – RESPOSTA)

Mehrabian e Russell (1974) apresentaram um esquema teórico denominado E-O-R (estímulo, organismo e resposta), amplamente divulgado em estudos de psicologia ambiental e que foi utilizado por Eroglu *et al.* (2001) com o objetivo de apresentar as qualidades atmosféricas do varejo *on-line* que podem influenciar o comportamento do consumidor. Donovan e Rossiter (1982), uma década após Kotler (1973: 50), definem atmosfera de loja como "a organização proposital do espaço na busca de certos efeitos emocionais nos compradores que aumentem a probabilidade de compra". Os autores realizaram o que viria a ser o primeiro estudo empírico sobre os efeitos desta atmosfera nos compradores.

O modelo e-o-r considera os elementos da atmosfera como estímulos, a percepção desses pelos clientes como organismos, e o comportamento de aproximação ou afastamento como resposta. O modelo e-o-r demonstrou que os estímulos atmosféricos exerciam influenciáveis e classificáveis efeitos no comportamento dos consumidores no ambiente de loja tradicional.

A Figura 1 mostra que estímulos ambientais da atmosfera de loja, a relevância da compra para o cliente, o estado de ativação emocional, bem como as saídas de aproximação e afastamento são fatores importantes na compreensão da experiência do consumidor no varejo. Na verdade, o estado interno do indivíduo e sua ativação emocional, juntamente com o envolvimento e a responsividade à atmosfera, são variáveis mediadoras da percepção do consumidor.

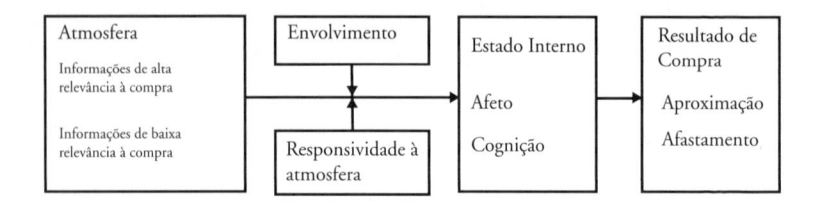

FIGURA 1: Modelo Estímulo, Organismo e Resposta (e-o-r).

Fonte: Adaptado de Eroglu et al. (2001: 179).

Na estrutura Estímulo, encontram-se as informações de alta e baixa relevância. Segundo Eroglu *et al.* (2001), as informações de alta relevância incluem todas as informações do website, em forma de texto ou figura, que facilitem ou permitam ao consumidor atingir suas metas de compra como descrição de produtos, preço, termos de venda, políticas de entrega e devolução, fotografia dos produtos e sinalização para facilitar a navegação no site. Por outro lado, as informações de baixa relevância são as que estão contidas no site para se completar a compra como, por exemplo, cores, bordas, figuras de fundo, estilo de fonte, animações, música, sons, contadores e prêmios. Essas informações de baixa relevância são, para Childers *et al.* (2001), características propostas a fim de elevar o comportamento hedônico. No organismo, segundo o modelo de Mehabian e Russel (1974), podem ser mensuradas as dimensões de Prazer, Ativação e Domínio (PAD).

3. ATMOSFERA DE VAREJO

A atmosfera de loja é reconhecidamente um aspecto importante na gestão do marketing de varejo. Os projetos destinados à elaboração do espaço interno das lojas tradicionais tendem a dedicar, intencionalmente ou não, atenção à atmosfera na qual o consumidor estará envolvido no decorrer do processo de compra. Isto engloba o espaço total e suas várias dimensões para evocar certos efeitos nos compradores (Kotler 1973), incluindo cores, aromas, luzes e sons. A atmosfera da loja influencia o comportamento de compra, em que muitos elementos que a formam podem ser gerenciados de modo adequado para atrair consumidores e produzir os efeitos desejados nestes, como a resposta de satisfação com a experiência de consumo (Solomon 2002). Turley e Milliam (2000) revisaram uma série de estudos empíricos relacionados com a atmosfera de varejo e concluíram que variáveis ambientais influenciam uma grande variedade de avaliação e comportamento dos indivíduos engajados em processos de compras.

No varejo tradicional, o tempo gasto pelo cliente dentro da loja é um fator importante para a realização da compra e para o volume (quantidade de itens adquiridos). Os esforços na intenção de manter o cliente dentro da loja devem convergir para que ele tenha uma experiência agradável nela. Assim, fatores como iluminação, cores, sons, aroma e o comportamento do pessoal de linha de frente devem ter alguma influência na qualidade percebida e na satisfação com o varejo tradicional.

O impacto da atmosfera sobre a natureza e os resultados das vendas vem sendo examinado por pesquisadores há algum tempo. Mehrabian e Russell (1974) pesquisaram a psicologia do ambiente, adaptada para o contexto do varejo por Donovan e Rossiter (1982). Estes últimos testaram o esquema Estimulo – Organismo – Resposta (E-O-R), correspondente ao inglês *Stimulus – Organism – Response (S-O-R)*, e examinaram no estágio Organismo as três dimensões de experiência emocional de Mehrabian e Russel (1974), Prazer, Ativação e Dominação (PAD) do original em inglês *Pleasure, Arousal and Dominance*. Seus achados sugerem que o estímulo do ambiente de varejo influencia o estado emocional dos consumidores, resultando em comportamento de aproximação ou afastamento perante a loja.

No intuito de verificar a influência dos múltiplos aspectos do ambiente de loja no valor percebido da mercadoria e na intenção de recompra, Baker *et al.* (2002) realizaram uma pesquisa na qual sugeriram que a influência do ambiente de loja é uma variável mediadora relevante para alguns resultados do pós-compra. No estudo em pauta, a preocupação foi com o valor percebido dos produtos e com a intenção de continuar comprando na mesma loja, como influência da atmosfera do ponto-de-venda. Anteriormente, Baker *et al.* (1992) já tinham publicado um artigo referente à tomada de decisão relacionada ao ambiente de loja.

Os primeiros esforços foram traçados através de vários estudos empíricos e teóricos. Pelo lado conceitual, Baker (1986) apresentou uma tipologia em que a atmosfera de loja tradicional pode ser definida com base em três elementos constitutivos: o ambiente, o *design* e o social. O ambiente está relacionado à percepção dos cinco sentidos. O *design,* aos aspectos racionais e emocionais, como o *layout* e as cores. Por último, o elemento social diz respeito às pessoas no ponto-de-venda, em especial a linha de frente (Bitner, 1992).

O trabalho de Bitner (1992) sobre o impacto do envolvimento físico nos elementos sociais (clientes e funcionários) apresentou um modelo conceitual centrado na atmosfera de qualidade do serviço organizacional. Ela propôs um modelo interdisciplinar baseado na extensão do paradigma E-O-R. Como Baker (1986), também se identificaram três grupos de envolvimentos ambientais, embora com singelas diferenças de catalogação. As sugestões ambientais são definidas como aquelas que afetam os cinco sentidos, sendo perceptíveis ou imperceptíveis. A segunda dimensão, decoração e funcionalidade, refere-se ao modo como estão arrumados a mobília, o maquinário e os equipamentos, bem como suas habilidades para facilitar os objetivos dos clientes. A terceira dimensão inclui sinais, símbolos e artefatos, representados todos, explicitamente ou implicitamente, por sinais que servem de comunicação com os usuários.

Estudos empíricos na área examinam sugestões atmosféricas específicas e seus efeitos na resposta dos consumidores. Alguns pesquisadores focalizaram seus estudos em música (Hui *et al.* 1997), iluminação (Golden e Zimmerman 1986), cor (Belizzi *et al.* 1983), dentre outros. De modo geral, esses estudos sugeriram que o ambiente tem um papel significante na formação do comportamento e nas respostas do cliente em compras no varejo ou no serviço. Hoffman e Turley (2002) investigaram a influência da atmosfera nos encontros de serviços relacionada a três estágios do processo de decisão de compra: pré-compra, consumo e avaliação pós-compra, com o intuito de desenvolver o conhecimento relacionado à atmosfera no setor de serviços.

4. O VAREJO ELETRÔNICO *ON-LINE* (*E-TAILING*)

A internet está cada vez mais presente na vida dos consumidores, prestando serviços, divulgando produtos, fornecendo informações, oferecendo entretenimento e atuando como meio de compras. A tecnologia está proporcionando novos tipos de relação entre empresas e consumidores *on-line*. Entre as diversas mudanças, destaca-se a consolidação do conteúdo experiencial, em que ocorre a possibilidade real de interação do consumidor com um produto ou serviço.

O comércio *on-line* tem demonstrado maior relevância em termos de crescimento e aceitação por consumidores e empresas do que as outras formas predominantes de varejo eletrônico, como a televisão e o CD-ROM (Kalakota e Whinston, 1997). A categoria mais popular de varejo eletrônico é a baseada na internet e, mais especificamente, no sistema de armazenamento de informação multimídia, a *World Wide Web*. Com o alto desempenho das vendas via web, os varejistas a consideram um bom meio de fazer negócios devido ao seu amplo alcance, tanto doméstico como internacional, baixo custo, inovação constante, captura de pedidos e facilidades no *feedback* dos clientes e, o mais importante, sua habilidade de oferecer apresentações virtuais por vezes "convincentes".

Analisando o sucesso desta forma de varejo, Berthon *et al.* (1996) comparam o *e-tailing* como um misto entre comércio eletrônico e uma feira livre. Estes autores descrevem a web como uma gigante sala internacional de exibição, onde potenciais compradores podem encontrar o que procuram, passiva ou vigorosamente, interagindo com outros indivíduos e exibindo a informalidade casual de uma feira de rua.

A internet possui características únicas para o comércio. Uma delas refere-se ao conteúdo experiencial, em que os clientes podem vivenciar a ideia de ser proprietário de um produto, serviço ou marca (Cartellieri *et al.* 2002). As próprias características do consumidor que utiliza a internet impulsionam o comércio eletrônico: muitos não gostam de sair de casa, desejam conveniência e têm cada vez menos tempo livre.

O tempo poupado é um dos principais fatores que os consumidores valorizam, e esta é uma das promessas do comércio eletrônico, inclusive porque o tempo de compra investido deve ser prazeroso, e o processo deve proporcionar satisfação ao usuário. Assim, será que a atmosfera de loja que se propõe a oferecer experiências semelhantes ao varejo tradicional é uma ferramenta relevante no varejo *on-line*?

Vislumbrando o recente e explosivo crescimento do *e-tailing*, alguns pesquisadores já têm demonstrado seus interesses por mais pesquisas sistêmicas utilizando teorias estabelecidas do comportamento do varejista e do consumidor (por exemplo, Eroglu *et al.* 2001). Considerando o significante impacto da atmosfera de loja nas atividades e resultados dos compradores no varejo tradicional, qual é o papel de tais envolvimentos atmosféricos no contexto do varejo virtual? Quais envolvimentos os indivíduos atendem quando compram no *e-tailing*? Os princípios das lojas de varejo tradicional são aplicáveis às experiências com varejo eletrônico? Qual o impacto do envolvimento da atmosfera virtual no estado emocional e nos resultados dos consumidores, tais como satisfação com atitudes voltadas para o produto, loja e meio de compra?

Estes são alguns questionamentos que reforçam as possibilidades e necessidades de estudos acadêmicos que proporcionem um melhor entendimento sobre este meio de comercialização de produtos e serviços.

5. HIPÓTESE DE PESQUISA

A proposta deste artigo é a de testar empiricamente o modelo E-O-R na realidade brasileira, a partir da adaptação do estudo de Eroglu *et al.* (2003), utilizando a estrutura de estímulo-organismo-resposta, apresentada na Figura 2 a seguir e que será utilizada nesta pesquisa.

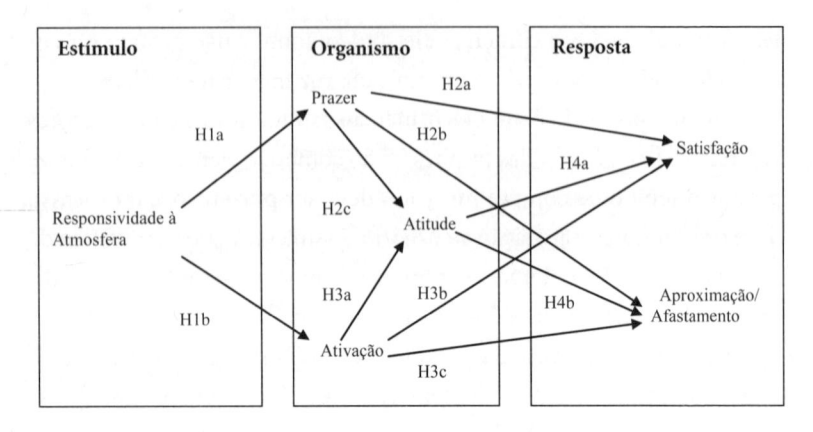

FIGURA 2: O Modelo E-O-R empiricamente operacionalizado
Fonte: Adaptado de Eroglu (2003: 143).

Vale destacar que Machleit e Eroglu (2000) descreveram e mensuraram a resposta emocional na experiência de compra, reforçando a existência e a relevância das emoções no consumo. Estas autoras relembram que a primeira resposta para qualquer nível do ambiente é emocional. Uma experiência de compra é a situação na qual os indivíduos estão mais sujeitos a ter respostas emocionais. No varejo, os elementos do ambiente são estruturados de modo a oferecer aos consumidores uma experiência de compra satisfatória e projetar uma imagem de loja favorável. Isto reforça a estrutura de relações apresentada na Figura 2 para revelar as hipóteses da pesquisa.

Com base na Figura 2 adaptada da pesquisa de Eroglu *et al.* (2003), as seguintes hipóteses são apresentadas:

H1a: A responsividade ao ambiente de varejo virtual pelos compradores irá afetar a estrutura do organismo em termos de prazer.

H1b: A responsividade ao ambiente de varejo virtual pelos compradores irá afetar a estrutura do organismo em termos de ativação.

H2a: O prazer está positivamente relacionado à resposta de satisfação com o ambiente de loja virtual.

H2b: O prazer está positivamente relacionado ao comportamento de aproximação.

H2c: O prazer está positivamente relacionado à atitude.

H3a: A ativação está relacionada positivamente com a atitude.

H3b: A ativação está relacionada positivamente com a saída de satisfação.

H3c: A ativação está relacionada positivamente com o comportamento de aproximação e a atitude.

H4a: A atitude está positivamente relacionada à satisfação.

H4b: A atitude está positivamente relacionada ao comportamento de aproximação.

Considerando o fato de não ter sido realizado um experimento, a exemplo da pesquisa de Eroglu *et al.* (2003), nem determinado que tipo de site a compra deveria ter sido feita, os autores optaram por não mensurar a dimensão da atmosfera, o que é uma limitação. No entanto, as questões apresentadas no instrumento de coleta de dados, comentada nos procedimentos metodológicos, lidam explicitamente com a responsividade ao ambiente de compra virtual. Assim, esperava-se que os respondentes, ao preencherem o questionário, tivessem em mente a atmosfera da loja virtual. Ademais, o efeito da atmosfera de loja já foi comprovado em pesquisas anteriores, conforme apresentado na parte teórica deste artigo. Ou seja, a teoria apoia esta suposição em ambientes reais. Desse modo, mensurou-se a responsividade à atmosfera de loja virtual, considerada como a dimensão de "estímulo" no modelo em pauta.

A dimensão "dominância" não foi incluída na figura, pois se encontrou indicação teórica que levou a tal decisão. No entanto, conforme apresentado no próximo tópico, os autores deste artigo optaram por mensurar o referido construto, na expectativa de encontrar resultados diferentes do estudo original de Eroglu *et al.* (2003). Ressalta-se que esta pesquisa é uma replicação da pesquisa de Eroglu *et al.* (2003) com algumas adaptações.

6. Procedimentos metodológicos

Para Churchill (1979), o progresso no desenvolvimento do marketing como uma ciência, certamente, é dependente das medidas desenvolvidas para se estimar as variáveis de interesse aos teóricos e práticos. Este artigo se propõe a identificar a percepção dos consumidores brasileiros, aos estímulos fornecidos através do ambiente de varejo eletrônico. A pesquisa tem caráter descritivo, de corte transversal (Churchill 1979; Malhotra 2001; Aaker *et al.* 2001).

A verificação da relação entre as variáveis pertinentes ao presente estudo foi efetivada por intermédio de uma *survey*. A mensuração dos construtos utilizados teve por base as escalas utilizadas por Eroglu *et al.* (2003), tendo sido feita a tradução reversa dos itens *(back translation)*. Desse modo, a descrição das mensurações está contida nos parágrafos seguintes.

Os itens relacionados ao construto PAD (Mehrabian e Russell 1974) foram mensurados através de uma escala de diferencial semântico com sete pontos, totalizando nove itens, distribuídos da seguinte forma: o prazer foi mensurado através dos itens "feliz/triste, a compra foi prazerosa/a compra não foi prazerosa e contente/melancólico". A ativação foi mensurada através dos itens "estimulado/relaxado, excitado/calmo e atencioso/desatencioso". A dominância foi mensurada através dos itens "controlando/controlado, influenciando/influenciado e ativo/passivo". A responsividade à atmosfera de loja virtual foi mensurada através de escala no formato Likert com quatro itens e sete pontos: "Quando fiz compras, prestei atenção ao ambiente de loja", "Fatores como música, cores e figuras interferiram na hora de decidir em que loja iria comprar", "Eu tomei decisões de compra baseadas na aparência da loja", e "O *design* da loja teve influência na minha decisão de compra" (Eroglu *et al.* 2003), considerados como estímulos ambientais.

A satisfação foi mensurada através de escala no formato Likert, com sete pontos, pelos itens "Eu gostei de visitar este site", "Eu fiquei satisfeito(a) com minha experiência no site", "Tendo oportunidade, eu provavelmente voltarei ao site" e "Eu recomendaria o site a outras pessoas" (Eroglu *et al.* 2003; Oliver 1997).

O comportamento de aproximação/afastamento foi mensurado através da escala de diferencial semântico com sete pontos, pelos itens "Quanto tempo você gastaria neste website em uma próxima compra? Gastaria muito tempo/gastaria pouco tempo", "Uma vez no site da loja, o quanto gostou de navegar nele? Gostei de navegar/não gostei de navegar", "Quanto você se sentiu próximo(a) ou distante da loja enquanto fazia compras *on-line*? Próximo/distante" e "O quanto você explorou ou gostaria de explorar os diversos ambientes do site? Muito/pouco". A atitude foi operacionalizada através da escala de diferencial semântico com sete pontos, pelos itens "favorável/desfavorável, gostei/não gostei, positivo/negativo, e bom/ruim" (Eroglu *et al.* 2003).

O pré-teste do questionário foi realizado durante o mês de fevereiro de 2004, junto a uma amostra não probabilística de 20 respondentes com faixa etária acima de 18 anos, sendo 10 do sexo masculino e 10 do sexo feminino, variando entre possuidores do segundo grau completo até pós-graduados. O objetivo foi identificar e eliminar problemas potenciais de entendimento das escalas, analisando-se o conteúdo das perguntas, o enunciado, a sequência, o formato e o *layout*, dificuldades e instruções (Malhotra 2001). A amostra para a *survey* também foi de caráter não-probabilístico, totalizando 178 respondentes adultos de ambos os gêneros, os quais já deveriam ter realizado compras via internet nos últimos seis meses.

Para a coleta de dados, foi utilizado questionário estruturado, elaborado a partir das escalas anteriormente comentadas, tendo sido aplicado pelos autores de duas formas: presencial e virtual. A forma virtual foi dividida entre questionários enviados por *e-mail* e *links* em website que apontavam para uma versão *on-line* do questionário, desenvolvida em linguagem HTML (*Hyper Text Markup Language*), a qual processava os dados com base na tecnologia PHP (*Hypertext Preprocessor*) e os armazenava em um banco de dados, com suporte na linguagem MySQL (*Structured Query Language*). A decisão de utilizar as duas formas de coleta de dados deveu-se às críticas referentes à internet como um meio confiável para tal fim. Assim, 60 questionários foram aplicados por meio de entrevistas pessoais. Comparando-se os questionários respondidos por meio da internet com os respondidos por meio de entrevistas pessoais, não se percebeu diferenças nos padrões de respostas.

Após a etapa de coleta, os dados foram tratados e armazenados em um banco de dados, do *software* estatístico para as ciências sociais SPSS® (*Statistical Package for Social Sciences*), versão 11.0 (SPSS 1998), para realização das análises estatísticas. Como complementação das análises dos dados também foi utilizado o *software* estatístico *Amos Graphics 3.6*®. Na confirmação das hipóteses propostas, utilizou-se a técnica estatística da Modelagem de Equações Estruturais (*Structural Equations Modeling* – SEM) que, segundo Klem (1995), pode ser vista como uma extensão da regressão múltipla, se for considerado que na aplicação da regressão o pesquisador está interessado em prever uma única variável dependente, enquanto na SEM há mais de uma variável dependente.

Para Farias (1998), a preocupação nesta técnica é com a ordem das variáveis. Na regressão "X causa Y"; na SEM "X causa Y e Y causa Z". Uma das características básicas da SEM é que se pode testar uma teoria de ordem causal entre um conjunto de variáveis. Esta técnica oferece ao pesquisador a possibilidade de investigar quão bem as variáveis preditoras (*predictors*) explicam a variável dependente (*criterion*) e, também, qual das variáveis preditoras é a mais importante. Isto também pode ocorrer com o uso da regressão, embora deve ser lembrado que, aqui, se pode ter mais de uma variável dependente (Maruyama 1998: 21).

Para validação do questionário e mensuração da consistência da escala de envolvimento e fatores encontrados, foi utilizado o coeficiente Alfa de Cronbach (Cronbach 1951; Malhotra 2001).

7. APRESENTAÇÃO E DISCUSSÃO DOS RESULTADOS

Na análise descritiva dos dados obtidos por intermédio dos questionários, fez-se uso das médias e da distribuição de frequência das variáveis objetivando um conhecimento preliminar do banco de dados, bem como para verificar possíveis erros de digitação na entrada dos dados (Churchill 1979; Hair *et al.* 1998; Norusis 2002). O perfil geral dos respondentes caracteriza-se em sua maioria por homens (53,4%), com curso superior incompleto (47,8%), idade entre 18 e 36 anos (74,7%) e tempo de uso da internet acima de dois anos (70,8%).

A confiabilidade das escalas, conforme enfatizado no tópico anterior, foi mensurada com o Alfa de Cronbach, que segundo Iacobucci e Duhacheck (2003) é um índice extremamente importante na pesquisa do comportamento do consumidor. Para estes autores, o índice Alfa deve ser no mínimo 0,7. Os índices encontrados foram: Responsividade à atmosfera (ATMO) 0,76; Prazer (PRAZ) 0,88; Ativação (ATIV) 0,74; Dominância (DOM) 0,60 (tendo sido desconsiderado das análises devido ao baixo valor do Alfa); Atitude (ATD) 0,87; Satisfação (SAT) 0,80; e, Aproximação/Afastamento (APAF) 0,81. Ou seja, todas as escalas com as dimensões consideradas para a modelagem de equações estruturais ficaram acima de 0,7. Indo ao encontro do estudo de Eroglu *et al.* (2003), o construto dominância também não apresentou consistência estatística nas análises aqui realizadas.

Ressalta-se que a média dos itens que mensuraram o prazer foi alta (5,4), indicando que os respondentes perceberam prazer com o ambiente, também a média da satisfação (5,5) revelou satisfação com o ambiente, e da aproximação/afastamento (5,8) indicou tendência a um comportamento de aproximação com a loja virtual. Também se teve o cuidado de verificar a normalidade e linearidade dos dados antes de proceder às análises de caminhos.

A Figura 3 apresenta o modelo utilizado para análise das relações hipotetizadas neste estudo. Utilizou-se o programa estatístico *Amos Graphics 3.6*® para a realização das análises, conforme já mencionado.

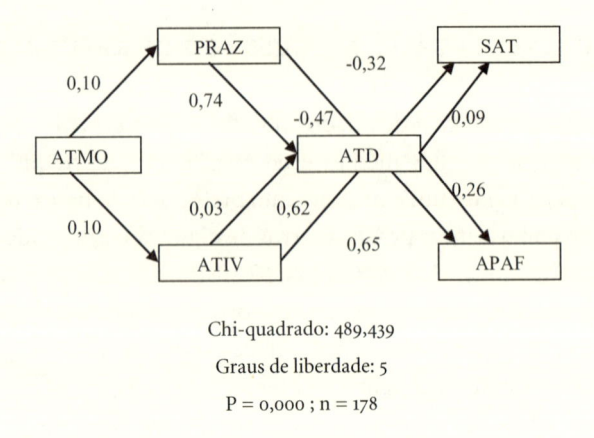

Chi-quadrado: 489,439

Graus de liberdade: 5

P = 0,000 ; n = 178

FIGURA 3: Modelagem de equação estrutural com estimadores

Os coeficientes apresentados são padronizados e todas as relações foram significativas. A decisão foi de usar escalas somadas, seguindo os procedimentos das análises do estudo original; outras formas poderiam ter sido utilizadas, como por exemplo, um modelo híbrido. As medidas de validade e confiabilidade utilizadas atendem, de modo geral, o que se espera em uma publicação na área de marketing e também refletem os índices do artigo utilizado para replicação.

O modelo foi constituído de 12 variáveis, considerando os erros não apresentados na figura, tendo sido estimados 16 parâmetros. Os índices de ajustamento do modelo foram: RMR (0,343); GFI (0,659); AGFI (-0,430); RMSEA (0,740); CFI (0,308); e RFI (-1,052). De modo geral, os índices podem ser considerados aceitáveis com cautela, para o calibre do modelo com os caminhos utilizados, com exceção do AGFI (que idealmente deveria ser superior a 0,8) e o RMSEA (que se apresenta alto). Os autores têm consciência das limitações das análises com estes índices, que não são os ideais para um perfeito ajuste do modelo. Ou seja, o fato de utilizar a responsividade ao ambiente, em vez da reação ao ambiente propriamente dito, pode ter afetado o ajuste do modelo. Cada dimensão é representada pela soma da respectiva escala (resultante da análise fatorial confirmatória).

As análises fatoriais realizadas nas dimensões apresentaram resultados adequados em termos de cargas acima de 0,5, teste de esfericidade de Bartlett, porcentagem da variância explicada e KMO, de acordo com o recomendado por Hair *et al.* (1998).

A leitura da Figura 3 permite destacar o forte impacto do Prazer na atitude (0,74) e da Ativação no comportamento de Aproximação/Afastamento (0,65) e na Satisfação (0,62). Ou seja, a compra com a presença de prazer influencia a atitude positiva para com a loja virtual, bem como a ativação influencia o comportamento de aproximação com a loja e a satisfação com o site. Chamou a atenção o impacto negativo do prazer na satisfação (-0,32) e na Aproximação/Afastamento (-0,47). Aparentemente o prazer resultante da responsividade atmosférica diminui as respostas ao ambiente (satisfação e aproximação/afastamento). Não há suporte teórico para tal resultado. Existe necessidade de investigar em estudos futuros o comportamento desta dimensão no ambiente de compra na internet, bem como a influência nas dimensões comentadas. Mesmo com todos os cuidados necessários à condução de um estudo de natureza científica, foi curioso encontrar esta relação. No estudo de Eroglu *et al.* (2003), estes índices foram de 0,37 para a relação PRAZ-SAT, e de 0,44 para o PRAZ-APAF. A amostra do referido estudo foi composta por 328 respondentes que receberam estímulo para participar de um experimento, enquanto a utilizada nesta pesquisa foi composta por 178 respondentes, com participação voluntária. Isto também pode ter influência nos resultados.

A responsividade à atmosfera de loja teve impacto de 0,10 no prazer e na ativação. Talvez isto seja um indicador de que as empresas ainda não atentaram para o potencial de explorar o ambiente de loja virtual como um importante estímulo aos seus clientes. Outra possibilidade é que o ambiente de loja virtual não levou os consumidores a um processo de telepresença (Shih, 1998a), esperado neste meio de compra, por ser algo ainda recente, e o processo de aprendizado de compra em lojas virtuais está em seu processo introdutório. Ou seja, a relação entre os construtos não foi muito forte.

Para Shih (1998b: 658), quando os consumidores estão na Internet percebem a presença de dois espaços distintos e simultâneos que são apresentados pelo computador e pelo espaço físico onde estão localizados. O termo telepresença pode ser utilizado para descrever a extensão pela qual os consumidores sentem a existência deles próprios no espaço virtual. O ambiente alternativo no qual eles podem se imaginar é gerado por computadores, onde o tempo e o espaço são agregados e possuem um significado real.

Com base nos resultados da análise de equação estrutural, as hipóteses são agora comentadas: as hipótese 1a e 1b encontram apoio, pois se verificou que a responsividade atmosférica influencia o prazer e a ativação. As hipóteses 2a, 2b e 2c não foram suportadas nesta pesquisa. Os autores acreditam que pode ter existido problemas devido à inclusão de uma dimensão diferente da proposta original, ou então, há um nível de prazer que pode ser considerado "danoso" à satisfação e à aproximação, no sentido de desviar a atenção do consumidor destas dimensões, por estar envolvido no sentimento de prazer com a compra, ainda não comprovado empiricamente, nem suportado teoricamente até o momento. As hipóteses 3a, 3b e 3c foram suportadas, e as relações são fortes. As hipóteses 4a e 4b foram suportadas, embora os índices não tenham sido muito fortes.

Ou seja, percebe-se que as dimensões de prazer e ativação são de extrema relevância na estruturação da atmosfera de loja virtual, considerando o impacto na cognição, ação e satisfação do consumidor. Pode-se afirmar com base nos resultados aqui encontrados que o ambiente de loja virtual também influencia o comportamento do consumidor, a exemplo do que ocorre no varejo tradicional. No entanto, faz-se necessária a realização de outros estudos para que esta afirmativa seja consolidada na teoria do marketing de varejo. Deve ficar claro para o leitor que o modelo de equações estruturais aqui utilizado não se apresentou totalmente adequado, o que não inviabiliza as análises, apenas requer um maior cuidado na interpretação das conclusões, pois a revisão teórica revelou que há respaldo para a maioria das hipóteses investigadas, o que é um ponto relevante no uso desta técnica.

8. CONCLUSÃO

A principal conclusão desta pesquisa é que a atmosfera de loja virtual pode influenciar diferentes aspectos envolvidos na compra *on-line*. No caso específico deste artigo, investigou-se as dimensões apresentadas no modelo estímulo-organismo-resposta, ou seja, prazer, ativação, atitude, satisfação e comportamento de aproximação/afastamento em compras realizadas no *e-tailing*, no Brasil.

A despeito do grande número de publicações nas áreas do marketing e comportamento do consumidor relacionados à internet, o tópico aqui abordado é bastante recente e merece mais esforços de pesquisa por parte dos interessados no tema. O ambiente de *e-taling* começou a ser explorado na academia aproximadamente no final dos anos 1990, e a produção científica sobre esta área ainda não permite chegar-se a conclusões definitivas.

Um aspecto não explorado neste artigo foi a telepresença, um conceito importante na área de atmosfera de loja virtual, relacionada à experiência de compra. A questão que surge, e que pode gerar interessantes estudos, é como trabalhar o ambiente de loja virtual com todos os componentes possíveis, que estimulem de forma balanceada os sentidos dos consumidores, considerando as variáveis da atmosfera de loja, de modo que estes indivíduos se transportem do ambiente real para o virtual, no momento da compra. Isto possibilitaria às empresas influenciarem o comportamento de compra em ambientes virtuais à semelhança do que ocorre em ambientes de lojas reais.

As principais limitações estão relacionadas primeiramente ao tipo de amostra utilizada, que foi não probabilística. Assim, os resultados não podem ser generalizados para a população. Outro aspecto a ser destacado são os índices de ajustamento do modelo de equações estruturais, que não podem ser considerados ideais para uma pesquisa que se proponha a ser conclusiva, o que não é o caso deste estudo, que é descritivo de uma realidade pontual.

O estudo original foi um experimento, e aqui se considerou um *survey*, o que pode ter influenciado o padrão de repostas. Também foi mensurada a responsividade à atmosfera e não a atmosfera em si. Talvez, investigações futuras, que façam uso de amostras maiores e diversificadas, controlando o tipo de varejo, tempo de experiência com a web, envolvimento, dentre outras variáveis, certamente levarão a resultados diferentes aos aqui encontrados e poderão contribuir para o avanço do conhecimento na área.

As implicações acadêmicas são muitas, embora os autores destaquem a relevância de investigar-se a atmosfera de loja virtual, levando em conta o crescimento do *e-tailing* no Brasil e no mundo. Acreditar que os consumidores buscam somente conveniência na compra *online* é muita ingenuidade. Os produtos são praticamente iguais em todas as lojas. Assim, a busca por meios de diferenciação torna-se uma forma de galgar vantagens competitivas e influenciar o consumidor no momento da compra. A atmosfera do *e-tailing* pode ser um caminho nesta perspectiva.

Referências

AAKER, D. A.; KUMAR, V; Day, G. S. *Pesquisa de marketing*. São Paulo: Atlas, 2001.

BAKER, J. (1986). "The role of environment in marketing services: the consumer perspective", in CZPEIL J.A., CONGRAM C., SHANAHAM J. (eds.). *The Services Marketing Challenge: Integrated for Competitive Advantage*. Chicago: American Marketing Association. p. 79-84.

BAKER, J.; LEVY, M; GREWAL, D. "An experimental approach to making retail store environmental decisions", in *Journal of Retailing,* 68: 445-60, inverno, 1992.

BAKER, J.; PARASURAMAN, A.; GREWAL, D.; Vloss, G. B. "The influence of multiple store environment cues on perceived merchandise value and patronage intentions", in *Journal of Marketing,* vol. 66, (abr.), 2002.

BELIZZI, J. A., Crowley, A. E.; HASTY, R. W. "The effects of color in store design", in *Journal of Retailing,* 59: 21-45, 1983.

BERTHON P.; PITT, L.; WATSON, R. "The world wide web as an advertising medium: toward an understanding of conversion efficiency", in *Journal of Advertising Research,* (jan/fev.) 36: 43-54, 1996.

BITNER, Mary Jo (1992) "Servicescapes: the impact of physical surroundings on customers and employees", in *Journal of Marketing,* (abr.) 56: 57-71, 1992.

CARTELLIERI, Caroline *et al.* "O verdadeiro impacto da propaganda na Internet". In:____ . *Marketing na Internet,* 1ª ed. Porto Alegre, cap. 17, p. 248-261, 2002.

CHILDERS, T. L., CARR, C. L., PECK, J.; CARSON, S. "Hedonic and utilitarian motivations for online retail shopping behavior", in *Journal of Retailing,* 77, 511-35, 2001.

CHURCHILL, G. A. "A paradigm to develop better measures of marketing constructs", in *Journal of Marketing Research,* 14,1, 64-73, 1979.

CRONBACH, Lee J. "Coefficient alpha and the internal structure of tests", in *Psychometrika.* vol. 16, nº 3, p. 297-334, (set.)., 1951.

D'ANGELO, André; ESPINOZA, Francine; LIBERALI NETO, Guilherme. "A influência do ambiente de varejo sobre os consumidores", in *Anais do ENANPAD 2003,* CD-ROM, Campinas, SP, 2003.

DONOVAN, Robert J.; ROSSITER, John R. "Store atmosphere: an environmental psychology approach", in *Journal of Retailing.* vol. 58, nº 1, primavera, 1982.

EROGLU, Sevgin A.; MACHLEIT, Karen A. "An empirical study of retail crowding; antecedents and consequences", in *Journal of Retailing,* vol. 66, nº 2, verão, 1990,

_____.; DAVIS, Lenita M. "Atmospherics qualities of online retailing: a conceptual model and implications", in *Journal of Business Research,* 54, p. 177-84, 2001.

_____. "Empirical testing of a model of online store atmospherics and shopper response", in *Psychology & Marketing*, vol. 20, nº 2, (fev.), 2003.

FARIAS, Salomão A. "Avaliação simultânea dos determinantes da satisfação do consumidor: um estudo no segmento da terceira idade". Tese de Doutorado. FEA/USP, São Paulo, 1998.

GOLDEN, L. G.; ZIMMERMAN, D. A. *Effective Retailing*. Boston: Houghton Mifflin, 1986.

HAIR Jr., J. F. *et al. Multivariate data analysis*, 5ª ed. Englewood Cliffs, NJ: Prentice-Hall, 1998.

HOFFMAN, K. Douglas; TURLEY, L. W. "Atmospherics, Service encounters and Consumer Decision Making: an integrative perspective", in *Journal of Marketing Theory and Practice*. vol. 10, nº 3, verão, 2002.

HUI, Michael K.; DUBE, Laurette; CHEBAT, Jean-Charles. "The impact of music on consumers' reactions to waiting for services", in *Journal of Retailing*, 73, 87-104, 1997.

IACOBUCCI, Dawn; DUHACHECK, Adam. "Advancing Alpha: measuring reliability with confidence", in *Journal of Consumer Psychology*. vol. 13 (4), 2003.

KALAKOTA, R.; WHINSTON, A. B. *Electronic Commerce: a Manager's Guide*. Reading, MA: Addison-Wesley, 1997.

KLEM, L. "Path analysis", in Grimm, L. G.; Yarnold, P. R. *Reading and understanding multivariate statistics*. Washington, DC: American Psychological Association, 1995.

KOTLER, P. "Atmospheric as a marketing tool", in *Journal of Retailing*, 49, 48-64, 1973.

MACHLEIT; Karen A.; EROGLU, Sevgin A. "Describing and measuring emotional response to shopping experience", in *Journal of Business Research*, 49 (101-11), 2000.

MALHOTRA, Naresh K. Pesquisa de Marketing: uma orientação aplicada. Porto Alegre: Bookman, 2001.

MARUYAMA, G. M. *Basics of structural equation modeling*. Londres: Sage Publications, 1998.

MEHRABIAN, A.; RUSSELL, J. *An Approach to Environmental Psychology*. Cambridge, MA: MIT Press, 1974.

NORUSIS, Marija J. *SPSS 11.0 Guide to Data Analysis.* Nova Jersey: Prentice Hall, 2002.

OLIVER, Richard L. *Satisfaction: a behavioral approach.* Nova York, 1997

RUSSELL, James A.; MEHRABIAN, Albert. "Environmental variables in consumer research", in *Journal of Consumer Research.* vol. 3, (jun.), 1976.

SHERMAN, E.; MATHUR, A.; SMITH, R. B. "Store environment and consumer purchase behavior: mediating role of consumer emotions", in *Psychology & Marketing*, 14: 361-78, (jul.), 1997.

SHIH, Chuang-Fong (Eric). "Telepresence and bricolage: a conceptual model of consumer experiences in virtual environments", in CAMPBELL, M.C., Machleit K.A., (eds.) *Winter Society for Consumer sychology Conference Proceedings*, p. 231, 1998a.

SHIH, Chuang-Fong (Eric). "Conceptualizing consumer experiences in cyberspace", in *European Journal of Marketing.* vol. 32, nº 7/8, p. 655-63, 1998b.

SOLOMON, Michael. *Comportamento do consumidor.* São Paulo: Bookman, 2002.

SPSS. *SPSS base 8.0 user's guide.* "Chicago: SPSS Inc. to waiting for services", in *Journal of Retailing* (inverno); 73: 87-104, 1998.

TURLEY, L. W.; MILLIAM, Ronald E. "Atmospherics effects on shopping behavior: a review of the experimental evidence", in *Journal of Business Research*, 49 (193-211), 2000.

Telefone móvel e marcas de luxo
uma nova estratégia, uma nova comunicação

Ani Mari Hartz Born[*]

*   Graduada em Publicidade e Propaganda (Unisinos), Doutoranda em Ciências da Comunicação (Unisinos), Professora do Programa de Graduação em Administração de Empresas, Publicidade e Propaganda e Design (ESPM/RS).

1. Introdução

E stamos vivendo num mundo pós-moderno. Um mundo que, para o sociólogo francês Maffesoli (2005), valoriza o *homo estheticus*, ou seja, uma época de prazer e não mais de sacrifício, uma época de consumição e não mais de consumação, uma época de potência e não mais de poder, enfim, uma época de pós-modernidade e não mais de modernidade. Estamos vivendo "[...] um mundo de imagens, de celebridades, de culto da aparência e de busca da visibilidade [...]" (Silva 2006: 8), e a moda é o meio e caminho.

Mostrar a relação entre moda e telefonia móvel, identificar uma estratégia atual das fabricantes de telefonia móvel e, baseada na estratégia adotada, analisar a modificação no padrão de sua comunicação mercadológica através da ferramenta propaganda são os objetivos gerais desse artigo. O objetivo específico é exemplificar essa modificação através de anúncios em revistas impressas do aparelho celular LG Prada.

Para alcançar os objetivos propostos, foram adotadas três estratégias metodológicas: a pesquisa bibliográfica para fundamentação teórica, destacando as categorias moda, telefone móvel, marca e propaganda;

a análise documental para seleção do *corpus*; e a semiologia de Barthes (1997) para análise das peças publicitárias selecionadas.

2. REFERENCIAL TEÓRICO

Moda

Para Lipovetsky (1989: 62), "[...] a moda é uma prática dos prazeres, é prazer de agradar, de surpreender, de ofuscar".

Desde o final da Idade Média, a moda sempre esteve fortemente vinculada ao vestuário e também associada à mulher. Conforme demonstra Wilson (1990 apud Barnard 2003: 44), "A moda é, certa ou erradamente, associada em primeiro lugar à mulher".

Nessa mesma linha de pensamento, Codato e Lopes (2005: 212) também afirmam que:

> As vestimentas sempre refletem a maneira de pensar de uma época [...] o corpo feminino passa a ser palco das transformações sociais e históricas e modificar determinada prática, originando outra forma de linguagem. Novos olhares lhe são atribuídos e, consequentemente, passamos a entendê-lo de outra(s) forma(s), sob outras relações discursivas.

Com o passar do tempo, a moda estendeu-se aos objetos decorativos, às obras culturais, perpassando pelos mobiliários e hoje chegando ao telefone móvel.

Barnard (2003: 94) ainda afirma que "Indumentária e moda são frequentemente usadas para indicar importância ou status, e as pessoas emitem comumente julgamentos a respeito da importância e do status das outras com base no que estão vestindo". Acredita-se que atualmente não só o vestuário sinaliza status e permite pré-julgamentos, como também os automóveis, os imóveis, entre outros, com destaque para o telefone móvel.

Telefone móvel

Na década de 1960, o telefone móvel era possível somente na ficção. Mas em 1983, ele tornou-se realidade. Podia-se comprar o aparelho chamado Motorola DynaTAC 8000X, tecnologia analógica, pelo valor de 3.995 dólares.

Os anos foram passando, a tecnologia evoluindo, e os preços tornando-se mais acessíveis. Em 1998, o aparelho Nokia 6120, já digital, foi sucesso de vendas no Brasil com um preço médio em torno de 210 dólares. Nesse ano, já existiam 309,4 milhões de assinantes do sistema móvel no mundo (Rydlewski 2007).

No Brasil, em agosto de 2007, os telefones móveis atingiram os 110,9 milhões de aparelhos, tornando, assim, o sexto maior mercado de telefones móveis do mundo, perdendo apenas para a China, os Estados Unidos, a Rússia, a Índia e o Japão (Agência Nacional de Telecomunicações 2007).

O setor de telefonia móvel é formado pelas operadoras e pelas fabricantes. No Brasil, entre as operadoras têm-se, em ordem de participação de mercado, a Vivo, a TIM (Telecom Itália Móbile), a Claro Digital, a Oi, a Telemig Celular/Amazônia Celular, a Brasil Telecom GSM, a CTBC Telecom Celular e a Sercomtel Celular (Agência Nacional de Telecomunicações 2007). Entre as fabricantes de aparelhos celulares comercializados no Brasil, destacam-se a filandesa Nokia, a americana Motorola, a brasileira Gradiente e as sul-coreanas Samsung e LG. Em 2004, o investimento em mídia dessas empresas girou em torno de 700 milhões de reais (Gonçalo Junior 2004).

Marca

Para a American Marketing Association (2007), a marca é apenas um nome, termo, símbolo, que identifica e diferencia os produtos. Nessa mesma linha de pensamento, tem-se o americano Aaker (1998: 7) que conceitua marca como "Um nome diferenciado e/ou símbolo (tal como um logotipo, a marca registrada, o desenho ou a embalagem) destinado a identificar bens ou serviços de um vendedor, ou de um grupo de vendedores e a diferenciar esses bens e serviços daqueles dos concorrentes".

Já Perez (2004: 10) aborda a marca como "[...] uma conexão simbólica e afetiva estabelecida entre uma organização, sua oferta material, intangível e aspiracional e as pessoas para as quais se destina".

A autora exemplifica esse conceito de marca através de um produto considerado de luxo: o espumante Möet & Chandon, afirmando que consumir Möet & Chandon é uma experiência ritualística e altamente sedutora e representa muito mais do que simplesmente saciar a sede (Perez 2004).

A marca é muito mais do que um produto, ela é composta por uma mistura de elementos racionais e tangíveis, como produto, nome, logotipo, forma, *design*, embalagem, rótulo, cor, *slogan*, preço, qualidade, distribuição e elementos emocionais e intangíveis, como imagens mentais, sensações, associações e símbolos. Martins (1999) afirma que é a emoção que faz que as pessoas paguem cinco vezes mais por uma camiseta branca da marca de luxo Calvin Klein do que por um produto da mesma qualidade, porém sem marca.

Estratégias de marca

Após a elaboração de um produto, as empresas normalmente respondem a uma pergunta: dotar ou não o produto com nome de marca? Se a resposta for positiva, existem algumas estratégias.

Kotler e Keller (2006) apresentam algumas alternativas, tais como nomes individuais, nomes de família abrangentes, nomes separados para todos os produtos, nome comercial da empresa combinado com diferentes nomes de produtos, marca combinada e marca ingrediente. Dessas estratégias citadas, as que requerem exploração para melhor compreensão é a marca combinada e a marca ingrediente.

Marcas combinadas, também chamadas de marcas duplas ou *co-branding* que, de acordo com Kotler e Keller (2006: 383), são "[...] duas ou mais marcas conhecidas [...] combinadas em uma única oferta". Essa combinação pode ser realizada de várias maneiras. Entre elas, duas marcas da mesma empresa, marca combinada com múltiplos patrocinadores, marca combinada em uma *joint venture*, marca combinada no varejo.

Kotler e Keller (2006) ressaltam que a estratégia de marca combinada resulta em vantagens e desvantagens. Entre as vantagens, tem-se a geração de mais vendas no mercado-alvo existente e redução do custo de lançamento do produto. Entre as desvantagens, têm-se os riscos e a perda de controle, resultantes de estar associado à outra marca na mente dos consumidores e falta de foco nas marcas existentes.

Já a marca ingrediente não deixa de ser uma combinação de marcas, porém de maneira diferenciada. A adoção dessa estratégia implica em materiais, componentes que entram no processo final de outra marca. Por exemplo, a Intel utiliza o selo "Intel inside" nos computadores da marca Dell.

Tavares (1998), doutor em administração pela Universidade de São Paulo, com leituras de Kotler e Keller também traz algumas alternativas de adoção de marcas, considerando ainda a possibilidade de adoção de marca do distribuidor, mais conhecida como "marca própria".

As alternativas que Tavares (1998) apresenta para a empresa seguem a mesma linha de pensamento de Kotler e Keller (2006), porém com nominações diferenciadas: marca nominal individual, marca nominal de família para todos os produtos, marca nominal para cada linha de produtos, marca de família combinada com a marca individual do produto.

Tavares (1998) ainda apresenta as estratégias alternativas para marcas múltiplas, entre elas as marcas compartilhadas. Pode-se afirmar que a marca compartilhada é sinônimo da marca de ingrediente trazida por Kotler e Keller (2006).

É importante salientar a afirmação de Tavares (1998: 56): "Na realidade, essas estratégias não existem de maneira isolada. Normalmente, as empresas as adotam de forma híbrida".

Marcas de luxo

Kapferer (2004) apresenta o sistema clássico do luxo e da marca, conforme figura abaixo.

FIGURA 1: Sistema do luxo e da marca *Fonte: Kapferer, (2004: 75)*.

A partir dessa figura, nota-se que a base da pirâmide é formada pela "marca" e tem como características a produção em grandes volumes, a pressão sobre os custos e a espiral da qualidade. Já os outros três níveis envolvem o luxo, sendo compostos pela "marca de alto nível" (produção em série e a mais alta qualidade da categoria), por exemplo, Hermès, Rolls-Royce e Cartier; o nível da "marca de luxo" (série de baixo volume e ainda utiliza o ateliê), por exemplo, os perfumes Dior e Saint Laurent; e a "grife" (ateliê, obra única). O autor expõe que uma grife pode tornar-se uma marca, mas não o contrário.

Já Roux (2005) define uma marca de luxo como benefícios simbólicos e, cada vez mais, benefícios ditos "experienciais", isto é, emoções fortes.

Embora Kapferer (2004) apresente essa classificação, entende-se que os três níveis: marcas de alto nível, marcas de luxo e grife podem ser sintetizados em apenas marcas de luxo pelo fato de as pessoas, no dia a dia, não endossarem essa classificação do autor. Além disso, os elementos do luxo hoje são comuns a esses três níveis. Esses elementos são: a distinção social, o emocional, o preço elevado, a raridade e a tradição, encontrados em Born (2007a), resultado da aplicação da técnica de análise de conteúdo baseada em autores com publicação no Brasil sobre luxo: Allérès (2000), Castilho (2006), Lipovetsky (2005), Roux (2005), Castarède (2005) e D´Angelo (2006).

Lipovetsky (2005: 51) afirma que "Individualização, emocionalização, democratização, estes são os processos que reordenam a cultura contemporânea do luxo" e completa asseverando que "O esnobismo, o desejo de parecer rico, o gosto de brilhar, a busca da distinção social pelos signos demonstrativos, tudo isso está longe de ter sido enterrado [...]."

Todos os autores estudados até o momento são uníssonos quando se trata da utilização da propaganda como instrumento fundamental na criação e sustentação das marcas. Lipovetsky (1989) ainda sugere que se a moda é o feérico das aparências, a propaganda é o feérico da comunicação.

Propaganda

Gomes, Corradi e Cury (1998) evidenciam a confusão da conceituação dos termos *publicidade* e *propaganda* no Brasil. Os autores mostram que nos idiomas espanhol, inglês e francês os termos apresentam
diferenças em seus significados. Já no Brasil, esses termos são muitas
vezes tratados como sinônimos.

O termo *propaganda* vem do latim *propagare,* que significa reproduzir, difundir. Autores como Kotler e Keller (2006), Keller (2005),
Shimp (2002), Sampaio (1997), entre outros, adotam o termo *propaganda.* Nesse sentido, a propaganda é vista como qualquer forma paga
e impessoal de apresentar produtos por um patrocinador identificado.

O termo *publicidade* é oriundo do latim *publicus,* que significa tornar público um fato, uma ideia. Já outros autores como Gomes (2003),
Roiz (1996), entre outros, fazem distinção dos termos. Conceituam
a propaganda com um caráter ideológico e a publicidade com um
caráter comercial.

Independentemente do autor citado, neste artigo se adota o termo
propaganda sob a visão dos autores Kotler e Keller (2006), Keller (2005)
Shimp (2002) e Sampaio (1997).

3. Metodologia

Primeiramente a metodologia empregada se valeu da técnica de
pesquisa bibliográfica para contribuição do referencial teórico.

Após essa abordagem, utilizou-se a técnica de análise documental que compreende a identificação, a verificação e a apreciação de
documentos, tais como revistas, jornais, entre outros, para determinado fim.

As fontes da análise documental podem ser de origem primária
ou secundária. Os materiais de fontes primárias são, por exemplo,

documentos oficiais, documentos internos de empresas, cartas particulares; e os materiais de fontes secundárias são, por exemplo, mídia impressa (revistas, jornais) e eletrônica (gravações de áudio e imagem) e relatórios técnicos (Moreira 2005).

Nesse sentido, o *corpus* de análise deste artigo foi constituído a partir de uma fonte secundária, ou seja, anúncios da marca LG Prada nas revistas *Veja* e *Estilo de Vida*, veiculados nos meses de junho a agosto de 2007, data da elaboração deste artigo. Dessa forma, encontraram-se três anúncios. Um anúncio veiculado pela marca de luxo Prada (formato página inteira), mas conciliando a marca da fabricante LG, que será referido como LG Prada. O outro anúncio foi veiculado pela operadora Claro Digital (formato página inteira), que será denominado como LG Prada – Claro Digital, e o último anúncio veiculado pela operadora Vivo (formato página dupla), que será tratado como LG Prada – Vivo.

A seleção da análise da marca LG Prada se deve ao fato de que, além de elaborar um produto com as características comuns de um aparelho celular superior como MP3 *player* com cartão de 512MB, rede *bluetooh*, câmera fotográfica com 2 megapixels, entre outros, apresentou o primeiro aparelho com sistema de acionamento do menu via *touch screen*,[1] ou seja, um produto considerado inovador.

Além disso, é importante salientar que este ano em São Paulo, no dia 4 de julho, na coletiva de imprensa do lançamento do LG Prada, o diretor de comunicações e relações externas da Prada, Tomaso Galli, comentou sobre a divulgação do produto: "Contamos com a mesma mensagem em todo o mundo. Todo o material de comunicação tem que ser pensado em parceria, e não usamos uma agência para a criação dele" e completou: "Usamos nossos modelos e fotógrafos para produzir o material de divulgação, sem a necessidade de agências globais ou regionais por trás" (Novas 2007).

---

1 Tela sensível ao toque.

Para análise desse *corpus,* foi utilizada a semiologia de Barthes (1997). A semiologia, ciência que estuda o sistema dos signos, analisa tanto o texto quanto a imagem e "[...] serve para formular hipóteses sobre os sentidos possíveis das mensagens, das formas e das práticas significantes [...]" (Codato e Lopes 2005: 207).

Segundo Penn (2002), o objetivo é explicitar os conhecimentos culturais primordiais para o leitor compreender a mensagem. Esse tipo de análise tem sido normalmente aplicado em sistemas de signos como moda e propaganda.

A análise semiológica requer realizar primeiramente um inventário denotativo, ou seja, o sentido literal apresentado no objeto de análise que, neste caso, são os anúncios publicitários da marca LG Prada. Em um segundo momento, é trazido às conotações. Penn (2002) denomina essa fase como análise de níveis mais altos de significação, realizados a partir do inventário denotativo. Isto é, são as leituras que o analista faz, baseado nas associações que vêm à mente, nas relações entre os elementos, no seu conhecimento cultural, entre outros.

Barthes (1997: 103) assevera que "Para empreender essa pesquisa, é necessário aceitar francamente, desde o início (e principalmente no início), um princípio limitativo". O autor o denomina como "princípio de pertinência", que propõe ao pesquisador descrever os fatos, reunidos a com base em um único ponto de vista, e reter, nesta massa heterogênea, somente os traços pertinentes que interessam a esse ponto de vista.

4. Resultados

Baseado no referencial teórico, pode-se afirmar que nos últimos meses observa-se a adoção da estratégia de marca combinada pelas fabricantes de telefonia móvel no mundo.

A maioria das fabricantes de telefonia móvel adotou essa estratégia combinando sua marca com uma marca de luxo italiana de vestuário/ alta costura, reforçando ainda mais o caráter de moda.

A relação entre telefone móvel e moda é trazida na simbiose da união da tecnologia das fabricantes de telefonia móvel, o *design* das marcas de luxo italianas e a credibilidade de ambas.

Nesse cenário, pode-se destacar a marca Diesel com a Nokia, através do modelo chamado N93, com edição limitada, pelo valor atual de 3.199 reais, e a marca Dolce & Gabbana com a Motorola, através do modelo chamado Motorazr v3i, pelo valor atual de 1.600 reais. No início de julho de 2007, no Brasil, ocorreu o lançamento da marca Prada com a LG Electronics, mais conhecida como LG Prada, pelo valor sugerido de 1.899 reais. Em outubro de 2007, foi lançado, na Europa, o aparelho celular da marca Giorgio Armani com a Samsung pelo valor de 400 euros.

Kotler e Keller (2006: 384) afirmam que "Estudos mostram que os consumidores estão mais propensos a perceber marcas combinadas favoravelmente se elas forem complementares, e não similares", como é exatamente o caso das marcas citadas acima.Utilizando-se a semiologia de Barthes (1997), apresentam-se os três quadros a seguir, cada um composto pelo anúncio selecionado, inventário denotativo e o plano conotativo.

Anúncio	Plano denotativo	Plano conotativo
Prada LG	Aparece três vezes o logotipo Prada e uma vez o logotipo LG. Imagem centralizada a partir dos ombros até o meio da testa de uma mulher loira, cabelos longos e soltos iluminados por trás, olhos verdes, boca entreaberta com brilho, olhando para cima, mão esquerda erguida, segurando o celular com o dedo indicador, encostado no seu queixo, expondo a parte da frente do aparelho com o logotipo Prada tanto no aparelho quanto no visor. Na altura das mãos, há o logotipo Prada em tamanho maior e embaixo dele o logotipo LG em tamanho menor. Imagem em tons de preto, cinza e branco.	A mulher retratada neste anúncio é solteira, pois não possui anel no dedo da sua mão esquerda, que é uma convenção social. Pelo formato do rosto e características da mulher, pode-se afirmar de que se trata de uma mulher magra e que está de acordo com os padrões estéticos impostos pela sociedade pós-moderna. A boca entreaberta com brilho conota sensualidade, o olhar para cima, superioridade. Pode-se ainda afirmar que o telefone móvel está caracterizado como um acessório, pois está exposto abaixo do queixo da mulher, conotando um colar. A iluminação por trás dos seus cabelos traz a ideia de ser algo único, ou seja, a mulher como o foco das atenções, distinta de todas as outras mulheres. Há valorização da imagem pessoal, destacando apenas os elementos emocionais de uma marca de luxo. A tela do visor que aparece é a tela de abertura quando o aparelho celular é ligado. As cores conotam um produto sofisticado. Devido à ênfase na marca Prada, em primeiro plano, o aparelho celular poderia ser chamado de Prada LG.

QUADRO 1: Quadro de análise do anúncio publicitário da marca LG Prada

Fonte: PRADA LG, 2007.

Anúncio	Plano denotativo	Plano conotativo
Prada Claro Digital	Na parte superior, frase em maior destaque: "Chegou Prada Phone. Visor touch screen e design na sua mão." E ao lado, logotipo da Claro com seu slogan: "Claro. A vida na sua mão." Ao centro, tem-se a imagem do celular com o logotipo Prada no aparelho e no visor, em um fundo na cor preta. Em um lado superior dele, estão as frases: "Visor Touch Screen MP3 Player Câmera com 2 Megapixels Design Exclusivo". Nos dois lados inferiores do aparelho, tem-se o logotipo da Claro em cinco tamanhos diferentes, em cada lado. No rodapé do lado esquerdo, há a frase: "Você pode ser o primeiro a ter um. Cadastre-se: www.claro.com.br/prada" No rodapé do lado direito, aparece o logotipo Prada. Anúncio com fundo preto, tom cinza no aparelho celular, seguido por fontes na cor branca e cor vermelha do logotipo da Claro.	O aparelho celular foi nomeado como "Prada Phone", reavivando os questionamentos sobre a semelhança com o iPhone, produzido pela Apple, embora estejam em categorias diferentes. Os principais diferenciais: visor com tela sensível ao toque e o *design* são evidenciados, trazendo os elementos racionais de uma marca de luxo, completando com as demais características do produto (MP3 player). A imagem do produto é a mesma do anúncio da LG Prada. A expressão "você pode ser o primeiro a ter um" valoriza a questão de distinção, sendo necessário um cadastro. Os tons do anúncio também são os mesmos do anúncio LG Prada, apenas acrescentando o logotipo da operadora Claro Digital. Neste anúncio, em nenhum momento aparece a marca do fabricante, apenas a marca de luxo Prada no mesmo número de vezes do anúncio anterior e a marca da operadora em maior número.

QUADRO 2: Quadro de análise do anúncio publicitário da marca LG Prada – Claro Digital *Fonte: PRADA Claro, 2007.*

Anúncio	Plano denotativo	Plano conotativo
Prada Vivo	O anúncio está em um fundo preto. Logotipo da Vivo na cor laranja em destaque na lateral do canto superior esquerdo. A partir da lateral do canto inferior esquerdo, em fonte pequena há: "Consulte disponibilidade de estoque, preços, condições de utilização, área de cobertura compatível, e mais informações no site www.vivo.com.br". No centro, mais para o lado esquerdo tem-se o texto escrito na cor cinza: "O celular que todo mundo estava esperando". Continuando o texto na cor branca: "Sem reserva, sem espera. Só a Vivo tem para pronta entrega". Em fonte um pouco menor, na cor cinza, há duas frases: "Faça como a Vivo. Tenha antes de todos". No lado direito do texto, há a imagem do celular com o logotipo Prada, aparecendo o visor com palavras: "Alarm clock Calculator World clock Unit converter calendar memo" e ao lado alguns símbolos como telefone, claquete, calculadora e relógio e uma peça de engrenagem. No lado superior da imagem do telefone, há o texto em fonte menor na cor branca: "Único totalmente Touch Screen Câmera de 2 megapixels MP3 player com cartão de 512MB" e no lado inferior há um pequeno boneco na cor laranja encostando o braço e a perna no aparelho. No rodapé, em fonte menor, há o logotipo da Vivo na cor laranja seguido da frase: "Sinal de qualidade." Na lateral do canto superior direito, há a palavra "África".	Se no anúncio da Claro é preciso se cadastrar, no anúncio da Vivo isso não ocorre, pois não tem reserva nem lista de espera. A frase "tenha antes de todos" vai ao encontro do anúncio da Claro que ressalta a importância de ser o primeiro a tê-lo, validando o que Lipovetsky diz sobre o gosto de brilhar. Este anúncio reforça que todas as pessoas têm um gosto pelo luxo. E as características de sem reserva e espera, normalmente encontradas nesses tipos de produtos, são desmistificadas, evidenciado a acessibilidade, ou como Lipovetsky diz "a democratização"; reforçados ainda na expressão pronta entrega, sugerindo um produto de massa. Por outro lado, o visor é apresentado na língua inglesa, mesmo tendo a alternativa de estar na língua portuguesa. A qualidade do produto também está relacionada com o *slogan* da operadora: "sinal de qualidade". Aqui o nome do produto seria apenas Prada. As cores estão em sintonia com os anúncios anteriores, tendo somente o logotipo da operadora em outra cor. Pela palavra "África", entende-se que é o nome da agência de publicidade que elaborou o anúncio.

QUADRO 3: Quadro de análise do anúncio publicitário da marca LG Prada – Vivo.

Fonte: PRADA *Vivo, 2007.*

Após essa análise, é importante destacar que "Teoricamente, o processo de análise nunca se exaure e, por conseguinte, nunca está completo" (Penn 2002: 331).

5. Conclusões

Este artigo identificou e verificou que a utilização da estratégia de marca combinada entre as fabricantes de telefonia móvel e as marcas de luxo italianas foi adequada. Consequentemente, a comunicação mercadológica foi modificada em relação à comunicação normalmente utilizada.

Com o auxílio da técnica de semiologia de Barthes (1997), viu-se que essa comunicação mercadológica, através dos anúncios publicitários selecionados da marca LG Prada, mostrou-se divergente, embora teoricamente o diretor de comunicação de relações externas da Prada tenha afirmado que todo o material de comunicação deve ser pensado em parceria.

O anúncio LG Prada está em sintonia com os anúncios das demais marcas de luxo que exploram os elementos emocionais, o sentimento de estar na moda, a beleza, a sensualidade, a jovialidade, o *glamour* (Born 2007b), utilizando-se predominantemente de imagem. Além disso, associa o telefone móvel com o acessório do vestuário feminino, mais uma vez está relacionado com a mulher.

O anúncio LG Prada da Claro Digital valoriza o elemento emocional da marca de "ser o primeiro", mas é preciso se cadastrar.

Já no anúncio LG Prada da Vivo a mesma questão é valorizada, porém não é preciso efetuar o cadastro. Em ambos os anúncios, os elementos racionais da marca são explorados (tela sensível ao toque, câmera de 2 megapixels, MP3 player com cartão de 512MB), sendo que o anúncio Claro evidencia ainda o *design*. Nesses dois anúncios, a marca do fabricante LG não é mencionada.

Percebe-se que o anúncio LG Prada da Vivo busca democratizar a marca de luxo, ou seja, tornar o inacessível, acessível, conforme Lipovetsky (2005) apresenta essa tendência. E através da expressão *pronta entrega*, mostra-se em contradição com um dos elementos do luxo hoje, que é a raridade, conforme visto anteriormente.

Enfim, essa análise evidencia a importância de a comunicação também ser combinada.

Por fim, é possível afirmar que se acredita que esta estratégia de marca combinada entre fabricantes de telefonia móvel e marcas de luxo será mais explorada, ou seja, estendida aos outros objetos como, por exemplo, a televisão e os computadores.

Referências

Aaker, David. *Brand equity:* gerenciando o valor da marca. São Paulo: Negócios, 1998.

Allérès, Danielle. *Luxo... estratégias de marketing.* São Paulo: FGV, 2000.

Agência Nacional de Telecomunicações. *Telefonia móvel alcança 110,9 milhões de acessos em agosto.* Brasília, 2007. Disponível em: http://www.anatel.gov.br/. Acesso em: 25 set. 2007.

American Marketing Association. *Brand.* [S.l.], 2007. Disponível em: http://www.marketingpower.com/mg-dictionary-view329.php. Acesso em: 31/10/2007.

Barnard, Malcolm. *Moda e comunicação.* Rio de Janeiro: Rocco, 2003.

Barthes, Roland. *Elementos de semiologia.* São Paulo: Cultrix, 1997.

Born, Ani Mari Hartz. "O luxo hoje e a publicidade", in Congresso Brasileiro de Ciências da Comunicação, 30, 2007, Santos. *Anais...* Santos: Intercom, 2007a.

_____."Publicidade das marcas de luxo: uma reflexão sobre as práticas em persuasão", in Colóquio Internacional sobre a Escola Latino-Americana de Comunicação, 11., 2007, Pelotas. *Anais...* Pelotas: Celacom, 2007b.

Casterède, Jean. *O luxo: os segredos dos produtos mais desejados do mundo.* São Paulo: Barcarolla, 2005.

CASTILHO, Kathia. "A produção do luxo na mídia", in CASTILHO, Kathia; VILLAÇA, Nizia (org.). *O novo luxo.* São Paulo: Anhembi Morumbi, 2006. p. 39-48.

CODATO, Henrique; LOPES, Flor Marlene. "Semiologia e semiótica como ferramentas metodológicas", in DUARTE, Jorge; BARROS, Antonio (org.). *Métodos e técnicas de pesquisa em comunicação.* São Paulo: Atlas, 2005. p. 206-14.

D'ANGELO, André Cauduro. *Precisar, não precisa:* um olhar sobre o consumo de luxo no Brasil. São Paulo: Lazuli, 2006.

GOMES, Neusa Demartini. *Publicidade: comunicação persuasiva.* Porto Alegre: Sulina, 2003.

_____; CORRADI, Analaura; CURY, Luiz Fernando. "A dialética conceitual da publicidade e da propaganda", in TARSITANO, Paulo Rogério. *Publicidade.* Análise da produção publicitária e da formação profissional. São Paulo: UMESP, 1998. Disponível em: http://www.eca.usp.br/alaic/Livro%20GTP/ dialetica.htm. Acesso em: 1 nov. 2007.

GONÇALO JUNIOR. "Comunicação: conexão em ritmo frenético", in *Folha de S. Paulo,* São Paulo, 21/10/2004. Top of Mind: as marcas campeãs. p. 40-7.

KAPFERER, Jean-Nöel. *As marcas: capital da empresa.* Porto Alegre: Bookman, 2004.

KELLER, Kevin Lane. *Gestão estratégica de marcas.* São Paulo: Pearson Prentice Hall, 2005.

KOTLER, Philip; KELLER, Kevin Lane. *Administração de marketing,* 12ª ed. São Paulo: Pearson Prentice Hall, 2006.

LIPOVETSKY, Gilles. *O império do efêmero: a moda e seu destino nas sociedades modernas.* São Paulo: Companhia das Letras, 1989.

_____. "Luxo eterno, luxo emocional", in LIPOVETSKY, Gilles; ROUX, Elyette. *O luxo eterno: da idade do sagrado ao tempo das marcas.* São Paulo: Companhia das Letras, 2005. p. 11-85.

MAFFESOLI, Michel. *O mistério da conjunção: ensaios sobre comunicação, corpo e socialidade.* Porto Alegre: Sulina, 2005.

MARTINS, José. *A natureza emocional da marca: como encontrar a imagem que fortalece sua marca,* 4ª ed. São Paulo: Negócio, 1999.

MOREIRA, Sonia Virgínia. "Análise documental como método e como técnica", in DUARTE, Jorge; BARROS, Antônio (org.). *Métodos e técnicas de pesquisa em comunicação*. São Paulo: Atlas, 2005. p. 269-79.

NOVAS, Karan. LG e *Prada lançam em parceria o primeiro celular totalmente touch screen*. São Paulo: Portal da propaganda, 2007. Disponível em: http://www.portaldapropaganda.com/marketing/2007/07/0002. Acesso em: 03/11/2007.

PENN, Gemma. "Análise semiótica de imagens paradas", in BAUER, Martin W.; GASKELL, George (org.). *Pesquisa qualitativa com texto, imagem e som: um manual prático*. Petrópolis: Vozes, 2002. p. 319-42.

PEREZ, Clotilde. *Signos da marca: expressividade e sensorialidade*. São Paulo: Thompson, 2004.

PRADA CLARO DIGITAL. *Veja*, São Paulo, ed. 2013, ano 40, nº 24, 20 jun. 2007.

PRADA LG. *Estilo de Vida*, São Paulo, ed. 59, ano 5, ago. 2007.

PRADA VIVO. *Veja*, São Paulo, ed. 2014, ano 40, nº 25, 27/06/2007.

ROIZ, Miguel. *Técnicas modernas de persuasión*. Madrid: Eudema, 1996.

ROUX, Elyette. "Tempo do luxo, tempo das marcas", in LIPOVETSKY, Gilles; Roux, Elyette. *O luxo eterno: da idade do sagrado ao tempo das marcas*. São Paulo: Companhia das Letras, 2005. p. 87-172.

RYDLEWSKI, Carlos. 100 000 000 de celulares. *Veja*, São Paulo, ed. 1991, ano 40, nº 2, p. 68-72, 17/01/2007.

SAMPAIO, Rafael. *Propaganda de A a Z: como usar a propaganda para construir marcas e empresas de sucesso*. Rio de Janeiro: Campus, 1997.

SHIMP, Terence A. *Propaganda e promoção: aspectos complementares da comunicação integrada de marketing*. São Paulo: Bookman, 2002.

SILVA, Juremir Machado. *Aprender a (vi)ver*. Porto Alegre: Record, 2006.

TAVARES, Mauro Calixta. *A força da marca: como construir e manter marcas fortes*. São Paulo: Harbra, 1998.

Eventos e entretenimento

Skol Beats e música eletrônica

o gênero musical como estratégia discursiva da marca

Thiago Soares[*]
Semião Pedro Pereira[**]

*   Graduado em Jornalismo pela Universidade Federal de Pernambuco (UFPE), Doutor em Comunicação e Cultura Contemporâneas pela Universidade Federal da Bahia (UFBA), Professor do Departameno de Comunicação e Turismo (Decomtur) da Universidade Federal da Paraíba (UFPB). Pesquisador vinculado ao Grupo de Pesquisa Mídia & Música Popular Massiva (UFBA). Autor do livro "Videoclipe – O Elogio da Desarmonia" (2004).

**   Graduado em Relações Públicas pela Universidade do Contestado (UnC) – Campus Mafra (SC) e especialista em Marketing pela Universidade de Pernambuco (UPE).

D iante das possibilidades de posicionamento das marcas na cultura contemporânea, complexificam-se as formas de compreensão dos fenômenos da comunicação. As marcas passam a criar experiências capazes de inserir o indivíduo-consumidor em "universos" regidos por regras de marketing. Neste sentido, observa-se que, na tentativa de ampliar o espectro de atuação das marcas na dinâmica do consumo, emergem os eventos culturais institucionais como uma ferramenta de apoio e sedimentação da relação entre consumidor-marca. Eventos culturais institucionais funcionariam como mais uma importante forma de experiência deste indivíduo-consumidor na lógica do consumo contemporâneo. Por evento cultural institucional, entende-se a delimitação de um espaço para apresentações culturais (shows, peças de teatro, festivais, exposições, entre outros) que esteja diretamente associado a uma marca e que se projete para um público específico com finalidades institucionais – e não, simplesmente, como ponto-de-venda do produto. Configuram-se como eventos culturais institucionais, por exemplo, os festivais de música Claro que é Rock!, da operadora de celular Claro e o Tim Festival, da também operadora de telefonia móvel Tim; os shows do Pão de Açúcar Music, da rede de supermercados Pão de Açúcar; a mostra de cinema Vivo Open Air, da operadora de celular Vivo e o festival de música e esportes radicais Coca-Cola Vibezone, da marca de refrigerantes Coca-Cola, entre outros.

Como pode-se notar, os eventos culturais insitucionais destacados ampliam a noção de que as marcas apoiam ou patrocinam artefatos ligados à cultura: as marcas se transformam, elas mesmas, em eventos, que logicamente, passam a atuar como mediadores[1] entre as próprias marcas e o público. A visualização deste quadro convoca preceitos teóricos da indústria cultural, como propostos por Adorno e Horckheimer (2002), com base na premissa de que os eventos culturais institucionais funcionam como articuladores de uma nova instância do processo de transformação da cultura em produto: parte-se para a associação entre cultura e marca, agindo de maneira marcadamente simbólica, ampliando, assim, o espectro da experiência dos indivíduos contemporâneos com estas marcas. Compreende-se que o conceito de indústria cultural, como proposto pelos autores da Escola de Frankfurt, é marcadamente apocalíptico.[2] Nossa intenção neste artigo não é a de assumir o mesmo tom que os autores frankfurtianos, mas, sim, fazer desvelar nuanças dos novos processos de mercantilização da cultura que passem a ser objeto de reflexão no campo da Comunicação. Este artigo, portanto, tenta estabelecer uma reflexão acerca das novas formas de posicionamento das marcas que tomam os eventos culturais institucionais como estratégia de construção discursiva. Tomamos como ponto de partida a investigação do evento Skol Beats, festival de música eletrônica que ocorre anualmente em São Paulo sob a alcunha da cerveja Skol (AmBev) e que funciona como um mediador entre o princípio de posicionamento de marca diante da sua concorrência e como uma extensão da cultura da música eletrônica. A análise do Skol Beats se dará com base

---

1   Usa-se o conceito de mediação como proposto por Jesús Martín-Barbero (2003).

2   O princípio é o evocado por Umberto Eco (2001).

na convergência teórica de autores da Comunicação Organizacional e dos Estudos Culturais, uma vez que trabalha-se nas interfaces entre evento e gênero musical, estratégia de comunicação e cultura.

COMPREENDENDO O SKOL BEATS

Para entender a trajetória do evento Skol Beats, é preciso, antes, pontuar a compreensão de que este evento nasceu para reforçar um produto da Skol:[3] a cerveja Skol Beats. Foi no ano de 2000 que a marca Skol lança a Skol Beats, uma cerveja que se propunha a ser mais leve que as existentes no mercado justamente por se tratar de um produto para ser consumido "na balada". Note-se que grande parte das estratégias das marcas de cervejas até então traziam, fundamentalmente, associações entre o produto cerveja e o ambiente da praia, com referências a bares, mulheres e azaração. Compreende-se, também, que o produto cerveja, por se tratar de uma bebida fermentada, não estava associada a uma dinâmica da sociabilidade da noite.[4] Em tese, a cerveja era para ser consumida por alguém sentado, num bar, de forma despojada. Tal referência fazia parte de uma própria dinâmica do produto: as cervejas líderes do mercado até os anos 1980 eram a Brahma e a Antarctica,

---

3   A marca de cerveja Skol vem da palavra suéca *Skal*, que na sua origem significa "a vossa saúde", dito popular empregado antes da ingestão da bebida. A marca de cerveja Skol pertence à empresa dinamarquesa Calsberg e pode ser comercializada no Brasil sob alcunha da AmBev. Atualmente, no segmento da cervejaria, a Skol lidera o mercado brasileiro. A sua comercialização no Brasil se dá nos tipos Pilsen, Beats e chope. A marca de cerveja Skol chegou ao Brasil no ano de 1967 para comercialização.

4   Em seu livro *Noites nômades*, as sociólogas Maria Isabel Mendes de Almeida e Kate Maria de Almeida Tracy apontam pesquisa que revela a preferência pelo consumo de bebidas destiladas na cultura da boate ou dos espaços fechados de sociabilidade noturna. Por isso, destacam-se o uísque, a vodca e o gim (Almeida e Tracy 2003: 76)

produtos que traziam como principal característica o fato de serem encorpadas, com alto grau de fermentação e, portanto, podendo ser classificadas como bebidas "pesadas".

No mercado das cervejas, a marca Skol trouxe consigo inúmeras estratégias de diferenciação. A primeira lata de cerveja em folha de flandres, por exemplo, foi implantada pela Skol. Dando continuidade ao processo de distinção das outras marcas, a Skol, no ano de 1993, lançou a Pilsen em garrafa *long neck* com tampa de rosca. Considerando-se a inovação estética que a marca dá para o seu produto, no ano de 1998 ela passa a se preocupar com outro aspecto de fundamental importância no mercado concorretnte e competitivo das cervejas: além de diferenciação de produto (embalagem), a marca Skol investe fortemente em campanhas publicitárias. Pode-se citar como um dos exemplos de estratégia publicitária da marca, o *slogan* "2000: O verão mais redondo do planeta". A ideia central está atrelada aos três últimos zeros do ano que entrava em sintonia com o *slogan* da marca que "desce redondo".

A cerveja Skol Beats se apresentava também com um diferencial: sua embalagem pode ser considerada inovadora, uma vez que a garrafa traz um formato ondulado nas laterais – algo que rompia com a perspectiva mais tradicional das concorrentes. A concentração alcoólica da Skol Beats é de 5,2% e traz, em média, nos 330 mililitros de seu conteúdo, 90 calorias. Numa cerveja como a Antarctica, encontra-se um teor alcoólico de 4,9% (menor que a Skol Beats), no entanto, a *long neck* de 355 mililitros apresenta um coeficiente de caloria que chega à marca de 155 – bastante acima da Skol Beats. É notório que a Skol Beats possui um teor alcoólico mais alto, porém, trata-se de uma cerveja menos calórica. Com isso, ela passa a ser uma bebida leve, compatível com uma festa noturna. É dentro do contexto de nascimento de um produto e, consequentemente, de uma variante da marca, que a Skol aposta num evento para acentuar a sua estratégia discursiva. Por estratégia discursiva, entende-se um projeto concreto que obedece a determinados critérios de seleção e relevância, dizendo respeito a decisões tomadas no processo de produção, responsáveis também pela escolha de mecanismos de expressão adequados à manifestação dos conteúdos desejados (Duarte 2004: 42). Compreender um evento como uma estratégia discursiva de uma marca corresponde à ideia de que a marca constrói um projeto expressivo que atrela elementos de ordem mercadológica e também cultural.

No mesmo ano 2000, em que se lança a cerveja Skol Beats, tem-se a primeira edição do festival Skol Beats, que aconteceu em São Paulo, com a proposta de ser anual. O principal objetivo do Skol Beats é tentar unir os principais constituintes de música eletrônica, trazendo DJs nacionais e internacionais, que se apresentam em tendas temáticas, durante cerca de doze horas ininterruptas. O primeiro Skol Beats aconteceu no Autódromo de Interlagos que, além de ser um espaço dedicado para a prática de corridas de Fórmula 1, pode ser utilizado por outros tipos de eventos, como raves e festivais. Nos anos de 2001 e 2002, repetiu-se novas edições do Skol Beats no autódromo. No ano de 2003, o Skol Beats faz uma mudança de endereço: passa para o Sambódromo, localizado no Parque do Anhembi, em São Paulo, que sedia o evento também nos anos de 2004, 2005 e 2006. Na edição de 2007, o evento deixa o Sambódromo e se instala ao lado do Campo de Marte, no bairro de Santana, em São Paulo. Partindo para um detalhamento mais pormenorizado do Skol Beats, vamos entender de que forma a cerveja Skol Beats se posiciona diante da concorrência e aponta para um dinâmica da cultura eletrônica como estratégia de diferenciação.

CONSIDERAÇÕES SOBRE O CONCEITO DE EVENTO

Pensar uma reflexão acerca do Skol Beats como posicionamento da marca e como extensão da cultura eletrônica articulada a preceitos de ordem do marketing significa perceber como um evento pode ser um interessante caminho para a criação ou o reforço de uma estratégia comunicacional. Para isso, demanda-se olhar o evento a partir de preceitos de ordem da cultura, ampliando seu espectro organizacional. É comum a reflexão de que as organizações contemporâneas procuram as mais variadas maneiras de estarem inseridas ou ligadas diretamente com seus públicos-alvos. Esta ligação acontece das mais diversas formas, uma vez que estas organizações precisam estar "alinhadas" à opinião pública. As relações públicas podem aproximar o público de uma organização, utilizando as mais variadas técnicas e mecanismos comunicacionais. Neste artigo, em especial, trataremos o instrumento denominado evento.

O evento, de maneira simples, tem um respaldo direto nas relações organização e públicos. Conforme Cesca (1997), "evento é um fato que desperta a atenção, podendo ser notícia e, com isso, divulgar o organizador" (1997: 14). O evento é um "acontecimento previamente planejado, a ocorrer num mesmo tempo e lugar, como forma de minimizar esforços de comunicação, objetivando o engajamento de pessoas a uma ideia ou ação" (Giácomo 2007: 40). A autora assinala que, no que diz respeito aos objetivos do evento, é necessário que a organização antes de concebê-lo perceba se ele é o meio mais eficaz para atingir determinado propósito, verificar se a oportunidade é ideal e se o tempo dado ao produtor para cumprimento das etapas é suficiente até sua conclusão. As organizações adotam o evento como uma estratégia comunicacional direcionada ao seu público de interesse. O evento é uma ferramenta que compõe o *mix* da comunicação, podendo agir em diferentes frentes: científicos, culturais, sociais, técnicos, entre outras. A essência do evento está na harmonia do binômio tema/público. Além desses dois fatores imprescindíveis na concepção de eventos, não se pode deixar de considerar toda a parte operacional, iniciada com o planejamento, posteriormente a execução, o controle e a avaliação final. Esses pormenores estão designados ao organizador, ou seja, ele será o gerador do evento. No que consiste ao campo organizacional, tem-se adotado o evento como sendo uma espécie de canal para a propagação do marketing institucional.

Antes de imergirmos na discussão propriamente do evento como estratégia de marketing, recorremos à teoria do fluxo em duas etapas (*two step flow*), apontada por Giácomo (2007), que transmite o pensamento de que toda a mensagem produzida não atinge diretamente o indivíduo sem antes passar pelo líder de opinião. Contextualizando o conceito na prática e no uso do evento como estratégia de comunicação, surge um novo personagem na produção do evento. Trata-se do líder de opinião, que se torna elemento-chave para a composição de público. Quando toca-se no conceito de mídia, deve-se priorizar o profissional da mídia, que é justamente o jornalista, o publicitário, o marqueteiro, entre outros, que irão formar opinião sobre determinado evento. Esse enfoque dado pelo profissional da mídia sobre o evento pode ter versões positivas ou negativas e será propagado para diferentes tipos de público. A mídia transcende etnia, faixa etária, classe socio-econômica, ela é um fator fundamental para composição de público quando o evento não o tem definido. Nas organizações que têm um profissional atuando na área e nas agências de produção de eventos brasileiras, geralmente competem a função a um profissional das Relações Públicas. Essa designação não significa que a atividade relacionada a eventos é monopólio das Relações Públicas. Muitos profissionais de outras áreas do conhecimento, como Marketing, Administração, Turismo, realizam eventos.

O MARKETING NO CONTEXTO DE EVENTOS

Muitos autores, quando passam a discorrer sobre marketing, apontam exclusivamente para a venda ou propaganda de produtos. Na contemporaneidade, essas funções "restritas" do marketing são problematizadas. Diante de uma preocupação sobre a conceituação e competências do "novo marketing", autores como Theodore Levitt caracterizam o *marketing* como o "processo total do negócio sendo formado de um esforço firmemente integrado no sentido de descobrir, criar, estimular e satisfazer as necessidades dos consumidores" (Levitt 1980: 16). De acordo com a definição de Levitt, percebe-se a ampliação que a definição de marketing adquire, destinando-se principalmente ao mercado em movimento, de produtos e serviços. Em suma, o marketing deve ser empregado de forma instrumental – na maioria, com um objeto tangível – para alavancar um produto, descobrir os desejos de um determinado público potencial, identificar a disposição e o valor que esse público pode investir no produto ou serviço, entre outros. Em contrapartida, começa-se a aplicar os conceitos de marketing em produtos intangíveis, neste caso, especificamente, o evento. A partir desse momento, as ferramentas de marketing ganham um outro campo. Deixam de ser utilizadas pelo "palpável" (produto) e passam a ser utilizadas no "intocável", pelo produto ou serviço de origem mais simbólica. Segundo Levitt, "o marketing é a função do gerenciamento de eventos que pode manter contato com os participantes e visitantes (consumidores) do evento, captar suas necessidades e motivações, desenvolver produtos que atendam a essas necessidades e elaborar um programa de comunicação que expresse o propósito e os objetivos do evento" (Levitt 1980: 136).

As funções de marketing em um evento ou um serviço de lazer devem ser minuciosas. O impulso para a participação de um indivíduo num evento, festival ou serviço de lazer é atrelada a uma necessidade criada previamente, a ser preenchida, que pode estar articulada ao entretenimento, interação social, entre outras. Segundo Allen (2003: 250),

> vender eventos é um processo de empregar o *mix* de marketing para atingir metas organizacionais através da criação de valor para os clientes e consumidores. A organização precisa adotar uma orientação de

marketing que dê ênfase à formação de relacionamentos mutuamente benéficos e a manutenção de vantagens competitivas.

Neste sentido, a marca compreende todos os componentes do festival, do evento ou produto de lazer. A marca converge e está em sintonia com as atrações, a forma de entretenimento, a interlocução entre evento/consumidor, o *merchandising*, a interação social, entre outras. O fator promoção no terreno do marketing é um dos que mais se destaca no ramo de eventos. Através dele que são englobadas e concentradas todas as ações e técnicas de comunicação. Dentre esse conjunto, pode-se destacar a divulgação, as ofertas, a mala direta, publicidade e relações públicas, entre outras.

PÚBLICOS-ALVOS E GÊNEROS MUSICAIS

O Skol Beats é detentor de uma logística que evidencia uma aproximação da marca Skol com os diferentes públicos-alvos da música eletrônica. Compreende-se que a marca adotou a perspectiva de se aproximar do universo da eletrônica como uma estratégia de diferenciação da concorrência. No entanto, é possível aprofundar esta perspectiva e compreender como a tática da Skol é ainda mais eficiente: uma vez que há vários públicos dentro da música eletrônica, o evento se "modula" diante destes diferentes públicos.

Uma chave de interpretação das estratégias de endereçamento dos produtos da cultura musical contemporânea diz respeito aos estudos dos gêneros musicais. Discorrer sobre uma abordagem dos gêneros para objetos da comunicação é desafiador, sobretudo porque a intenção pode soar um tanto "retrógrada" ou "ultrapassada", diante das abordagens recentes que prevêm apontar a caracterização dos objetos a partir do viés do hibridismo e da suposta ausência de regras na dinâmica de produção e consumo que os estudos da corrente pós-moderna empreendem.

Uma rápida olhada pelas prateleiras das lojas que comercializam produtos culturais – sejam álbuns fonográficos, livros, DVDs, entre outros –, entretanto, traz à tona divisões baseadas em critérios que envolvem gêneros, entendendo que tal caracterização pressupõe o gênero como uma categorização que "atravessa" o texto e pode ser encarado, como propunha Jesús Martin-Barbero (2003: 270-319), através de suas inúmeras formas de apropriação. A lógica dos gêneros musicais perpassa não somente os ambientes físicos – lojas, prateleiras, ambientes de sociabilidade –, mas também os lugares virtuais. Dirigindo-se a programas destinados a "baixar" (realizar *downloads*) música na internet, como o Soulseek, E-mule ou congêneres, é premente a evidência de que os nomes das canções são acompanhados a que gênero estas mesmas canções pertencem. Dessa forma, é possível "baixar", por exemplo, canções de *rap*, de *rock*, de *heavy metal* ou do que se convencionou chamar de *pop*, procurando pelo gênero a que a canção está classificada segundo os usuários dos programas. Em rádios virtuais, os gêneros musicais também se fazem presentes através de canais específicos: é possível ouvir, por exemplo, uma programação organizada nestes canais somente de música sertaneja, de canções de trilhas sonoras de filmes ou com "os principais lançamentos" do mês. Jeder Janotti Jr. resume que "grande parte da apropriação da música popular massiva é efetuada a partir de sua classificação genérica" (Janotti 2003: 31).

A pressuposição de regras de gêneros da qual nos apropriamos, portanto, está inserida na corrente dos Estudos Culturais que tentou estabelecer conexões mais visíveis entre a dinâmica de alguns produtos midiáticos e sua reverberação na cultura. Ao apontarmos as regras que são trazidas à tona através de um horizonte de expectativas dos gêneros musicais, empreendemos a possibilidade das expectativas serem confirmadas ou refutadas na elaboração de um produto associado a determinado gênero musical, bem como de suas implicações na produção de sentido deste bem de consumo. A noção de gênero musical imbricada ao princípio do consumo cultural pode ser percebida através da ocupação e da geografia de certas espacialidades do consumo. Neste sentido, para compreender como se organiza o Skol Beats é preciso entender a dinâmica da música eletrônica, uma vez que, conforme atesta Jeder Janotti Jr.

> todo gênero pressupõe um consumidor em potencial. [...] Compreen-
> der a estética da música popular massiva é entender também a lingua-
> gem na qual julgamentos de valor são articulados e expressos e em que
> situações sociais eles são apropriados (Janotti Jr. 2004: 37).

Neste sentido, os gêneros musicais funcionam como estratégias de endereçamento de produtos que tendem a se orientar marcadamente para um público-alvo. No caso do Skol Beats, esta orientação parte do pressuposto de que no universo da música eletrônica há diversos agrupamentos que formam subculturas potencializadas como público. É neste sentido que compreendemos a dinâmica das tendas como um diálogo da marca Skol com estes diversos públicos.

LOGÍSTICA DO EVENTO E ESPACIALIDADES NEGOCIADAS

Dentro da logística do Skol Beats, um princípio norteador na música eletrônica se faz presente. É o que diz respeito às atrações. O Skol Beats traz como atrativos os DJs, que seriam o alicerce da cultura dos clubes noturnos na música eletrônica (Sá 2006). Os DJs se filiam a gêneros da música eletrônica e, no evento, estes gêneros são materializados em tendas – onde os DJs de apresentam. As tendas são divididas de acor-do com "especialidades" da eletrônica: há aquelas dedicadas à *trance*,[5]

---

5   Desdobramento da música eletrônica *house,* que surge na década de 1990. Na transferência do termo *trance* para o vocabulário português, encontra-se a ideia de que a música pretende projetar o ouvinte para outro campo, de libertação espiritual, ou especificamente deixá-lo em estado de transe.

à *house*,[6] ao *tecno*,[7] entre outras. Estas tendas são formas de negociação das espacialidades do evento com os diferentes apreciadores da música eletrônica. Dentro do evento, essa segmentação de público-alvo é fundamental. Assim como em áreas de entretenimento, a música eletrônica também tem seus públicos específicos. O Skol Beats procura gerar tendas que dialoguem com os públicos. Nestas divisões por especialidades de música eletrônica, o evento consegue propiciar maior maleabilidade para os adeptos da eletrônica. Juntamente ao Skol Beats, instalou-se uma área de diversões, espécie de um parque de esportes radicais, nas proximidades das tendas, com o intuito de acentuar a experiência de imersão do público no universo do lazer e do entretenimento aliados à cultura eletrônica.

Como o evento se contitui em muitas horas de reprodução da música eletrônica, os participantes chegam aos limites exaustivos de cansaço. Pensando nessa sociabilidade pós-festa, há uma tenda denominada *chill out*.[8] A tenda possui na sua configuração um ambiente com múscica eletrônica de consistência mais suave, que, na visão de profissionais da música, nomeia-se "tecno suave" ou *lounge*. É com esse sentido que a tenda se apresenta: une um ambiente com som propício para relaxamento, juntamente com uma estrutura física composta por almofadas e cadeiras semelhantes a "espreguiçadeiras". Este espaço, que é utilizado no final da noite, geralmente após as cinco horas da manhã, pelos participantes

---

6   A "especialidade" de música eletrônica *house* surgiu no final da década de 1970. Este estilo músical era utilizado em armazéns americanos. Como o nome do estilo deriva da palavra *armazém*, que em inglês é *warehouse*, prevalece-se simplesmente o *house* que caracteriza esta vertente musical.

7   O *tecno* surgiu em meados da década de 1980 na América, mais precisamente nas proximidades da cidade de Detroit, Estados Unidos. A palavra *tecno* é utilizada tanto na Europa quanto na América do Norte como significância de música eletrônica.

8   A expressão *chill out* é de origem inglesa, que na sua tradução para o português significa "relaxar".

do evento, destina-se exclusivamente à reposição do desgaste corpóreo. A negociação dos espaços do Skol Beats com os apreciadores de música eletrônica gera um conceito diferenciador para a marca: tem-se a configuração de que a Skol conhece todos os meandros da música eletrônica. Tal referência pode ser explicada também com base em uma dinâmica logística: assim como a música eletrônica muda (novos DJs aparecem, gêneros somem), o Skol Beats também se apresenta maleável. Na edição de 2006, por exemplo, no auge da disseminação da cultura das raves *psytrance*,[9] o evento dedicou um espaço (que não era uma tenda, mas uma área aberta, com referências ao universo psicodélico) exclusivo ao gênero. Em 2007, com a "reivindicação" de mais espaço para o *hip hop*, o evento deixou de ceder o espaço para o *psytrance* e criou a tenda *Urban Beats*, dedicada a vertentes da música negra norte-americana. Esta maleabilidade do Skol Beats o coloca em sintonia com a dinâmica de apreciação e das regras de interesse dos adeptos da música eletrônica.

Outro fator interessante a ser observado no Skol Beats é a sua configuração como um não-lugar, como na acepção de Marc Augé (2001). Trata-se de um ambiente inteiramente construído, simulando ambientes reais e sem qualquer referencialidade ou vestígio histórico. Augé cita como não-lugares os aeroportos, a Disneyworld, os parques de diversões que simulam realidades, os mundos em maquetes que parecem querer transportar o turista para um ambiente ideal. A simulação de um espaço, a formatação de um não-lugar na lógica da música eletrônica confere ao Skol Beats uma ambientação de local único, de um ambiente construído para a imersão dos indivíduos num universo particular e regido pelas "leis" da música eletrônica. Construir não-lugares é uma importante estratégia de convite e diferenciação para o público que passa a criar uma memória afetiva baseada nos fragmentos de experiências vividas

---

9 O *psytrance* seria o *trance* psicodélico, que é materializado por artistas como Skazi e Infected Mushrooms. Tocado em festas raves, em sítios, chácaras ou ambientes rurais, trata-se de uma forma de compreensão das flutuantes matrizes da eletrônica.

no local. A ideia de não-lugar é ampliada se pensarmos que na edição 2007 no evento, houve, inclusive, a simulação de uma praia artificial, com areia, espreguiçadeiras e cadeiras de praia, em pleno ambiente noturno. Coqueiros também foram dispostos no ambiente para reforçar uma simulação de ambiente ideal proporcionado pela marca.

SKOL BEATS E POSICIONAMENTO DE MARCA

Observamos uma série de caraterísticas do evento Skol Beats que posicionam a marca Skol na dinâmica de distinção no campo das cervejas. Neste sentido, trazemos à tona o conceito de Gaudêncio Torquato (1997) de que "as organizações usam marcas que funcionem como elementos representativos de sua identidade, da natureza e características de seus produtos. Essas marcas assumem várias formas para que estabeleçam fácil identificação das empresas e entidades junto a consumidores e usuários" (1997: 268). A Skol adotou o conceito de música eletrônica como forma de diferenciação, e o evento Skol Beats é o principal alicerce de sustentação e posicionamento da marca. Neste sentido, tem-se a nítida configuração de identidade de marca da Skol como uma cerveja descolada, antenada e "ligada" nos principais artefatos da cultura eletrônica. Sabendo-se que a música eletrônica é uma das formas mais arraigadas na dinâmica da juventude brasileira, nota-se um posicionamento da Skol bastante forte num mercado futuro e promissor, podendo fazer com que ela siga assumindo o posto de cerveja mais consumida no país por ainda muitos anos.

REFERÊNCIAS

ADORNO, Theodor. *Indústria cultural e sociedade*. São Paulo: Paz e Terra, 2002.

ALLEN, Johnny. *Organização e gestão de eventos*. Rio de Janeiro: Elsevier, 2003.

ALMEIDA, Maria Isabel Mendes; TRACY, Kátia Maria de Almeida. *Noites Nômades: Espaço e Subjetividade nas Culturas Jovens Contemporâneas.* Rio de Janeiro: Rocco, 2003.

AUGÉ, Marc. *Não-lugares.* Campinas: Papirus, 2001.

CESCA, Cleuza Gertrude Gimenes. *Organização de eventos.* São Paulo: Summus, 1997.

DUARTE, Elizabeth Bastos. *Televisão: ensaios metodológicos.* Porto Alegre: Sulina, 2004.

ECO, Umberto. *Apocalíticos e integrados,* 6ª ed. São Paulo: Perspectiva, 2001.

GIÁCOMO, Cristina. *Tudo acaba em festa:* evento, líder de opinião, motivação e público. São Paulo: Summus, 2007.

JANOTTI JR., Jeder. *Aumenta que isso aí é rock and roll: mídia, gênero musical e identidade.* Rio de Janeiro: E-papers, 2003.

_____., Jeder. "Gêneros musicais, performance, afeto e ritmo: uma proposta de análise midiática da música popular massiva", in *Revista Contemporânea.* Salvador: Pós-Graduação em Comunicação e Cultura Contemporânea. Facom/UFBA, vol. 2, nº 2, 2004, p. 189-204.

LEVITT, Theodore. *A imaginação do marketing.* São Paulo: Atlas, 1980.

MARTIN-BARBERO, Jesús. "Os Métodos: Dos Meios às Mediações", in _____. *Dos meios às mediações,* 2ª ed. Rio de Janeiro: Editora UFRJ, 2003. p. 270-319.

SÁ, Simone. "Mediações musicais através de telefones celulares", in FILHO, João Freire e JÚNIOR, Jeder Janotti (org). *Comunicação & Música Popular Massiva.* Salvador: EduFBA, 2006.

TORQUATO, Gaudêncio. *Cultura, poder, comunicação e imagem.* São Paulo: Thompson Pioneira, 1997.

O tecnobrega no contexto do capitalismo cognitivo
uma alternativa de negócio aberto no campo performático e sensorial

Marcello M. Gabbay

*   Graduado em Comunicação Social (Universidade da Amazônia), Mestre em
    Comunicação e Cultura (UFRJ), Doutorando em Comunicação e Cultura (UFRJ).
    Pesquisador do Laboratório de Estudos em Comunicação Comunitária da UFRJ
    (LECC). Co-autor nos livros *Comunidade e Contra-Hegemonia* (Mauad, 2008),
    Mídia e Poder (Mauad, 2008), e *Comunicação para Cidadania* (E-papers, 2008).

"A música ensaia e antecipa aquelas transformações que estão se dando, que vão se dar, ou que deveriam se dar na sociedade" (Wisnik 2006: 13)

1. Capitalismo cognitivo, capital imaterial e consumo produtivo: uma breve revisão teórica

Para compreender o funcionamento dos novos sistemas de produção-circulação-consumo-interação cultural, passando pelas novas modalidades de composição, direito autoral e de propriedade intelectual, distribuição material e imaterial e retroalimentação da cadeia musical no tecnobrega, é preciso antes retomar as noções de capital imaterial e consumo produtivo como principais mudanças de paradigma no capitalismo contemporâneo, classificados por muitos autores como "capitalismo cognitivo". As antigas correntes evolucionistas, oriundas dos modelos fordista e taylorista, não dão conta de explicar esta mudança em que inovação não se resume meramente ao desenvolvimento do aparato tecnológico, e a raridade de matéria não define mais a agregação de valor à produção. No capitalismo cognitivo, a força de trabalho adquire sentido na especificidade do conhecimento e do sujeito que o produz, em sua capacidade subjetiva de criação. O trabalho imaterial, relacionado ao estreitamento entre produção e consumo, circulação e inovação, apresenta-se como um novo padrão de valor bem diferente do trabalho fabril assalariado.

No contexto do capitalismo cognitivo, o consumo não é mais destrutivo, e sim produtivo (Corsani apud Cocco 2003: 28-29), de forma que a articulação das novas tecnologias, a "convergência multimídia", faz que os usuários/consumidores transformem-se em usuários/produtores, rompendo a tradicional separação entre trabalho e meios de produção – o antigo controle sobre as tecnologias de produção e comunicação que centralizava e emissão de conteúdos em poucos grupos monopolistas – e entre mundo do trabalho e mundo da vida privada (Cocco 2003: 8). Os novos parâmetros de produção no capitalismo cognitivo estabelecem-se justamente na interação entre produtores e usuários que formam, através do uso e da apropriação das ferramentas informacionais (os *softwares*), redes coletivas de interação produtiva (denominadas *netwares*). Por isso, a inovação não depende apenas do aparato tecnológico, mas das interações, as *redes de redes* (Cocco 2003: 10), em que as externalidades são o "lugar" da capacidade inovadora e as redes o "lugar" de sua valoração. Podemos, assim, entender que a circulação de conteúdos deixa de ser centralizada e, ao mesmo tempo, passa a ser o fator central na valoração do trabalho imaterial. Na cadeia produtiva do tecnobrega de Belém, a principal fonte de renda e trabalho são as apresentações ao vivo e festas de aparelhagem, o que propomos chamar de *mercado da performance*. Porém, o que movimenta este mercado, que já emprega mais de 6.500 profissionais liberais (FGV *et al.*: 11), é justamente a circulação fluida de conteúdos, geralmente através de meios informais, como vendedores de rua e rádios-poste, ou seja, quanto mais músicas circulam, mais o mercado é movimentado no plano da performance e da experiência sensorial.

Sob o ponto de vista do conceito de "império" de Hardt e Negri (2001: 49), o trabalho imaterial, na economia contemporânea, é o trabalho comunicativo de produção industrial ligado às redes de informação; o trabalho interativo de análise simbólica e resolução de problemas (interações, culturas), ou como afirma Corsani (apud Cocco 2003: 24), "a redução da incerteza e um domínio maior da complexidade" do mercado através das trocas de informações em rede; e o trabalho de produção e manipulação de afetos (sensações). Assim, as grandes corporações não produzem mais mercadorias, mas subjetividades, sensações de relação, "produzem produtores". É sob esta ótica que o tecnobrega desponta como um circuito produtivo do capital imaterial. Cada vez mais, a sensação tem se tornado o foco de valoração do produto cultural. O CD ou DVD enquanto formas materiais deixam de ser fundamentais para se tornarem suportes de conteúdo tão importantes quanto o MP3. O antropólogo Hermano Vianna detectou em Belém práticas de valoração das festas de aparelhagem com base na experiência sensorial semelhantes a estratégias empreendidas por grupos dos circuitos da música independentes na Europa (os *indies*):

> [...] algumas aparelhagens, ao lado do computador principal, usado pelo DJ para suas mixagens, agora também apresentam um outro computador que fica gravando toda a festa, e no final já consegue prensar uma quantidade razoável de CDs para venda imediata. Os DJs são espertos: usam e abusam do microfone para, por cima das músicas, cumprimentarem os fã-clubes e outros dançarinos ou convidados ilustres (como músicos, produtores) presentes na festa. Essas pessoas acabam comprando o CD, pois além de conter a seleção musical que acabam de dançar, ainda trazem a prova de que são respeitadas pelo DJ. É como comprar o jornal pois sua foto está publicada na coluna social. Beto Metralha [DJ e produtor local] me contou que usa esses CDs como divulgação do seu trabalho, mostrando ao mesmo tempo como as músicas que produziu têm feito sucesso e também como sua presença na festa é valorizada pelos principais DJs do Pará (Vianna 2007: 3).

Desta forma, no capitalismo cognitivo, o capital imaterial "só tem valor se for 'trocado'", ou seja, não pode ser valorado *a priori*, mas a partir do momento em que passa a circular nas redes de relacionamento.

O processo de criação/socialização de conteúdos (inclusive produtos culturais) não pode ser mais materializado em formas físicas, como um disco, um CD ou DVD, tão pouco podem ser convertidos em títulos de propriedade, de forma que a reserva de direitos de propriedade intelectual passa a representar uma espécie de "freagem" no processo de valoração criativa do conhecimento.

2. PROPRIEDADE INTELECTUAL X LIVRE CIRCULAÇÃO DE CONTEÚDOS: PARADIGMAS DOS MERCADOS DE PRODUÇÃO E PERFORMANCE MUSICAIS

A especificidade do conhecimento e a revolução tecnológica do capitalismo e das novas tecnologias de comunicação implicam na redefinição do direito de propriedade intelectual. Os conhecimentos não são raros e não precisam ser propriedade individual para que sejam trocados ou socializados. Mas as grandes corporações procuram novas formas de "submissão formal" do conhecimento em novas políticas de propriedade intelectual, formando verdadeiros cartéis de enclausuramento, os *enclousers* (Moulier-Boutang 2001: 25-27). O conhecimento, ao contrário dos bens materiais, não é passível de apropriação individual nem "divisível" porque agrega valor justamente às trocas; conteúdos imateriais não são "bens rivais", mas sim bens "não-cambiáveis" e não destrutíveis, ou seja, aquele que transmite não se despoja ou se aliena do bem, mas agrega valor. Assim, "a análise das relações de trabalho em termos de contrato jurídico não capta o essencial" que é a memória, a inovação criativa, a cooperação intangível (Lazzarato apud Cocco 2003: 81).

É neste contexto que vêm surgindo várias propostas de reestruturação dos sistemas de direitos autorais e propriedade intelectual. Joost Smiers (2007: 1) propõe substituir-se o antigo sistema de *copyright* – que favorece mais às grandes indústrias culturais que propriamente aos artistas e territórios de cultura – por um sistema de direitos de propriedade restrito e limitado a um tempo menor, podendo uma obra muito popular cair em domínio público em poucos meses, por exemplo, variando de acordo com a situação de cada obra, artista, país, ou contexto político, econômico e sociocultural. A ideia é que o *copyright* seja uma forma de remunerar o artista num breve período entre uma criação e outra. Além disso, o "novo" direito daria ao autor propriedade sobre a obra e não sobre suas características (obras parecidas, casos de plágio). Afinal, a adaptação criativa é uma prática motriz em todas as culturas do mundo e característica marcante em estilos que trabalham sobre plataformas informatizadas, como tecnobrega, o *funk*, as diversas variações da música eletrônica, o *soul*, e muitas outras. As práticas de "sampleagem", *loops* e demais formas de bricolagem são recursos considerados como parte do processo criativo do compositor. Uma forma de regulação de direitos autorais mais aberta beneficiaria a dinâmica criativa da cultura contemporânea. O que ocorre, segundo Smiers (2007: 2), é que o sistema de *copyright* contradiz os direitos mencionados na Declaração Universal dos Direitos Humanos, em que é garantido a todos o acesso aos meios de comunicação e, aos artistas, a possibilidade de ganhar a vida com seu trabalho. Vale lembrar também que em sua 31ª Conferência Geral, em 2001, a Unesco declarou a diversidade cultural como "patrimônio comum da humanidade", considerando-a "tão vital para a humanidade, quanto a diversidade biológica é para os organismos vivos" (Mattelart 2006: 141-144). Por outro lado, Smiers põe em questão a figura do autor, que, para ele, exerce um trabalho de releitura criativa com base em suas influências, um processo muito similar ao conceito de culturas híbridas de Canclini, que contesta identidades e processos culturais "autênticos" e "puros" diante de uma dinâmica sociocultural pautada na interação constante de referências culturais diversas (2006: XXIII). Canclini (2006: XIX) define hibridação como:

> Processos socioculturais nos quais estruturas ou práticas discretas, que existiam de forma separada, se combinam para gerar novas estruturas, objetos e práticas [...] A hibridação ocorre em condições históricas e sociais específicas, em meio a sistemas de produção e consumo que às vezes operam como coações, segundo se estima na vida de muitos migrantes.

Assim, os processos de autentificação e personalização da obra são parte do projeto capitalista que visa atribuir fama e valor econômico à arte e à figura do artista, onde este passa a ser um produto em si. De fato, o sistema de *copyright* "privatiza muito agressivamente terrenos completos de criatividade e desenvolvimento de conhecimentos. Isto supõe uma desvantagem para os futuros processos de criação e representação dos artistas" (Smiers 2007: 9). Para Smiers, o conceito de direito moral do autor sobre a obra é "demasiado romântico" (*idem*: 10-1), porque pressupõe a originalidade da obra, excluindo o fato de que as inspirações criativas vêm de uma bagagem de vivências e experiências acumuladas por meio do contexto social e cultural do autor. Moulier-Boutang (2001: 39) demonstra que o direito moral funciona como manobra de articulação financeira para *managers* e produtores culturais, que administram os direitos como títulos financeiros e valiosas fontes de lucro. No capitalismo cognitivo, o autor/artista tem na obra o direito a renda em troca de uma atividade humana (a performance, por exemplo) e não mais uma espécie de fonte de renda perene, uma vez que o que se origina da obra não é mais um papel de direito negociável e rentável, mas um bem coletivo de conhecimento. Segundo Smiers, numa sociedade onde não existe propriedade individual em forma de *copyright*, não há pirataria; "se todo mundo pode copiar, é o fim da exclusividade dos piratas" (2007: 12).

Nos movimentos pelo *copyleft* (direitos autorais abertos), os mais atingidos não são os artistas, mas as grandes corporações culturais, que vêm travando uma batalha publicitária contra as possibilidades de produção aberta, difundindo o conceito mercadológico de propriedade intelectual, uma vez que, "durante anos, detiveram monopólios e direitos de exclusividade em todo o processo de produção e agora terão que encontrar outras formas de lucrar". "A arte monopolizada é a arte do domínio, que empacota e vende seguindo a cartilha do lucro. Arte livre é a arte de todos, aberta para a crítica, aberta para a intervenção e à apreciação universal", por isso, o *copyright*, de muitas formas, restringe também a capacidade de difusão da obra e do trabalho do artista. "Quanto mais conhecido o trabalho de um artista, mais oportunidade ele terá de ser convidado para palestras, para fazer shows, participar de publicações, etc." (Bonjour e Corsini, 2007: 11); esta é a filosofia das bandas e produtores do tecnobrega, que vêem na circulação livre de suas músicas uma forma de divulgação e multiplicação das apresentações ao vivo, estas sim a principal fonte de renda no gênero. A atribuição de novas formas de renda para a criação artística (através de performance, *shows* e contato real com o público, experiências valorizadas pelo aspecto sensorial) possibilita, através da maior circulação de conteúdos, além de um espectro bem mais amplo de formas de propagação, novas formas de apropriação criativa, releituras e hibridações culturais.

Neste contexto, diversas alternativas vêm sendo propostas como forma de atualizar e reestruturar as antigas políticas de controle e propriedade intelectual, como o *Creative Commons*.[1] Mas Ivana Bentes lembra que as mudanças nos sistemas sociais, econômicos e políticos em direção a organizações em redes distributivas carecem de uma estrutura mínima de tecnologias de informação e comunicação (as

---

1 O *Creative Commons* é um projeto desenvolvido na Universidade de Stanford, nos Estados Unidos, que visa possibilitar maior flexibilidade de usos criativos sobre obras autorais, protegendo o direito a autoria por meio de licenças jurídicas abertas, adaptadas à legislação dos países onde é praticada. No Brasil, as licenças *Creative Commons* são geridas pelo Centro de Tecnologia e Sociedade da Escola de Direito da Fundação Getúlio Vargas. Disponível em: http://www.creativecommons.org.br.

NTIC's), sistemas alternativos de informação e comunicação, *softwares* livres e um requisito cultural que é a "distribuição da inteligência de massa". Embora no Brasil, apenas 10% da população possua computador em casa. "Comunicação e cultura tornaram-se estratégicos para a sociedade civil"; assim, Ivana propõe um modelo de "cidades de cooperação" para fomentar uma filosofia colaborativa por compartilhamento de bens simbólicos e culturais (Bentes 2007: 5-6).

3. A QUESTÃO DO GOSTO *BREGA* E O SURGIMENTO COMERCIAL DO TECNOBREGA

A história da música popular brasileira guarda lacunas escondidas pelo estigma do gosto e de suas apropriações como forma de distinção social. Diversos pesquisadores da etnomusicologia, antropologia e comunicação assumem e determinam o bom desempenho comercial – despontado por diversos motivos, muitas vezes relacionados às mudanças culturais e tecnológicas ou apropriações de produções populares por parte da indústria massiva – como pivô da passagem de determinados produtos musicais da arena *brega* ao consumo de classes superiores na escala sociocultural (Guerreiro do Amaral 2006a; Araújo 1999; Freire Filho 2003). Na década de 1960, a comercialização do *brega* "alavancou a indústria fonográfica nacional", especialmente nas cidades de Recife, Goiânia e Belém (Guerreiro do Amaral 2006a: 3), o que não freou de forma alguma a distinção binarista entre povo e elites, respectivamente, popularesco e erudito, ou, ainda, mau gosto e bom gosto, todas formas de distinção sociocultural baseadas no consumo e no gosto.

No Pará, o brega ocupou um espaço na acirrada disputa pela produção musical regional durante as últimas três décadas. A forte presença da cultura europeia em Belém e em Manaus, herança da *belle époque* da borracha no século XIX, é um dos fatores mais significativos para a construção e determinação dos padrões de bom gosto e alta cultura.

O fato se deve muito às tradições culturais burguesas e à insistente manutenção de uma autenticidade original forjada pelas classes altas desde o período colonial, que instituíram a cultura europeia como referência de comportamento, arquitetura, cultura e conhecimento. No final do século xix – a partir da inauguração do Theatro da Paz em 1878 –, as elites da borracha financiaram a apresentação de diversas óperas e concertos de autores europeus em Belém e em Manaus (Salles 1994: 88-126). Além de enviarem seus filhos para universidades europeias, a fim de que trouxessem de lá influências políticas e referenciais culturais para a construção de uma elite emergente na nova sociedade brasileira. Em Belém, a segregação cultural entre as heranças europeias e as práticas culturais ritualísticas "primitivas" oriundas dos povos nativos e hibridações (os chamados caboclos) corroborava a concepção de raças inferiores e incapazes intelectualmente. Desde então, os núcleos de influência e referência cultural e bases de poder estavam instalados no Rio de Janeiro, em São Paulo, Minas Gerais e na Bahia. As práticas culturais realizadas nestes territórios – fortemente imbricadas nas importações de costumes europeus – eram tidas como "modernas" e "atuais", de forma que as práticas realizadas nas demais regiões, com inferiores índices de desenvolvimento econômico, eram tidas como "folclóricas", "antigas" e "primitivas"; em reforço a esta ideia, havia ainda o real isolamento da região Amazônica que impedia o intercâmbio cultural com as regiões economicamente mais desenvolvidas, de forma que "estar longe do espaço europeizado significava estar situado num tempo passado, primitivo" (Loureiro 2001: 41).

A partir da primeira metade do século xx, as elites paraenses pós-borracha viram-se inclinadas a assumirem a identidade cabocla, numa época em que o rústico e o "original" ganhavam valor de mercado no mundo globalizado. A procura por autenticidade no consumo espelha a grande polifonia de marcas, formas e ideias produzidas em série; recorrer à identidade amazônica e suas origens étnicas seria obter um diferencial no comércio imagístico. Só assim os rituais, batuques, danças, símbolos e dialetos caboclos puderam ser "elevados" a alta cultura, mas, para tanto, tiveram de abrir mão de uma gama de significações sociais, políticas e culturais para assumirem uma qualidade essencialmente estética para o mercado simbólico da indústria cultural e do turismo.

Rodrigues (2005: 64-5) estabelece a segunda metade nos anos 1970 como marco da popularização dos dispositivos eletroacústicos para além dos ambientes universitários e científicos, abrindo espaço para uma maior "variedade estilística". Neste mesmo período, na Europa, os artistas passaram a tomar frente contra as velhas convenções binaristas erudito/popular, arte série/arte ligeira e arte/vida. Já nos anos 1980, o autor observa a ascensão dos DJs como produtores musicais (que vinham das emissoras de rádio e, posteriormente, das pistas de dança; mais adiante passariam ao *status* de compositores), o que "oxigenou de modo notável os processos de invenção bricolagística eletrônica" (*idem*: *ibidem*). Nos anos 1990 e 2000, o afloramento da música eletrônica na Europa elevou o DJ a uma posição cultuada pelo público e pelos pares do mercado cultural, "pois ele entra numa espécie de relação empática com o público, à medida que ele consegue captar o estado de ânimo na pista", criando intervenções não somente nas músicas, mas no evento em si, o que tornaria as festas comandadas por DJ's um acontecimento sensorial e simbólico único e, portanto, de grande potencial valorativo na cadeia produtiva da cultura popular.

É neste contexto que a música tecnobrega surge em Belém; por um lado, as populações periféricas, já distantes dos territórios rurais tradicionais (de onde emigraram) e alheias aos circuitos culturais elitistas da cidade, vivem num interstício cultural, onde muitas práticas tradicionais são mantidas e reapropriadas no ambiente (sub)urbano em meio a uma enxurrada de produtos e formatos massivos das grandes mídias; por outro, a corrida tecnológica das cidades aguça a curiosidade e a vontade de experimentar novas formas de criação artística e, assim, estar em dia com a linguagem globalizada dos grandes centros culturais.

Em pesquisa de campo nas festas de aparelhagem e estúdios caseiros de Belém, Vianna (2007: 2-3)observou:

> Vi, há quinze anos, as aparelhagens ainda tocando discos de vinil. Os DJs passaram a usar CDs, depois MDs e agora só trabalham com MP3s, mixando os sucessos do tecnobrega com o auxílio de mouses e teclados, controlando tudo a partir da tela plana de seus computadores. Eles têm o mesmo fascínio diante da última tecnologia que o público. Nesse sentido são completamente diferentes de DJs de música eletrônica da classe média brasileira que se organizam em movimentos pró-vinil, tentando manter a tradição analógica da discotecagem. O pessoal das aparelhagens não vacila na hora de jogar fora os equipamentos antigos. Querem ser reconhecidos como os pioneiros, os primeiros a adotar as novidades. O público valoriza essa atitude. As festas mais concorridas são justamente aquelas nas quais as aparelhagens apresentam suas novas "evoluções", cujas principais atrações em termos tecnológicos são guardados como segredos de estado até a estreia, para evitar a cópia pelas concorrentes.

Portanto, tecnobrega significa a apropriação livre ou eclética de códigos *cult*, tradicionais, midiáticos e do excesso misturados com símbolos e equipamentos da mais alta tecnologia, ou seja, no campo do estilo musical, uma mistura de guitarradas caribenhas, batucadas de carimbó com *laptops*, *softwares* de edição digital, sintetizadores, sequenciadores, *samplers*; de outro lado, uma mistura de brilhos, cores vivas, tinturas de cabelo, botas, roupas de couro sintético, pirotecnia, coreografias, grandes trupes num espetáculo performático onde é possível identificar códigos ritualísticos caboclos encobertos num enorme aparato tecnológico.

Este aspecto de pastiche pós-moderno, aliado ao movimento de ecletismo cultural das "elites globais extraterritoriais" (Bauman 2003:

52-4) – ecletismo geralmente amparado nas representações estereotipadas e superficializadas de culturas consideradas exóticas sob o ponto de vista das culturas hegemônicas; para Bauman, estas elites globais "habitam uma bolha sociocultural isolada das diferenças mais ásperas entre diferentes culturas nacionais" – são os principais fatores de enquadramento do que é brega ou *cult* nas sociedades de consumo contemporâneas. A confusão ou hibridação entre estas duas categorias reflete a intenção de rompimento das distinções sociais que formam as fronteiras de classes entre culto e vazio, privilegiados e excluídos (sob a ótica do consumo). Segundo Freire Filho (2003: 11):

> As práticas de consumo bregas estão, sem dúvida, relacionadas tanto à autogratificação narcisista, ao hedonismo consumista, à vontade de demolir hierarquias opressivas, a investimentos afetivos de toda sorte quanto (em especial, no caso dos chamados bregas-emergentes) ao desejo de autoafirmação, ao anseio de prestígio, à tentativa de emular os modelos daqueles situados em escalões mais altos de prestígio da sociedade, granjeando sua simpatia e seu reconhecimento.

É neste contexto que as mídias alternativas começam a emergir como forma de driblar os difíceis sistemas de distribuição e divulgação do mercado formal. Se o tecnobrega apropriou-se livremente de tecnologias e formas de produção e composição musical, as estratégias alternativas de circulação destas produções também foram elaboradas dentro de um contexto específico que envolve canais de comunicação livres do controle financeiro das grandes corporações, formas imateriais de propagação de conteúdos e redes colaborativas informais. Porém, temos a clara noção da lógica do consumo, onde, se por um lado um determinado grupo social excluído apropria-se de padrões e tecnologias hegemônicas para fazer-se representar no mundo midiático, por outro, a cultura massiva também toma para si produtos populares para explorar seu potencial de agenciamento ao consumo, muitas vezes reduzindo seus formatos e narrativas a uma simplicidade mais adequada à rapidez do mercado simbólico.

4. O MERCADO TECNOBREGA: NÚMEROS E INDICADORES DE UMA MUDANÇA NO CIRCUITO CULTURAL LOCAL

Segundo Rodrigues (2005: 112-4), a "escuta contemporânea" é marcada principalmente por dois fatores históricos: 1) a repressão política e religiosa por parte da Igreja Católica à música pulsante e polifônica desde o período gregoriano, no século VI; e 2) o processo de mercantilização da escuta forjado pela cultura europeizante que se propunha como centro referencial da alta cultura, separando as demais formas de composição e expressão à classificação de baixa cultura. A música europeia e seus rituais simbólicos (concertos, teatros, saraus, orquestras particulares, "fetichismo da técnica" e "horror medonho ao erro") sinalizavam uma posição social superior. Em Belém, a figura do Theatro da Paz é emblemática deste período por representar o que Wisnik denomina "uma moldura visível" da música clássica, ou seja, um espaço sagrado da alta cultura onde qualquer tipo de ruído (sonoro ou cultural) é severamente excluído (*idem*: 42-3).

Acontece que, no circuito tecnobrega, o espaço ritualístico e canônico do teatro é transplantado às festas de aparelhagens, e, com isso, os ruídos provenientes da vida urbana, da periferia e das diferenças socioculturais ganham volume e espaço de ressonância. Segundo pesquisa realizada pela Fundação Getúlio Vargas do Rio de Janeiro, em parceria com o Overmundo e a Fundação Instituto de Pesquisas Econômicas da USP em 2006, existem cerca de 700 aparelhagens em funcionamento em Belém (fora muitas outras centenas no interior do Estado, onde o mercado do tecnobrega se expande de forma acelerada), que empregam diretamente mais de 4 mil pessoas. É certo que houve uma significativa mudança nas formas de negócio, distribuição, gerenciamento de imagem e lucro no mercado de artistas bregueiros do Pará. Segundo a mesma pesquisa, na cidade de Belém, o mercado do tecnobrega conjuga formalidade com informalidade, envolvendo bandas, festeiros, DJs de aparelhagens, estúdios caseiros e vendedores ambulantes, que movimentam juntos cerca de 8 milhões de reais por mês (FGV *et al.*: 8-11), dos quais, pelo menos 1,745 milhão circula no mercado informal dos vendedores de rua, que são ainda os principais responsáveis pela distribuição dos CDs e DVDs gravados nos estúdios de pequeno porte; esta distribuição tem um papel que vai além da mera acessibilidade física do produto ao consumidor, chegando a funcionar como a principal forma de divulgação das bandas e do próprio estilo; ainda segundo a pesquisa supracitada, 51% dos artistas incentivam e repassam seus CDs e DVDs diretamente aos vendedores de rua, e 59% avaliam positivamente o trabalho dos ambulantes para suas carreiras artísticas.

Os dados de mercado obtidos pela pesquisa demonstram que as estratégias informais têm gerado sustentabilidade financeira aos artistas de uma cidade onde, tradicionalmente, emigrar e projetar-se no mercado nacional são condições diretamente associadas por artistas e públicos. A renda mensal média dos cantores de tecnobrega e das aparelhagens está estimada em mais de 1.600 reais, o que representa respectivamente 46% e 72% da renda total de músicos e DJs que trabalham na cidade. Além disso, o faturamento mensal com a venda de CDs e DVDs de tecnobrega (em camelôs ou durante os shows) ultrapassa 2 milhões de reais e cerca de 180 mil DVDs vendidos por mês (FGV *et al.*: 11-2).

Estes dados demonstram uma mudança não só no mercado musical, mas no circuito cultural nacional. A histórica centralização da produção cultural massiva no Rio de Janeiro, São Paulo e Bahia provocou durante décadas a emigração de artistas de cidades periféricas para estes grandes centros. Ainda hoje, o Rio de Janeiro concentra 80%

de toda a produção audiovisual nacional.[2] Todas as gravadoras multinacionais (as *majors*) mantêm sedes apenas no Rio de Janeiro e em São Paulo, e mais de 80% das gravadoras nacionais (inclusive as independentes, popularmente chamadas de *indies*) estão sediadas na região Sudeste, com 49% em São Paulo e 28% no Rio de Janeiro; nota-se que nenhuma foi catalogada em toda a região Norte (Gráfico 1). Mesmo assim, a produção musical e a formação de novos circuitos consolidados estão demonstrando resultados significativos fora do antigo eixo cultural centralizado e utilizando-se de sistemas de circulação alternativos, baseados mais na postura colaborativa do que nas antigas competições por estatísticas de venda da indústria fonográfica tradicional. Isso se deve às novas possibilidades de produção-circulação-consumo-interação que vêm sendo experimentadas em territórios antes ocultados pelas grandes mídias, como o Pará.

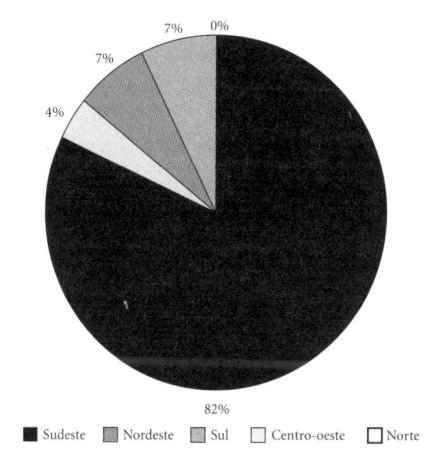

GRÁFICO 1: Porcentagem de gravadoras nacionais por região do Brasil (2005)
Fonte: BOULAY (org.), 2005.

2   Anotação em palestra do Professor João Luiz Vieira, do Departamento de Cinema e Vídeo da Universidade Federal Fluminense, em 8 de março de 2007.

5. DEFASAGENS SOCIOCULTURAIS:
DIVERSIDADE CULTURAL E POLÍTICAS PÚBLICAS
NO MERCADO DO TECNOBREGA

Não pretendemos aqui abordar questões estéticas a respeito do tec-nobrega; acreditamos que o gênero tem trilhado uma evolução natural, tanto da emergência constante de novidades tecnológicas quanto da expansão territorial do tecnobrega, que tem viajado pelo país e, siste-maticamente, incorporado novos elementos referenciais, mesmo que geralmente o foco principal dos artistas seja tomar frente na corrida pelo espaço midiático. Guerreiro do Amaral (2006a: 4-5) afirma que

> Se o *tecnobrega* é "autenticamente" paraense, é também caracterizado
> pela "não autenticidade"; ou seja, o som, que é "autêntico", consiste
> também na recriação (em "versões", para usar um termo nativo) de
> músicas que estão na crista da onda no circuito mundial das rádios, da
> produção discográfica, audiovisual e dos espetáculos.

Nosso argumento é que movimentos populares como o tecnobrega do Pará representam uma brecha na passagem de paradigmas de um modelo capitalista material e financeiro para um capitalismo cognitivo e imaterial. As alternativas encontradas pelos artistas para circular sua produção e gerar renda a partir da experiência sensorial têm demons-trado resultados concretos no cotidiano local. Além disso, existe um movimento importante de redescrição dos conceitos de cultura popu-lar, alta cultura e folclore local, o que implica diretamente nas políticas públicas locais. A disputa dos artistas e produtores de tecnobrega pelo espaço simbólico nas mídias, no imaginário e no cotidiano popular ajuda a romper, de certa forma, uma forte barreira social criada em torno do gosto culto, ao longo dos últimos quatrocentos anos; o que possibilita repensarmos as políticas de diversidade cultural praticadas atualmente. Somente em 2002 – mesmo ano em que se convencionou determinar a estreia do tecnobrega em Belém (Guerreiro do Amaral 2006 e Vianna 2007) – as emissoras de rádio e TV do Estado do Pará passaram a considerar o tecnobrega como parte da cultura popular paraense, o que representou um marco para o gênero; a partir daí, iniciou-se uma ação coletiva que envolve artistas, produtores, comunicadores, pesquisadores e simpatizantes na busca por legitimação do gênero localmente, uma disputa constante onde trafegam discussões acerca de autenticidade, apropriações, mídias massivas, mercado informal, propriedade intelectual e sustentabilidade financeira.

O grande gargalo das políticas culturais na América Latina como um todo – o que se reflete nitidamente numa sociedade como a de Belém, onde a cultura local é dividida entre tradicionalismo folclórico e eruditismo europeizado – é que ainda baseiam-se em conceitos tradicionalistas, puristas e binaristas, onde se tem a ideia de que a contenção de investimentos estrangeiros, o resgate e a preservação de tradições "autênticas" e o trato da cultura como "patrimônio cultural" seriam as formas mais adequadas de fazer frente à concorrência industrial globalizada. Na verdade, estas medidas fazem com que uma produção popular menos "autêntica", e nem por isso ilegítima, fique alheia às políticas públicas que privilegiam grupos restritos ora por interesses estatizantes e patrimonialistas, ora por interesses econômicos e políticos.

O fato é que a cultura ainda é considerada como um fator secundário na economia nacional, de modo que as políticas culturais não conseguem abranger um leque mais amplo de produções locais, aquelas que geralmente fogem a um dos dois paradigmas culturais (tradição ou erudição). A legitimação do tecnobrega passa pela abertura de espaço à diversidade popular e também pela abertura de conceitos acerca dos padrões de gosto, consumo e formas de circulação cultural. O circuito formado com o mercado informal de distribuição de conteúdos em Belém, assim como o circuito das festas de aparelhagem e performances ao vivo de bandas e cantores, está consolidado e aberto a ampliar-se a um potencial modelo de negócios no campo cultural e comunicacional. Agora, as questões estéticas, narrativas e políticas podem ser repensadas para que se apropriem também deste modelo e façam do mercado cultural alternativo um canal de fala crítica em expansão.

Referências

Araújo, Samuel. "Brega, samba e trabalho acústico: variações em torno de uma contribuição teórica à Etnomusicologia", in *Revista Opus*. Belo Horizonte: anppom. nº 6, 1999, p. 1-16.

Bauman, Zygmunt. *Comunidade: a busca por segurança no mundo atual*. Rio de Janeiro: Jorge Zahar, 2003.

Bentes, Ivana. "Redes colaborativas e precariado produtivo", in *Global*. nº 8, mar./abr./maio 2007, p. 4-6.

Bonjour, Ana Maria e Corsini, Leonora. "Viva a cópia!", in *Global*. nº 8, mar./abr./maio 2007, p. 10-3.

Boulay, Marinilda Bertolete (org.). *Guia do mercado brasileiro da música 2005*. São Paulo: Imprensa Oficial e abmi, 2005.

Canclini, Néstor G. *Culturas híbridas*. São Paulo: Edusp, 2006.

_____. e Moneta, Carlos Juan. (Coords.). *Las industrias culturales en la integración latinoamericana*. Buenos Aires: Eudeba, 1999.

Cocco, Giuseppe; Silva, Gerardo; Galvão, Alexander Patez. *Capitalismo cognitivo*. Rio de Janeiro: dp&a, 2003.

Du Gay, Paul. *Productios of culture, cultures of production*. Londres: Uage, 1997.

Fundação Getúlio Vargas; Overmundo; Fundação Instituto de Pesquisas Econômicas. *Open business models América Latina: cultura livre, negócios abertos*. Rio de Janeiro: Open Business, 2006 (no prelo).

Freire Filho, João. "Mídia, consumo cultural e estilo de vida na pós-modernidade", in *Revista eco-pós*. Rio de Janeiro: ufrj, vol. 6, nº 1, p. 72-97, 2003.

Guerreiro do Amaral, Paulo M. "Entre tapas e beijos: o tecnobrega de Belém do Pará", in *Cafeína Eletroacústica*, 2006. Disponível em http://slog.cafetinaeletroacustica.com/cgi/cgilua.exe/sys/start.htm?infoid=56&query=simple&search%5Fby%5Fauthorname=all&search%5Fby%5Ffield=tax&search

%5Fby%5Fheadline=false&search%5Fby%5Fkeywords=any&search%5Fb
y%5Fpriority=all&search%5Fby%5Fsection=all&search%5Fby%5Fstate=a
ll&search%5Ftext%5Foptions=all&sid=5&text=paulo+murilo. Acesso em
julho de 2007.

_____. "Estigma cosmopolitismo local: considerações sobre uma estética legitimadora do *tecnobrega* em Belém do Pará", in *III Encontro Internacional da ABET,* 2006, São Paulo. Universos da Música: cultura, sociabilidade e a política de práticas musicais, 2006a. p. 280-5.

HARDT, M. e NEGRI, A. *Império.* Rio de Janeiro: Record, 2001.

LOUREIRO, João de Jesus Paes. *Cultura amazônica: uma poética do imaginário.* São Paulo: Escrituras, 2001.

MATTELART, Armand. *Diversidad cultural y mundialización.* Barcelona: Paidós, 2006.

MOULIER-BOUTANG, Yann. "Riqueza, propriedade, liberdade e renda no capitalismo cognitivo", in *Revista Lugar Comum.* nº 13-4, p. 25-43, 2001.

RODRIGUES, Rodrigo Fonseca e. *Música eletrônica: a textura da máquina.* Annablume: São Paulo, 2005.

SALLES, Vicente. *Épocas do teatro no Grão-Pará ou apresentação do teatro de época.* Belém: UFPA, 1994.

SMIERS, Joost. "El copyright y el mundo no occidental. Propiedad creativa indebida", in *Cuadernos de comunicación, tecnología y sociedad.* Disponível em: http:// www.campusred.net/TELOS/articuloperspectiva.asp?idarticulo=3&rev=61. Acesso em 26/02/2007.

VIANNA, Hermano. "Paradas do sucesso periférico", in *Overmundo,* 2007. Disponível em: http://www.overmundo.com.br/banco/paradas-do-sucesso-periferico. Acesso em maio de 2007.

_____. "A música paralela", in *Overmundo,* 2006. Disponível em: http://www.overmundo.com.br/banco/a-musica-paralela. Acesso em maio de 2007.

WISNIK, José Miguel. *O som e o sentido: uma outra história das músicas.* São Paulo: Companhia das Letras, 2006.

Representações em Rebelde e recepção de Rebelde
o global e o local na comunicação e no consumo

Fernanda Elouise Budag[*]
Maria Aparecida Baccega[**]

* Graduada em Comunicação Social – Publicidade e Propaganda (FURB – Universidade Regional de Blumenau), Mestre em Comunicação e Práticas de Consumo (ESPM – Escola Superior de Propaganda e Marketing). Pesquisadora do Programa de Mestrado em Comunicação e Práticas de Consumo (ESPM).

** Graduada em Letras USP; Mestre e Doutora (USP); Livre Docente (USP), Professora do Programa de Pós-Graduação Mestrado (ESPM) e Pós-graduação (USP). Pesquisadora dos Núcleos Comunicação e práticas de consumo (ESPM); Centro de Estudos de Teleficção (USP); Comunicação e trabalho (USP). Autora do livro Comunicação e culturas do consumo (org.), 2008.

1. Contextualizando: global e local

Os mesmos canais de televisão sendo assistidos em diversos países, o mesmo livro fazendo sucesso nas variadas partes do mundo, os mesmos filmes passando nas salas de cinema espalhadas pelo globo, a mesma marca de tênis e de jeans figurando desejos de consumo em praticamente todos os continentes, um mesmo lanche *fast-food* consumido, uma mesma música em MP3 também sendo consumida culturalmente e um mesmo vídeo no YouTube sendo assistido ao mesmo tempo por pessoas de línguas distintas. E assim por diante. Isso que podemos chamar de internacionalização é uma das faces da globalização. Mas globalização não é apenas isso.

Só neste "pequeno" panorama que desenhamos, podemos destacar dois aspectos principais: a ubiquidade dos produtos – sejam eles culturais (simbólicos) ou materiais – e a presença das tecnologias da comunicação nas práticas cotidianas de sujeitos os mais distantes fisicamente. Neste sentido, dialogamos com Rubim, segundo o qual

[...] globalização é uma coisa além da internacionalização. E um além muito importante. Globalização significa que essa dimensão internacional está presente na vida das pessoas cotidianamente. [...] Presente na nossa vida cotidianamente enquanto produtos que estão ao nosso redor, enquanto ideias que estão circulando, enquanto mensagens que estão passando. Quer dizer, em outras palavras, nós não vivemos só o local, nós não vivemos só o regional, nós não vivemos só o nacional. Nós vivemos hoje o global. Porque o global é cotidiano pra gente, faz parte da nossa vida cotidiana.[1]

Ou seja, convivemos com o global sem, às vezes, nos darmos conta, porque já é um elemento do dia-a-dia de nossas vidas. Talvez, possamos dizer que o global, em certa medida, está naturalizado para nós. Deparamo-nos com notícias de grande parte do mundo nos portais da internet e nos noticiários da televisão, assim como nosso computador é fabricado em outro país ou, apesar de nossa geladeira ser brasileira, possuir componentes de origem estrangeira.

Além dessas questões que estão relacionadas mais ao âmbito cultural, poderíamos mencionar também muitos outros aspectos políticos, geopolíticos, econômicos, financeiros, tecnológicos e sociais que emergiram com a globalização, mas não é nosso foco aqui. Interessa-nos mais o papel fundamental da cultura neste contexto.

Ou seja, como diz Ianni (1994:), no início dos anos 1990, o objeto das Ciências Sociais – e inclui-se aí a comunicação – "[...] transforma-se, de modo visível, em amplas proporções e, sob certos aspectos, espetacularmente", desafiando as Ciências Sociais a pensarem "[...] o mundo como uma sociedade global."

---

1   Depoimento de Antonio Albino Canelas Rubim na palestra Cultura, Conexão, Contemporaneidade. São Paulo, Escola Superior de Propaganda e Marketing (ESPM-SP), 09/03/2007.

Contudo, é preciso lembrar, primeiro, que nem tudo é global: o nacional tem presença marcante, as várias articulações regionais *idem* e o local também emerge como protagonista na cena cultural. Tanto é que autores vêm utilizando o termo "glocal"[2] para dar conta dessa simultânea convivência do global e do local. É a sinergia entre global e local: o global está no local assim como o local no global, um não anula o outro como se poderia pensar. Não faremos uso deste termo ao longo do texto, mas temos consciência de sua importância e podemos dizer que glocal talvez sintetize bem a abordagem que queremos fazer aqui: reapropriações locais de representações globais.

Aliás, de acordo com Ortiz (1998: 29), no campo da cultura é preferível falarmos em "mundialização" e não em globalização. O autor emprega o termo "global" quando faz referência a processos econômicos e tecnológicos; e "mundial", para o domínio da cultura. De acordo com o mesmo autor, "mundo" "[...] vincula-se primeiro ao movimento de globalização das sociedades, mas significa também uma 'visão de mundo', um universo simbólico específico à civilização atual."

Se pensarmos nos megaconglomerados culturais, nas grandes empresas de produção cultural, temos um forte exemplo da atuação transnacional dos produtos midiáticos. O sistema de televisão mexicano Televisa, por exemplo, em 1980 exportava 24 mil horas de programas de televisão (Mira 1994). Não encontramos informações mais atuais sobre sua quantidade de horas de programação exportada. Porém, dados de 2007 apontam que a Televisa "[...] concentra 70% do mercado televisivo do México, é a maior produtora e exportadora de novelas do planeta, com vendas estimadas em 260 milhões de dólares por ano" (Schelp 2006).

---

2   Autores como Paul Virilio, em sua obra *A velocidade da libertação* e Trivinho (2001). Trivinho, Eugênio. "Glocal: para a renovação da crítica da civilização mediática", in Fraga, Dinorá Fraga da e Fragoso, Sueli (orgs.). *Comunicação na cibercultura*. São Leopoldo: Unisinos, 2001.

E já que começamos a falar em telenovela, e optamos estudar um dos mais recentes bem-sucedidos exemplares de sua espécie – *Rebelde* –, convém nos alongarmos um pouco mais nessa temática. Hoje em dia, as telenovelas movimentam US$ 70 milhões anualmente e são assistidas por 2 bilhões de pessoas espalhadas pelo mundo (*O Estado de S. Paulo*, 21 out. 2007) Apesar de países como França e Coreia do Sul estarem começando a se destacar na produção e exportação de telenovelas, os países latino-americanos ainda figuram entre os principais produtores e exportadores. Observando este cenário, percebe-se que, havendo telespectadores ao redor de todo o globo, a telenovela mexicana, ou a telenovela latino-americana no geral, transpõe suas barreiras nacionais e/ou latinas.

> Lugares tão distantes quanto a Rússia assistem em média a nove telenovelas latino-americanas por dia. Mapear esse fluxo transnacional é como realizar uma cartografia do desejo, em especial do desejo melodramático exacerbado pelos meios de comunicação de massa e suas mediações com as comunidades locais, tanto produtoras quanto consumidoras (Costa 2000: 48).

Neste sentido, o que nos interessa aqui não é "simplesmente" o fato de que uma mesma telenovela é assistida em mais de 70 países ao mesmo tempo – como é o caso de *Rebelde*. Ou melhor, partimos dessa constatação para fazermos interrogações do tipo: que ressignificações ocorrem em cada país em que uma telenovela é transmitida, uma vez que podem apresentar culturas tão diferentes, como Brasil e Israel, por exemplo? Não chegamos a comparar a recepção de *Rebelde* entre dois países, por exemplo, mas queremos ao menos identificar como é recebida e reapropriada aqui, no âmbito local brasileiro.

Como vemos, a cultural é instância central neste nosso estudo. Há singularidades em um país que não se repetem em outro. Entre México, produtor de *Rebelde*, e Brasil, receptor dessa telenovela, há coincidências e discrepâncias. Além de diversidade nas vestimentas e hábitos alimentares, há um conjunto de costumes e crenças que diferem de um país para outro e influenciam, portanto, na recepção de um produto cultural-midiátco. Corroboramos com Jacks (1999: 57), quando esta diz que "a mediação cultural é o terreno no qual todas as informações se originam, onde o consumo se efetiva e o sentido é produzido." Esta é a razão de assumirmos como aporte teórico os Estudos Culturais e os Estudos de Recepção, sobre os quais traremos apontamentos no decorrer do texto, justificando sua adoção.

2. Teorizando: cultura e recepção

De acordo com García Canclini, "[...] a cultura abarca o conjunto dos processos sociais de significação, ou para dizer de um modo mais completo, a cultura abarca o conjunto dos processos sociais de produção, circulação e consumo de significação na vida social"(Canclini apud Silveira 2006: 36). Trazemos esta "definição" de cultura para reforçarmos o quanto a noção de cultura nos é cara aqui. Da mesma forma o é a teoria dos Estudos Culturais, que possibilita perceber o processo da comunicação como um todo (produção, circulação, consumo) e sua inserção no contexto sociocultural mais amplo. Permite "desbotar" as fronteiras entre as diversas disciplinas das Ciências Sociais e percebe a dinâmica entre os níveis socioeconômicos. Adiante, em nossas análises, é possível entrever como isto se dá.

Compreendemos teorias – como a teoria dos Estudos Culturais, por exemplo – "[...] como ferramentas que nos ajudam a enxergar, atuar e movimentar por campos sociais específicos, indicando fenômenos relevantes, estabelecendo nexos, interpretando e criticando, e talvez explicando e prevendo determinados estados de coisas" (Kellner 2001: 38). Assim, os Estudos Culturais são a perspectiva com a qual observamos nosso objeto e o panorama de base a partir do qual fazemos nossas análises.

E apenas com as contribuições dos Estudos Culturais é que a pesquisa de recepção estabelece-se em moldes dialógicos. "A recepção passa a ser vista como momento privilegiado da produção de sentido, refutando a concepção reprodutivista e firmando que 'mais do que de meios, a comunicação se faz hoje questão de mediações, isto é, de cultura'" (Martín-Barbero apud Lopes *et al.* 2002: 22. Portanto, entendemos a recepção como processo (momentos interligados): processo em que o receptor tem participação ativa na interpretação das mensagens, processo interpelado por mediações que atuam como influenciadoras, formando a circularidade, em espiral, do processo de comunicação. Resumidamente, "Os estudos de recepção baseiam-se em dois pressupostos. Primeiro, o de que a audiência é sempre ativa; segundo, o de que o conteúdo dos meios é polissêmico [...]" (Gomes 2004: 175).

3. ANALISANDO: PRODUÇÃO DE SENTIDOS E PRÁTICAS DE CONSUMO

Possuindo como *corpus* de análise o discurso de jovens receptores de *Rebelde* – coletados em entrevistas realizadas no espaço em frente à casa de espetáculos Via Funchal, onde RBD, grupo musical composto pelos protagonistas de *Rebelde*, realizou um de seus shows –, tentamos identificar marcas discursivas que remetessem às ressiginificações e apropriações, proporcionadas pela recepção e pelo consumo de *Rebelde*. Buscando perceber como a produção de sentido dá-se localmente.

Assumimos como procedimento de apreciação do *corpus* a Análise do Discurso de linha francesa. Esta perspectiva de análise abarca características como a importância dada ao interdiscurso, ao sujeito no discurso, à relação entre a formação discursiva e seu contexto. Enfim, de maneira sintética, preocupa-se com a relação da linguagem com sua exterioridade.

De certa maneira, podemos dizer que tentamos enxergar os implícitos nos discursos: "[...] conteúdos que não constituem, em princípio, o objeto verdadeiro da enunciação, mas que aparecem através dos conteúdos explícitos" (Maingueneau 1998: 81). Pois nem sempre conseguimos reconhecer as informações diretamente e são estes implícitos que nos reportam ao nosso objetivo.

Seguindo uma linha de pensamento segundo a qual "[...] quando importados, os produtos da mídia global passam por um processo de reelaboração local, de reinterpretação, ou adaptação" (Mira 1994: 141), analisamos e dividimos então os posicionamentos de nossos entrevistados em dois grandes grupos discursivos para identificarmos esta reinterpretação: 1) os discursos que remetem a ressignificações dos sentidos de *Rebelde* e 2) os que remetem a práticas de assistência e consumo de *Rebelde*.

A) Ressignificações do sentido

No que concerne ao grupo 1, as ressignificações que damos destaque dizem respeito aos sentidos de rebeldia – os sentidos de "ser rebelde" – que nossos entrevistados manifestaram. Os subgrupos mais significativos que aparecem aqui são os que seguem: ser rebelde é 1) ser contra o mal; 2) ter opinião própria; 3) ter personalidade; 4) não é ser revoltado; 5) lutar pelos seus objetivos; 6) é ser legal e 7) é ter atitude.

Os representantes do nível socioeconômico A (NSE A) estão bem dispersos entre os subgrupos, mas com uma concentração maior no subgrupo "ser contra o mal". Enxergamos um certo moralismo nestes enunciados específicos, uma vez que privilegiam uma conduta considerada socialmente válida. Se concebermos que o moralismo é uma tendência de comportamento encontrada relativamente com frequência entre sujeitos do nível socioeconômico A, faz todo sentido que nossos jovens entrevistados posicionem-se desta maneira. Isto porque, segundo Bakhtin, o pensamento individual e, consequentemente, sua enunciação, são socialmente estruturados. "O *centro* organizador de toda enunciação, de toda expressão, não é interior, mas exterior: está situado no meio social que envolve o indivíduo"(Bakhtin 2004: 121). O discurso que externo é produto do contexto e dos inúmeros discursos que internalizo: o processo é de fora para dentro. Ou seja, é na convivência com sua família – "local" em que se forma seu enunciado – que o jovem recebe o conteúdo de seus discursos.

Já os discursos manifestados pelos jovens de níveis socioeconômicos B e C (NSE B e NSE C) inclinam-se, sobretudo, para os subgrupos 3 e 4, respectivamente "ter personalidade" e "não ser revoltado". Nestes níveis socioeconômicos, percebemos com mais evidência como a telenovela *Rebelde* efetuou uma ressignificação do conceito de "rebelde". Dificilmente, antes da telenovela, ouviríamos sujeitos dizendo que ser rebelde "não é quebrar tudo e falar palavrão", "não é criminalidade", "não é desrespeitar", "não é aprontar"; "não é sair por aí se rebelando", "não é responder às mães, aos pais e aos professores" – todas expressões ditas por nossos entrevistados dos níveis socioeconômicos B e C. Aliás, interessante como expressam sua opinião por meio do que podemos chamar de "discurso da negação". Ou seja, pronunciam enunciados que não dizem o que *é* ser rebelde, dizem o que *não é* sê-lo. Aparenta como que uma tentativa de defesa contra quem não compreende a "essência real de ser rebelde".

Esses muitos sentidos que apreendemos dos discursos desses jovens correspondem à polissemia característica de um produto cultural-midiático, característica do processo de recepção. A polissemia é a negação de um sentido sedimentado e nuclear no discurso e é, pois, a assunção de que há mais de um sentido, de que há sentidos diferentes no discurso. Assumir a polissemia é a afirmação de que é possível uma multiplicidade de sentidos.

À parte destes grupos discursivos que estabelecemos, notamos um fato interessante de ser destacado: uma percepção que atravessa todos os níveis socioeconômicos pesquisados. A percepção de que o que acontece em *Rebelde* é a realidade emerge do discurso de todos os níveis socioeconômicos. Encontramos expressões como: "pra gente é real", "era como a vida real, praticamente", "eles representavam a gente na novela", "mostra tudo que acontece na adolescência", "uma novela que fala a realidade" e "o que a gente vive é mostrado lá". Logo, o que vemos aqui é a presença da verossimilhança, a semelhança com a verdade, com o real. Esse efeito de verossimilhança intensifica-se, provavelmente, porque esses jovens de fato se identificam fortemente com o enredo, com as personagens, com os ambientes, com as músicas e demais elementos que compõem o folhetim.

B) Apropriações a partir da recepção e do consumo

No que se refere ao grupo discursivo número 2 (práticas de assistência e consumo de *Rebelde*), queremos apresentar as situações de recepção do simbólico que envolve *Rebelde*, assim como as práticas de consumo material que identificamos nos enunciados proferidos por nossos jovens entrevistados. Desta vez, ordenamos as marcas discursivas em cinco subgrupos: 1) o momento da assistência, 2) as práticas culturais, 3) o envolvimento emocional e 4) o consumo material.

Constatamos que, além de os sujeitos construírem em certo grau sua distinção, sua singularidade, continuam "presos" a laços que os vinculam, mesmo implicitamente, aos seus respectivos níveis socioeconômicos. Pois "a recepção é parte tanto de processos subjetivos quanto objetivos, de processos *micro*, controlados pelo sujeito, e *macro*, relativos a estruturas sociais e relações de poder que fogem ao seu controle"(Lopes 2002: 14).

No primeiro subgrupo – o momento da assistência –, encaixamos os discursos que remetem ao momento mesmo de assistir à telenovela. O que encontramos revela, em grande parte, a atenção que a telenovela ganhava por parte de seus jovens receptores e a ocorrência deste subgrupo nos níveis socioeconômicos B e C. Uma entrevistada, alegando que não conseguia concentrar-se na escola, parou "de estudar dois anos pra assistir à novela" (NSE B); outra fala que "dez minutos antes da novela estava na televisão grudada, grudada, grudada" (NSE B); um entrevistado diz que "mesmo quando eu tinha que trabalhar, assistia lá no meu trabalho" (NSE C); uma receptora conta que "saía da escola voando. Não esperava ninguém. Até meu material eu deixava com minha amiga e chegava correndo" (NSE C); e mais uma entrevistada, esta relata que "ficava doida. Ficava batendo na TV quando aconteciam aquelas coisas emocionantes, eles se beijavam. Era da hora" (NSE C).

Já o segundo subgrupo – as práticas culturais – refere-se a práticas adotadas pelos sujeitos a partir da recepção e do consumo de Rebelde-RBD e ocorre em todos os níveis socioeconômicos. Um enunciado de representante do nível socioeconômico A diz o seguinte: [eu compro os produtos de Rebelde] porque "posso, um dia que for me vestir, me espelhar neles". No nível socioeconômico B, os discursos que se enquadram neste subgrupo falam, sobretudo, de práticas de consumo de música. Por exemplo: a) "A gente tem uma banda cover [de Rebelde]". b) "Eu tiro um DVD, eu ponho um CD. Eu tiro o CD, eu ponho o DVD. Então é o dia inteiro assim. Quando eu não estou assistindo, eu estou procurando alguma coisa deles na internet. É sempre assim. O meu quarto, lotado, assim. Durmo com eles. Penso neles 24 horas." c) "Tipo, a minha mãe briga porque eu gasto muito. Entre pôster, CDs, DVDs e shows que eu já vim, eu já gastei três, quatro mil reais. É dinheiro, entendeu? O dinheiro que eu vim ao show era pra eu tirar minha carta de motorista." Por fim, o discurso do nível socioeconômico C tende a práticas diversas: "[compro os produtos de Rebelde] porque essas coisas dá pra eu usar em mim mesma e dá pra eu colar na parede, os pôsteres. É bom porque sempre quando você vai usar você vai ver a cara deles e é mó legal."

"Envolvimento emocional" é como nomeamos o subgrupo de número três, no qual englobamos os enunciados que revelam sentimentos intensos com relação à telenovela Rebelde ou ao grupo RBD. Este subgrupo restringe-se, em grau mais elevado, somente ao nível socioeconômico B. Destacamos os discursos mais intensos e transcrevemos agora. a) "Quase fui parar na Santa Casa de tão ruim que eu fiquei, de saber que eles [RBD] estavam aqui no Brasil e eu não tinha vindo ver eles." b) "[No show de RBD no Morumbi,] eu desci da arquibancada. Entrei na área de serviço pra descer e consegui descer até lá embaixo. Eu não conhecia, achei que aquelas três arquibancadas fossem uma só. E não é. Na hora que cheguei, pensei 'eu to aqui nessa lonjura?'. Eu quase tive um treco. E também dessa vez [no show de RBD no Via Funchal] eu comprei o ingresso escondido. Consegui carona, vim, comprei o ingresso, voltei. Minha mãe não ficou nem sabendo." c) "Eles se tornam parte de nossa família. A gente passa a gostar deles como se fosse alguém, assim, um irmão." d) "Eu falo que, se um dia eles precisarem do meu coração, eu dou pra eles, entendeu? Porque eu não aguentaria ver ou acabar a banda ou um deles morrer."

A respeito do último subgrupo, "o consumo material": aqui agrupamos os posicionamentos adotados diante do consumo de bens materiais de *Rebelde-RBD*. Salta-nos aos olhos o alto grau de consumo material dos representantes do nível socioeconômico C, que apresentam uma disposição para discursos como "Tenho quase todos [os produtos de *Rebelde-RBD*]. Porque RBD já ta me falindo" e "Porque se eu não tiver tudo [todos os produtos de *Rebelde*], eu morro. Eu tenho que ser um fã número dez". E, aparentemente paradoxal, o nível socioeconômico A, dentre os demais, o que possui maiores recursos financeiros para o consumo, divide-se entre os que não dão importância a esses produtos – "Não tenho nenhum [produto]. Não gosto. Aquele gel *Rebelde*, calcinha *Rebelde*... Fica aquela coisa meio... Tipo, coisas, produtos, assim, nem, nem curto, não" – e os que esbanjam grande desejo por esse consumo – "Tipo, eu passo pela banca, se eu não compro uma revista, nossa, fico com aquilo na cabeça". E o nível socioeconômico B apresenta um discurso bastante revelador de suas práticas de consumo agenciadas por *Rebelde-RBD*: "Eu tenho duas pasta de pôsteres. Meu quarto é todinho colado com pôster. Meu espelho é todo colado com *card* e foto. Tenho todos os DVDs e todos os CDs. No máximo, porque eu não tenho tanto dinheiro. O máximo que eu consigo comprar de CD e DVD original eu compro. Não são todos que eu tenho original. Compro xampu, compro batom, compro caderno, tudo. Tudo, assim. Tudo que eu vou vendo, que eu puder comprar, vou comprando."

CONSIDERAÇÕES FINAIS

Ao longo de todo o texto, e mais especificamente na parte final desse, em que visualizamos as interpretações de sujeitos receptores do produto cultural-midiático *Rebelde-RBD*, conseguimos notar indícios de que um discurso é sempre implicitamente constituído de outros discursos. Corresponde ao chamado interdiscurso, que nada mais é que o encontro de discursos. Gregolin (2003: 50), ao tratar desta questão, sugere que se proceda à leitura de um discurso levando-se em consideração os muitos discursos que o rodeiam, pelo fato de que um discurso não existe isoladamente; ele é resultado da "união" de discursos, alimenta-se dos demais discursos. E queremos dizer aqui que, nos discursos sobre a recepção e o consumo de *Rebelde* e RBD – mas não só neles, pois ocorre na maioria, para não dizer na totalidade, dos discursos sobre produtos midiáticos –, este encontro é formado por discursos provenientes do contexto local e do âmbito global, assim como das diversas articulações que estão sujeitas a acontecerem durante este percurso. E é justamente na confluência de discursos (interdiscurso) que se gera o encontro e o confronto de sentidos.

É certo, portanto, que localmente se produzem significados singulares, mesmo que a partir de mesmas representações, uma mesma telenovela advinda do global. Resta, então, um questionamento a ser feito: como uma telenovela provoca um arrebatamento tão grande em receptores de todo o planeta se eles constroem sentidos tão particulares influenciados por suas culturas específicas? Uma indicação de resposta talvez esteja nas palavras de Costa (2000: 56), que complementa seu pensamento com reflexões de Sodré:

> Não é surpresa que este modelo [da telenovela] ganhe o mundo. Assim como a mercadoria, a telenovela "segue modelos retóricos universais (transnacionais e transculturais), cujo código de organização é homogêneo com a forma produtiva do médium, a indústria cultural", diz Muniz Sodré.

Juntam-se a estes "modelos retóricos universais", as temáticas comuns a adolescentes globais – sobretudo histórias de casais que, depois de percalços e sucessivas separações, têm tudo para terminarem em final feliz –, a ambientação escolar e os embalos de uma música *pop*; e temos a fórmula (simplificada, é verdade) de êxito mundial de *Rebelde*.

REFERÊNCIAS

BAKHTIN, Mikhail. *Marxismo e filosofia da linguagem*. São Paulo: Hucitec, 2004.

COSTA, Cristine. *Eu compro essa mulher: romance e consumo nas telenovelas brasileiras e mexicanas*. Rio de Janeiro: Jorge Zahar, 2000.

DEPOIMENTO de Antonio Albino Canelas Rubim na palestra Cultura, Conexão, Contemporaneidade. São Paulo, Escola Superior de Propaganda e Marketing (ESPM-SP), 9 mar. 2007.

GOMES, Itania Maria Mota. *Efeito e recepção: a interpretação do processo receptivo em duas tradições de investigação sobre os media*. Rio de Janeiro: E-Papers, 2004.

GREGOLIN, Maria do Rosário Valencise. "Sentido, sujeito e memória: com o que sonha nossa vã autoria?". In: Gregolin, Maria do Rosário Valencise e Baronas, Roberto Leiser (orgs.). *Análise do Discurso: as materialidades do sentido*. São Carlos/São Paulo: Editora Claraluz, 2003.

IANNI, Octavio. "Globalização: novo paradigma das ciências sociais." *Estudos Avançados*. São Paulo, p. 147-63. vol. 8, nº 21, maio-agosto de 1994.

JACKS, Nilda. *Querência: cultura regional como mediação simbólica – um estudo de recepção*. Porto Alegre: Ed. Universidade/UFRGS, 1999.

KELLNER, Douglas. *A cultura da mídia – estudos culturais: identidade e política entre o moderno e o pós-moderno*. Bauru/São Paulo: EDUSC, 2001.

LOPES, Maria Immacolata Vassallo de; BORELLI, Silvia Helena Simões; RESENDE, Vera da Rocha. *Vivendo com a telenovela: mediações, recepção, teleficcionalidade*. São Paulo: Summus, 2002.

MAINGUENEAU, Dominique. *Termos-chave da análise do discurso*. Belo Horizonte: Ed. UFMG, 1998.

MIRA, Maria Celeste. "O global e o local: mídia, identidades e usos da cultura". *Margem*. São Paulo, p. 131-49, nº 3, dezembro de 1994.

O Estado de S. Paulo. "O Planeta tem 2 bilhões de noveleiros". São Paulo, 21/10/2007, Caderno TV & Lazer, p. 8.

ORTIZ, Renato. *Mundialização e cultura*. São Paulo: Brasiliense, 1998.

SCHELP, Diogo. "O México Vota. E já descartou o populismo". *Veja on-line*. São Paulo, 31/05/2006. Disponível em: http://veja.abril.com.br/310506/p_082.html. Acesso em 6 novembro de 2007.

SILVEIRA, Ada Cristina Machado da; STEVENS, Leandro. "Globalização, reconhecimento identitário e estratégias de localização", in *Comunicação Midiática*. Bauru/São Paulo, ano 3, nº 6, dezembro de 2006. p. 33-53.

TRIVINHO, Eugênio. "Glocal: para a renovação da crítica da civilização mediática", in FRAGA, Dinorá da e FRAGOSO, Sueli (orgs.). *Comunicação na cibercultura*. São Leopoldo: Unisinos, 2001.

VIRILIO, Paul. *A velocidade da libertação*. Lisboa: Relógio d'Água, 1994.

O discurso da
responsabilidade social

O engajamento social como estratégia de comunicação
consumo e responsabilidade no discurso empresarial

Lúcia Santa Cruz [*]

Fernanda Martineli [**]

*   Graduada em Comunicação (UFRJ), Mestre em Comunicação e Cultura (UFRJ), Doutoranda em Comunicação e Cultura (UFRJ), professora do MBE Responsabilidade Social e Terceiro Setor e do MBE em Economia e Gestão da Sustentabilidade (IE-UFRJ). Pesquisadora do Núcleo Estudos da Cidade e da Comunicação (CIEC) e do Laboratório de Responsabilidade Social (LARES), Co-autora nos livros Construções do tempo e do outro – representações e discursos midiáticos sobre a alteridade (Mauad, 2006) e Cenários Brasileiros (1999).

** Graduada em Comunicação Social (UFES), Mestre em Comunicação e Cultura (UFRJ), Doutoranda em Comunicação e Cultura (UFRJ). Pesquisadora da Coordenação Interdisciplinar de Estudos Contemporâneos. Co-autora no livro Infância e Consumo: estudos no campo da comunicação (ANDI/Instituto Alana).

Introdução

O potencial de consumo como balizador direto da cidadania está bem traduzido numa frase da artista plástica norte-americana Bárbara Krugman: "Eu consumo, logo existo!" (Slater 2002: 45). Ainda que se possa acreditar no potencial do consumo como subversão da dominação (Fiske 1989, 1994) ou como resistência à hegemonia, pode-se considerar que atualmente vivemos a exacerbação do individualismo. Discorrendo sobre a alegria como uma *commodity*, Jair Ferreira dos Santos (2006) adverte que atualmente o consumo está centrado no indivíduo, e que por isso ocorre uma transferência da ênfase do produto para a marca, sendo este uma espécie de garantia presumida de qualidade de vida. "O valor básico é a imagem de marca porque ela vende estilos de vida, formas de existir e se comportar em que o produto é apenas referência secundária" (Santos 2006: 14).

A marca se torna o maior patrimônio simbólico de um produto e de uma empresa. Se a marca assume esta importância, reforçá-la e transferir para ela conceitos e percepções antes atribuídos aos produtos parece ser uma característica do contemporâneo. As empresas passam estrategicamente a individualizar as marcas, a atribuir-lhes características que as aproximem do humano. Essa busca pela humanização das marcas permite que as dotemos de sentimentos, emoções, alegrias – construções trabalhadas sempre em torno de conotações positivas, ou negativas apenas quando a marca se apresenta como solução de um problema. As marcas passam assim a serem simpáticas, jovens, atléticas, dinâmicas etc. Recentemente, essa configuração tornou-se ainda mais complexa: além de serem humanizadas em sua forma e perfil, as marcas também começam a demonstrar preocupações: com o meio ambiente, a saúde, a educação, a cultura, a pobreza, a exclusão social, a violência urbana, os direitos humanos e as mais diversas questões que constituem a agenda social contemporânea. E nessa humanização das marcas, as empresas atribuem a si mesmas o papel de cidadãs e a alegada preocupação torna-se consequentemente o motor de uma estratégia de comunicação cada vez mais difundida entre as grandes corporações: as ações de responsabilidade social empresarial. Dessa forma, as corporações exercem um gerenciamento não só de sua estrutura empresarial interna, mas também uma tentativa de gerenciar o espaço público e em certo aspecto organizar setores da própria sociedade. As marcas e as próprias corporações passam então a se diferenciar umas das outras não só pelos produtos ou serviços que oferecem, mas em muitos casos pelas causas que apoiam.

Nesta linha, os bancos surgem como um caso emblemático. Preocupados com o seu posicionamento na arena da disputa pelo cliente, o setor bancário oferece seus serviços como se fossem mercadorias, porém nessa lógica de *commodity* praticamente nada mais diferencia o serviço de um banco para outro. Como então encontrar o elemento de diferenciação, aquele que atrairá o cliente e o fidelizará? A resposta parece ter sido pela via da responsabilidade social (ou socioambiental) e será isso que este trabalho busca investigar, a partir da análise das estratégias de comunicação de alguns bancos no Brasil. Antes, porém, será traçado um panorama da responsabilidade social empresarial no país, problematizando questões acerca de sua utilização como "diferencial competitivo" e de alguns aspectos sociais, políticos, econômicos e culturais relacionados.

1. RESPONSABILIDADE SOCIAL EMPRESARIAL: UMA QUESTÃO DE IMAGEM?

Responsabilidade social empresarial é um conjunto de atividades desenvolvidas por empresas de todos os portes e setores, articulados em direção a uma intervenção no tecido social, para além de sua produção econômica. Embora ações isoladas de filantropia, caridade e marketing existam desde o início do século xx, é nas últimas duas décadas que o movimento ganha força como ferramenta de gestão empresarial e assume posição estratégia nas corporações.

Com a diminuição do papel e do tamanho do Estado em praticamente todos os países ocidentais, o questionamento sobre qual deve ser a função social das empresas é cada vez mais recorrente. Este cenário está presente de forma intensa na América Latina, especialmente no Brasil, onde os problemas sociais têm dimensão política e vêm, em diferentes graus, pautando a região e levando a arranjos locais que envolvem a participação empresarial.

O discurso da responsabilidade social empresarial sugere claramente a rearticulação do papel das empresas na sociedade, remetendo a processos comunicacionais que parecem ser o lugar da interconexão entre público e privado, onde estas categorias se redefiniriam. Nesse sentido, pode-se afirmar que atualmente

> Vivemos o capitalismo de empresa, no qual as estruturas empresariais tomaram a dianteira, capitaneiam o processo de expansão capitalista e colocam o Estado num segundo plano. A empresa se torna o referencial social, político e econômico da sociedade. O Estado se transforma

no certificador ou num mero coadjuvante. O protagonismo pertence ao mundo corporativo. Nas sociedades de controle, conforme lembra Deleuze, o poder é exercido pela empresa, não mais pelas estruturas disciplinares (Santa Cruz 2006: 209)

Para acompanhar as transformações do modo de produção capitalista, a empresa lança mão de atos concretos e simbólicos, atuando no social. A Responsabilidade Social Corporativa se anuncia desta forma como um fenômeno social, econômico, político, mas prioritariamente comunicacional e cultural.

Quando decidem implantar ou assumir programas de responsabilidade social, as empresas justificam sua atitude sob o escudo da cidadania, da preocupação com a sociedade, da solução de problemas sociais para os quais o Estado aparentemente estaria se mostrando incompetente. Além de não admitirem que se trata de uma intervenção social de natureza política, as empresas também fogem do estigma das razões mercadológicas, seja porque há uma conotação fortemente negativa em associar a responsabilidade social com sua estratégia de mercado, já que muitos críticos a este movimento o enxergam apenas como retórica de promoção empresarial; seja porque também é mais interessante em termos de imagem institucional trabalhar a ideia de que o mundo corporativo assume nova postura, para além do lucro e do seu interesse direto.

Não há como negar, porém, que associar a empresa a uma causa social é uma estratégia de construção de reputação institucional muito poderosa. É um instrumento que gera mídia espontânea, pelo fato de posicionar a organização sob uma nova perspectiva na mente dos consumidores, projetando a imagem de uma instituição engajada, atuante, inserida na comunidade em que atua. O resultado é o fortalecimento da marca e a obtenção de um valor diferencial para seus produtos e serviços, sem o desgaste nem os custos da propaganda institucional.

Responsabilidade social empresarial, portanto, aponta para uma nova forma de se projetar uma imagem positiva no consumidor que se deseja atingir e nos demais públicos de interesse de uma empresa.

2. Consumo, cidadania e Responsabilidade social empresarial

No atual contexto da modernidade, observa-se que os indivíduos tomam decisões e se posicionam a partir de estímulos e interações sociais que acontecem nas práticas de consumo, negociam seus interesses com quem lhes oferece produtos e serviços e também colocam questões suas para a sociedade arbitrar. Exemplo disso são as pessoas que processam empresas de cigarro ou de *fast-food* alegando que o consumo desses produtos lhes causou danos à saúde. Observa-se aí uma reivindicação que parte do indivíduo para a sociedade: esse sujeito expõe um determinado problema e quer que a sociedade decida. É certo que toda a vida é um ato político, mas existe nesses casos uma politização e uma relação de poder e de enfrentamento a partir da politização do próprio consumo.

As estratégias de comunicação de diversas empresas em torno de ações de responsabilidade social empresarial revelam uma politização da vida cotidiana que perpassa as práticas de consumo além desse contexto individual exposto acima. Se, por um lado, as causas a serem abraçadas são escolhidas pela própria empresa (geralmente causas que se relacionem em alguma medida com o perfil humanizado dessa empresa), por outro lado essas ações procuram sempre se apresentar como reivindicações coletivas e até mesmo universais, por tratarem de temas de interesse social bastante amplo, como saúde, educação, cultura e ecologia, entre outros. Ao abordar esses temas, a publicidade sai do seu repertório tradicional e mergulha em questões pretensamente mais nobres e respeitáveis do que a simples oferta de produtos ou serviços. Nesse contexto, Quessada (2003: 83-4) afirma sobre a publicidade:

> Ao sair de seu quadro de enunciação tradicional, ela engendra um efeito de turvação entre o que é publicitário e o que não o é, entre o que tem a ver com a informação e o que se relaciona à comunicação, entre o que é comercial e o que não o é. Isso compõe uma das consequências mais maciças da publicidade em escala global. De fato, o transbordamento sobre o cotidiano lhe proporciona uma força espetacular de organização e de domínio do real das coletividades. Essa indistinção generalizada acaba produzindo uma incerteza entre o que é político e o que não o é; ou melhor: entre um discurso político (enunciado no quadro político tradicional) e um outro (doravante enunciado pela publicidade). O discurso publicitário apresenta-se assim como *um discurso político que não tem a ver com a ordem do político*: a publicidade indistingue o político-político do político-publicitário.

Tentativas de controle e vigilância acontecem em diversas direções, sendo muitas vezes iniciativa do Estado, como a instituição do Código de Defesa do Consumidor, e outras de instituições privadas, como as ações de responsabilidade social empresarial investigadas nesse trabalho. Nos dois casos, existe uma forte vinculação entre cidadania e consumo, mas paradoxalmente as reivindicações que invocam os direitos do consumidor acontecem muito frequentemente no nível individual descrito anteriormente (ao contrário do que ocorre, por exemplo, no âmbito dos direitos humanos). Por outro lado, os discursos publicitários sobre responsabilidade social empresarial são revestidos de uma aura de mobilização coletiva. Nesses casos, a empresa atribui a si mesma a qualificação de cidadã e se coloca como modelo de conduta e exemplo a ser seguido. Ao vincular sua marca a ações de responsabilidade social empresarial, a empresa se posiciona como entidade benfeitora, que presta uma espécie de serviço público (ou serviço de interesse público) à sociedade.

Tradicionalmente a sociabilidade nas práticas de consumo é fortemente articulada em torno dos bens e do seu significado simbólico inscrito em repertórios culturais (Douglas e Isherwood 2004), de modo que os objetos materiais funcionam como mediadores nas interações sociais e medida de classificação social de grupos nas práticas de consumo. Com a intensificação das ações de responsabilidade social empresarial em diversos segmentos, observa-se a produção de uma sociabilidade também em torno das causas que cada marca apoia, de modo que também isso se torna fator de identificação e de distinção entre os indivíduos e grupos nas práticas de consumo.

A promoção de causas sociais através do marketing é algo que já acontece há algum tempo nas estratégias de comunicação adotadas por várias organizações não governamentais. O marketing pode ser dirigido nesse contexto para promover discursos de resistência e mobilização social, e a função da publicidade como ferramenta de promoção de produtos e serviços é deixada de lado na medida em que ela é empregada por essas organizações muito mais como uma ferramenta estratégica de comunicação (Sovik 2008). A esse respeito, Sovik (2008: cap. 7) argumenta: *"marketing technologies are accepted pragmatically as being able to contribute to the effectiveness, efficiency and self-suport of social organizations, and to social mobilization around important issues"*. A autora analisa ainda como ativistas sociais pela igualdade racial utilizam a publicidade como ferramenta para divulgação da sua causa. Sua discussão se destaca por fugir de uma abordagem que naturaliza essa utilização da publicidade simplesmente como uma "ferramenta estratégica de comunicação", e a destaca como uma produção em que diferentes atores sociais e relações de poder estão em jogo. Nesse sentido, Sovik procura repolitizar esse tipo de comunicação quando colocado em prática por organizações sociais.

No contexto das ações de responsabilidade social empresarial, pode-se considerar que essa lógica opera de uma outra maneira. Se a marca utiliza o apoio a uma causa ou instituição social para endossar a si mesma e se posicionar estrategicamente como cidadã responsável, preocupada e engajada, também a causa ou instituição apoiada recebe o endosso da marca, com os bônus e os ônus que isso possa trazer. Existe aí, portanto, uma série de interesses em jogo entre esses atores, que não necessariamente aparecem de forma explícita nas campanhas. Resta então analisar a forma como esses discursos são apropriados quando entram em circulação. Isso será discutido a seguir a partir das campanhas publicitárias de alguns bancos veiculadas no Brasil.

3. O CASO DOS BANCOS

As estratégias de comunicação mercadológica de maior êxito atualmente são aquelas em que a marca se comunica agindo e que articulam características que incluem humanização e atitude. Nesse contexto, os bancos se posicionam como marcas socialmente comprometidas e atuantes que convidam o consumidor a fazer o mesmo. Alguns adotam como estratégia a promoção de causas e o marketing social. Outros optam pelo marketing relacionado a causas.[1] Em qualquer dessas situa-

---

1 Promoção de causas é quando a organização arrecada fundos, contribuições ou outros recursos para aumentar a atenção sobre uma causa social ou para dar suporte à arrecadação de fundos, participação ou recrutamento voluntário para uma causa. O Itaú, ao incentivar a doação de livros infantis, usa esta estratégia. Marketing relacionado à causa é quando a empresa se compromete a fazer uma contribuição ou doar um percentual de seu lucro para uma causa, baseada em venda de produtos. O cartão de crédito do HSBC, que destina parte da taxa de administração para o Instituto HSBC de Solidariedade, é um exemplo de uso desta ferramenta. Já no marketing social, a organização apoia o desenvolvimento e/ou implementação de uma campanha de mudança de comportamento – saúde pública, segurança, meio ambiente ou bem-estar

ções, a publicidade relacionada a causas sociais se constitui como uma ferramenta de comunicação numa escala mais ampla que o sentido que adquire em seu uso tradicional, de modo que o público-alvo passa a ser toda a sociedade. A concorrência também se amplia, e uma marca que enfatiza sua estratégia de comunicação em ações desse tipo passa a concorrer com todas as outras marcas que também atuam nessa vertente.

Para ilustrar essa discussão, serão apresentas a seguir algumas estratégias de comunicação utilizadas por bancos no Brasil que se apoiam na responsabilidade social como principal estratégia para esta humanização com atitude. Não se pode esquecer que o setor bancário historicamente carrega uma imagem negativa forte, comumente associada a lucros exorbitantes, a juros altos e a demissões em massa. Nesse sentido, é importante ter em mente que, além da diferenciação de marca, estamos assistindo a um esforço de construção de imagem positiva com todos os públicos de relacionamento dos bancos.

O Banco Real ABN-AMRO é um bom exemplo de posicionamento da marca vinculada ao conceito de sustentabilidade. A instituição inclusive lançou um site dedicado a isso (www.bancoreal.com.br/sustentabilidade). A partir da mudança do *slogan* para "Fazendo mais que o possível", o Real ABN-AMRO adota essa linha de comunicação e veicula uma campanha publicitária que inclui filmes para televisão, anúncios impressos e peças para internet. No filme de dois minutos de duração, criado pela agência Talent e veiculado em um canal de televisão aberta em horário nobre em setembro de 2007, o banco fala em primeira pessoa e revela esse tipo de atitude:

> Quando um dia a gente resolveu que dinheiro não era tudo igual e que valia mais o dinheiro que ajudasse a fazer uma sociedade melhor, disseram: "Vocês estão malucos. Banco pensa em dinheiro, não

---

social. A campanha do Banco do Brasil de adoção de três atitudes pela sustentabilidade ilustra adequadamente o que é marketing social.

pensa nessas coisas". Mas aí aconteceu uma coisa interessante: todo mundo entendeu que loucura era não pensar nisso. Banco Real. Reinventando o banco para uma sociedade que está se reinventando (Real ABN-AMRO 2007).

O banco se posiciona como revolucionário no momento em que afirma caminhar na contramão dos valores dominantes no mercado financeiro ao privilegiar investimentos que contribuam para uma sociedade melhor (no comercial isso significa produtos financeiros direcionados a categorias específicas de clientes, como dar crédito para universitários e pessoas que não têm renda comprovada e incentivar investimentos em empresas que adotem medidas de preservação do meio ambiente). A humanização da marca é notada no momento em que a instituição se posiciona como cidadã por demonstrar preocupação com essas questões. A partir dessas atitudes, o Real ABN-AMRO se situa como exemplo para a sociedade e para os outros bancos, que também passaram a investir nesse tipo de ação nos últimos anos, mas reivindica para si o pioneirismo em abraçar essas causas.

Outro ponto que chama a atenção nesse comercial é a qualificação sobre os usos do dinheiro. Verifica-se, aí, a atribuição de um valor simbólico de mais respeito ao dinheiro aplicado em instituições que abraçam causas sociais. Isso corrobora com o que Viviana Zelizer (1994) defende ao afirmar que existem distinções atribuídas ao dinheiro que desafiam uma racionalidade instrumental. A antropóloga atribui uma forte significação simbólica ao dinheiro, considerando-o como algo que permite pensar as relações além de uma perspectiva econômica, e critica Simmel por este autor considerar o dinheiro como algo que objetifica relações (embora se detenha nos efeitos do dinheiro sobre a sociabilidade entre os indivíduos, Simmel o considera como um padrão concreto de medida que objetifica valores abstratos – das coisas, do trabalho, dos serviços etc.). Para a autora, uma análise sociológica mais complexa deve investigar como, quanto e por que diferentes redes de relações sociais e sistemas de significação marcam o dinheiro moderno introduzindo nesse circuito formas de controle, restrições e distinções.

Transpondo essa reflexão para o posicionamento do Banco Real ABN-AMRO, observa-se que no discurso publicitário da marca são estabelecidas distinções morais atribuindo significados e juízos de valor às diferentes decisões sobre as destinações do dinheiro, ou às diferentes formas como o dinheiro pode ser administrado. A maneira com que cada instituição administra o dinheiro e seus produtos financeiros marca essas diferenças e define o perfil do banco. No momento em que o Real ABN-AMRO afirma que pode melhorar a vida das pessoas pela forma responsável e socialmente comprometida com que administra o capital financeiro nele aplicado, ele se coloca como um banco que não se preocupa apenas com lucro, mas principalmente com bem-estar social, qualidade de vida, um futuro melhor – ou seja, sustenta seu discurso em valores que são socialmente compartilhados e praticamente inquestionáveis na contemporaneidade.

Também o Banco do Brasil optou por um posicionamento da marca em que a responsabilidade social aparece como a principal estratégia para esta humanização com atitude. Em janeiro de 2007, foi lançada uma campanha publicitária, criada pela agência de publicidade Master, em que o "Brasil" da marca era substituído nas fachadas das agências por nomes próprios (Banco do João, Banco do Pedro, Banco da Maria etc.), numa tentativa de reforçar não apenas a relação de identidade do cliente com a empresa, mas aproximar o banco de cada brasileiro. Em meados do mesmo ano, o banco vai adiante e envolve o consumidor convidando à ação com a campanha "Decida pelo 3: Faça parte de um banco que ajuda a cuidar do planeta". Nas duas ocasiões, o *slogan* do banco, "Todo seu", amarra os conceitos e reforça uma atmosfera de proximidade entre a instituição e o público-alvo.

Ao trabalhar o conceito de sustentabilidade na campanha "Decida pelo 3", o Banco do Brasil o faz de uma maneira diferente do Real ABN-AMRO, incentivando as pessoas a tomar três atitudes por dia que façam a diferença.

Anúncio da campanha "Decida pelo 3", criada pela agência de publicidade Master para o Banco do Brasil

Divulgar sua marca a partir de ações de responsabilidade social também é a escolha do banco Itaú, que em 2007 patrocinou o evento Live Earth e a vinda do ex-presidente norte-americano Al Gore ao Brasil. Gore, que se transformou num garoto-propaganda da preocupação com a sobrevivência do planeta, a partir do seu documentário *Uma verdade inconveniente*, dividiu o prêmio Nobel da Paz com o Painel Intergovernamental sobre Mudança Climática das Nações Unidas (IPCC).

O IPCC, um painel da ONU que reúne cerca de 3 mil cientistas e especialistas de várias áreas, é tido como a principal autoridade científica sobre aquecimento global. Vincular a figura de Al Gore ao Itaú é estratégico para o banco legitimar suas ações de responsabilidade socioambiental. Gore endossa a marca e confere credibilidade às ações do banco por ocupar um lugar de enunciação de "especialista", de "autoridade no assunto", reforçado pela conquista do Prêmio Nobel.

O Itaú possui ainda diversas outras ações na linha da responsabilidade social, especialmente direcionadas para seus clientes. Foi o primeiro banco a lançar uma cartilha de uso responsável do crédito, preocupado com o crescimento significativo da inadimplência na sua carteira de empréstimo pessoal. Além disso, o banco tem divulgado o lançamento de produtos financeiros de marketing relacionado a causas, como também faz o Real ABN-AMRO, e desenvolvido campanhas pelo uso consciente do crédito. Possui um fundo de investimento que destina 50% da taxa de administração para ONGs que trabalham com educação – o Fundo Itaú Excelência Social (FIES) –, e na esteira da preocupação com o aquecimento global, lançou um fundo de investimento para a redução da emissão de carbono – o Fundo Itaú Renda Fixa Ecomudança.

Anúncio de revista que faz parte da campanha do Banco Itaú

Ao contrário do Banco do Brasil, porém, o foco do Itaú está na instituição ou no produto associados a uma questão socioambiental. O consumidor tem uma atuação quase residual, pois é o banco quem traz para si a iniciativa e as ações voltadas para a promoção de um mundo melhor.

Outro banco que segue atuando nesse sentido é o HSBC, que em outubro de 2007 lançou produtos associados à redução de emissão de carbono. O banco tem ainda divulgado em suas campanhas ser o maior banco do mundo a se tornar "carbono neutro"[2] e anunciou que pretende aplicar US$ 90 milhões nos próximos cinco anos para reduzir o seu impacto ambiental. O Seguro Carbono Neutro do HSBC é um novo produto através do qual os clientes do banco ajudam a preservar áreas de florestas nativas para neutralizar as emissões de gás carbônico. Para divulgá-lo entre os já clientes, o banco optou por uma ação de marketing direto, desenvolvida pela RMG Connect, de Curitiba. Entre as peças estão: mala-direta com um potinho com sementes; kits de boas-vindas para clientes que comprarem um seguro de carro ou residência; adesivos para carros; cartazes para as agências do banco e *broadside* para gerentes. Nas agências do HSBC, um tapete de grama sintética complementa a campanha, advertindo sobre os cuidados que todos devem ter com o planeta para que aquele não seja o único verde disponível. Outra ação realizada em estacionamentos com balões de gás negros visa alertar sobre a emissão de gás carbônico.

O banco adotou ainda anúncios impressos coloridos e rodapés em vermelho, preto e branco, justamente as cores da instituição, além de um *hotsite* com informações sobre o produto e sobre ações de preservação do planeta: www.eucuidodoplaneta.com.br. Todo o material foi desenvolvido pela agência JWT de Curitiba, que já detém a conta do HSBC. O tema busca estimular o consumidor a ter uma atitude ecoló-

---

2   Carbono neutro é um conceito que visa neutralizar a emissão na atmosfera de dióxido de carbono, um dos principais gases que formam o efeito estufa e contribuem fortemente para o aquecimento global.

gica ao mesmo tempo em que protege seu patrimônio. Parte de uma perspectiva micro, individual (proteja seu carro...) para um visão ampliada (...e ajude a preservar as florestas). Para provocar a percepção imediata de que existe uma interligação entre essas diferentes esferas, os bens a serem segurados são feitos de árvores, justamente o elemento cuja preservação se quer estimular.

Outro banco que investe alto em ações de responsabilidade socioambiental empresarial é o Bradesco, que privilegia a área da cultura. Recentemente, o Bradesco anunciou que é o Banco do Planeta – e incluiu em seu logo, que representa uma árvore, a imagem da Terra.

A campanha de lançamento, em novembro de 2007, foi criada pela Neogama/BBH, contou com um filme publicitário com um minuto de duração, trilha sonora com a música *Bittersweet Simphony* (tocada pela banda The Verve e originalmente composta pelos Rolling Stones) e narração do ator Wagner Moura, além de anúncios em diversos jornais do país falando sobre o novo posicionamento do banco:

Quadro final do filme para TV do Banco do Planeta

2008 é o ano do planeta. Mas para o Bradesco será mais do que um ano apenas. Porque a partir de hoje ele lança o Banco do Planeta. Um banco dentro do maior banco privado do país. Nele, o cliente é o planeta. O investimento é na relação das pessoas com o meio ambiente, e as ações são aquelas que ajudem a combater o aquecimento global. O Banco do Planeta vai unificar todas as ações socioambientais do Bradesco. Ele vai ampliar o papel de um banco. Porque nele o dinheiro estará a serviço do empreendimento mais importante que existe: um modo de vida sustentável. Banco do Planeta é o Bradesco pensando completo (Bradesco 2007).

O foco que o Bradesco e o Itaú adotam é semelhante no sentido em que ambos arrebanham para a instituição bancária o centro da ação. Curioso fazer a analogia entre estas estratégias e observar que os dois disputam entre si a posição de maior banco privado nacional, o que reforça a utilização da responsabilidade social empresarial como uma estratégia de diferenciação e de valorização de marca, especialmente em setores cujos produtos são *commodities*. O que talvez mereça uma análise mais detalhada é verificar se a natureza das empresas influencia no uso que se faz desta estratégia. Assim, seria correto afirmar que uma instituição pública (como o Banco do Brasil) segue na tentativa de estimular a cidadania e a mobilização social, enquanto instituições privadas oscilam entre concentrar sobre si o papel de defensores da sustentabilidade (Bradesco e Itaú) e atribuir ao uso de seus produtos esta função (Real ABN-AMRO e HSBC).

CONSIDERAÇÕES FINAIS

Ao consumir uma marca, as pessoas acessam valores e representações, todo um sistema cultural-simbólico a ela relacionado. As ações de responsabilidade social empresarial se constituem como algo que agrega valor à marca ao conferir-lhe um novo papel social. Nesse contexto, a pessoa jurídica da sociedade anônima toma para si atribuições semelhantes às da pessoa física integrante da sociedade civil, mas seu raio de ação é mais amplo e os resultados objetivam antes de tudo metas empresariais. Observa-se que não se trata de filantropia, como lembra Klein (2003), e sim de ações estratégicas de marketing.

As estratégias de articulação do discurso publicitário para que a marca seja percebida através de ações de responsabilidade social empresarial buscam aumentar a visibilidade das corporações. Essas ações passam a marcar o diferencial das instituições (que não é dado simplesmente pelos produtos ou serviços que oferecem, mas em grande medida pelas causas que apoiam).

As marcas extrapolam os limites dos anúncios, *outdoors*, filmes publicitários e demais peças. Ao construir um novo posicionamento, as instituições atribuem a si mesmas um novo papel social: "cuidam" de parques, de canteiros e de praças públicas, financiam desde projetos de pesquisa universitária até reservas ecológicas, investem em projetos educacionais, artísticos, ecológicos, esportivos e sociais, sempre no sentido de divulgar um discurso corporativo com pretensões de promover e ampliar o acesso à cidadania – e se autodenominam, elas mesmas, empresas cidadãs. Essas empresas (que também são designadas "sociedades" – anônimas ou limitadas) buscam de certa forma gerenciar não só sua estrutura interna, mas exercem uma tentativa de gerenciamento na vida cotidiana da outra sociedade, a que está fora dela (Quessada 2003). Trata-se de uma intervenção privada na vida particular de cada cidadão e também no espaço público coletivo, cujo principal instrumento de ação é a linguagem. A publicidade, nesses termos, articula um discurso político, pois concede à empresa um poder com pretensão de agir sobre o que é público e social e organizar a vida dos cidadãos.

Tradicionalmente o marketing sempre se preocupou em se distanciar da esfera da produção e obscurecer esse processo, utilizando a publicidade para exercer a tarefa de construir um discurso idealizado sobre produtos e serviços. Esse arranjo contribuiu para que muitos movimentos anticorporação respondessem ao que consideram antiético utilizando os próprios artefatos da marca: ações de *branding*, campanhas publicitárias, *culture jaming* etc.

Hoje, em contrapartida, as corporações utilizam também as bandeiras desses movimentos – sociais, ecológicos etc. – para construir seu discurso de cidadania e não apenas se posicionar como socialmente responsável, mas também convidam a população a fazer o mesmo. Dessa forma, constroem marcas com significado político e valor de responsabilidade social. Convocam os consumidores à adesão, uma adesão que é pretensamente política, mas que é também e sobretudo uma adesão à marca.

Referências

Bradesco. Anúncio da Campanha Banco do Planeta, in *Jornal O Globo*, 13 novembro de 2007.

Deleuze, Gilles. "Post-Scriptum sobre as sociedades de controle", in *Conversações*. Rio de Janeiro: Editora 34, 1992.

Douglas, Mary; Isherwood, Baron. *O Mundo dos Bens: para uma antropologia do consumo*. Rio de Janeiro: ufrj, 2004.

Fiske, John. "Commodities and culture", in *Understanding popular culture*, p. 23-47. Londres: Uwin Hyman, 1989.

_____. "Radical shopping in Los Angeles: race, media and the sphere of consumption", in *Media, Culture & Society*, vol. 16, nº 3, p. 469-86, 1994.

Klein, Naomi. *Sem logo: a tirania das marcas em um planeta vendido*, 3ª ed. Rio de Janeiro: Record, 2003.

Quessada, Dominique. *O poder da publicidade na sociedade consumida pelas marcas: como a globalização impõe produtos, sonhos e ilusões*. São Paulo: Futura, 2003.

REAL ABN-AMRO. Filme publicitário da campanha sobre sustentabilidade. 2007. Disponível em: http://www.bancoreal.com.bre/sustentabilidade.

SANTA CRUZ, Lúcia. "Palavra de ordem no jornalismo contemporâneo: a representação midiática da responsabilidade social empresarial", in FREIRE FILHO, João & VAZ, Paulo (orgs.). *Construções do tempo e do outro: representações e discursos midiáticos sobre a alteridade.* Rio de Janeiro: Mauad X, 2006.

SANTOS, Jair Ferreira dos. "Notas sobre a alegria como *commodity*", in ECO-PÓS vol. 9, nº 2, agosto a dezembro de 2006, p. 13-9.

SIMMEL, Georg. "As grandes cidades e a vida do espírito", in WAIZBORT, Leopoldo (trad.). Die Grobstädte und das Geistesleben (1903), in *Georg Simmel Gesamtausgabe,* Frankfurt/M, Suhrkamp, 1989 ss., vol. 7, p. 116-31.

SLATER, Don. *Cultura do consumo e modernidade.* São Paulo: Nobel, 2002.

SOVIK, Liv. "Advertising against Racism: some reflexions on consumer culture and social activism" in LEE, Philip (ed), *Communicating Peace: entertaining angels unawares,* Penang: Southbound, 2008.

HSBC Carro Vodu, in *YouTube.* Disponível em: http://www.youtube.com/watch?v=I_GxHMuigEA.

HSBC Casa Vodu, in *YouTube.* Disponível em: http://www.youtube.com/watch?v=goMXHShgGUA.

ZELIZER, Viviana. *The social meaning of money.* Nova York: Basic Books, 1994.

Comunicação da responsabilidade social na internet
um estudo utilizando modelagem de equações estruturais

José M. S. Filho[*]
Rafael Lucian[**]
Francisca Farache Aureliano da Silva[***]
Lilian Soares Outtes Wanderley[****]

*   Graduado em Administração (UFC), Mestre em Administração (PROPAD/UFPE).

**   Graduado em Administração (UFPE), Mestre em Gestão Organizacional (PROPAD/UFPE), Aluno de Doutorado do Programa de Pós-Graduação em Administração (UFPE). Pesquisador do Núcleo MKP. Autor do livro Sobrecarga de Informações e o Processo de Decisão de Compra (Editora Universitária UFPE).

*** Graduada em Comunicação Social (UFPE), Mestre em Marketing (University of Brighton), Aluna de Doutorado em Business (University of Brighton).

****Graduada em Administração (UFPE), PhD em Administração (University of Cambridge), Professora do Programa de Pós-Graduação em Administração (UFPE).

1. Introdução

A responsabilidade social tornou-se nos últimos anos um assunto muito debatido nos negócios. Junto a isso, muitas temáticas vêm sendo desenvolvidas dentro da área, entre elas, a comunicação da responsabilidade social.

Segundo Morsing e Schultz (2006), mensagens sobre a ética corporativa e as iniciativas sociais empresariais têm o poder de evocar fortes reações positivas entre os *stakeholders*. Com isso, as empresas estão cada vez mais preocupadas em comunicar aos diversos públicos que atua de forma ética e responsável.

Para ajudar essa comunicação, podem ser utilizadas diversas ferramentas, como relatórios de sustentabilidade, balanço social, campanhas na televisão, em *outdoors* e na internet. No entanto, dentre estas, a internet desponta como uma das principais ferramentas de comunicação da responsabilidade social, pois dá acesso a uma infinidade de informações em um mesmo lugar, além de ter um custo menor.

Assim, a escolha da mídia a ser analisada nesta pesquisa se deve ao fato de a internet estar sendo fortemente utilizada como mais um canal de comunicação empresarial desde os anos 1990. Diferentemente das mídias tradicionais (jornais, revistas, mídias externas, emissoras de televisão e rádio), a internet permite que as empresas divulguem informações atualizadas e detalhadas de maneira mais rápida e econômica. Além disso, as informações corporativas ficam disponíveis permanentemente na web, cabendo apenas ao internauta escolher quais assuntos que deseja acessar e fazê-lo quantas vezes considerar necessário. Os websites corporativos fornecem, portanto, para todos os níveis de usuários, uma perspectiva oficial das informações sobre a empresa, inclusive sobre a responsabilidade social.

Além das informações sobre responsabilidade social veiculadas nos websites, torna-se importante descobrir se existem diferenças entre os diversos países e se existe alguma relação entre a comunicação e o desempenho da empresa. Como foco deste trabalho, elegeram-se as principais empresas dos países emergentes, já que estes sofrem com problemas parecidos com relação à exclusão social, cabendo às empresas um importante papel de provedor de algumas necessidades na sociedade.

Portanto, este trabalho busca pesquisar como as principais corporações dos países emergentes – excetuando-se a China – estão comunicando sua responsabilidade social através de seus websites na internet e principalmente se existe relação entre a comunicação da responsabilidade social, o desempenho da empresa e o país de origem.

Vale ressaltar ainda que esta pesquisa justifica-se pelos poucos trabalhos que envolvem a temática comunicação da responsabilidade social pelos websites corporativos, bem como pela atual importância desta temática no contexto empresarial. A amostra original envolveu as 148 empresas listadas na *Forbes* como as maiores corporações do G-20, grupo dos países emergentes (Lucian et al 2007; Wanderley et al 2007). Estes trabalhos geraram fortes questionamentos sobre a possível interferência de empresas chinesas conhecidas pela baixa performance em RSE associada à baixa expectativa dos consumidores chineses (Akatu 2005: 14). Neste presente trabalho, fez-se a opção de excluir a China por envolver empresas com o mais baixo desempenho em comunicação de RSE de todo o grupo investigado (Lucian et al 2007).

2. Referencial teórico

2.1. Responsabilidade social empresarial

A temática Responsabilidade Social Empresarial (RSE) tem como primeiros autores Bowen (1953), que abordou as questões da responsabilidade social do homem de negócios; Carroll (1979), que apresentou modelo de performance corporativa, no qual destaca quatro categorias de ações em RSE: econômica, legal, ética e discricionária; Freeman (1984), com a abordagem dos *stakeholders*. Defendendo que a empresa não deve considerar o interesse dos acionistas exclusivamente, mas o interesse de todo aquele que é afetado direta ou indiretamente pelas ações corporativas, esta abordagem mostra-se contrária ao do reconhecido pelo Prêmio Nobel, Friedman (1970), que por sua vez declarou que a única responsabilidade da empresa é aumentar o lucro empresarial. A percepção mais amplamente aceita em voga é a da obtenção do lucro juntamente com a RSE (Wanderley e Collier 2000).

Comunicação de RSE e transparência nas ações mostram-se como atuais prioridades demandadas e atendidas por um crescente número de empresas, o que justificou não apenas porque essas precisam de preços competitivos, excelência em serviços e qualidade superior, mas também porque consumidores querem saber como as empresas que vendem estes produtos e serviços se comportam na sociedade (Gildea 1994; Snider, Hill e Martin 2003). RSE pode ser entendida como

> a forma de gestão que se define pela relação ética, transparente e solidária da empresa com todos os públicos com os quais ela se relaciona e pelo estabelecimento de metas empresariais compatíveis com o desen-

volvimento sustentável da sociedade, preservando recursos ambientais e culturais para as gerações futuras, respeitando a diversidade e promovendo a redução das desigualdades sociais (Ethos 2006).

2.2. Responsabilidade social empresarial em países emergentes

A discussão em torno da temática da responsabilidade social está amplamente relacionada ao fenômeno da globalização. Por um lado, o fenômeno estimula o desenvolvimento econômico e social dos países emergentes através do desenvolvimento industrial, criação de novos empregos e transferência tecnológica. Porém, por outro, a globalização dificulta o processo regulatório que pode ser desenvolvido pelo Estado tendo em vista que as empresas multinacionais podem explorar as diferenças socioeconômicas e culturais nos diversos contextos em que operam. Outro dado que pode agravar esta situação é que governos de países emergentes podem incentivar padrões relativamente baixos, tanto sociais quanto ambientais, na tentativa de atrair grandes empresas e assim acelerar o processo de desenvolvimento (Christmann e Taylor 2001).

Em contrapartida, as necessidades da sociedade não são plenamente atendidas pelo governo, que não consegue assumir a responsabilidade pela qualidade de vida da população. Assim, as atenções estão se voltando cada vez mais para o papel das empresas na sociedade, e progressivamente essas tentam se diferenciar através de ações de responsabilidade social (Jamali e Mirshak 2007).

No mesmo sentido, os países desenvolvidos estão se movimentando para colocar em prática ações que possam impulsionar o desenvolvimento da RSE. Por exemplo, a Comissão Europeia declarou o ano de 2005 como o da RSE nos países da Comunidade Europeia (Luetkenhorst 2004). Outros exemplos vêm do Reino Unido, que foi o primeiro país a ter um ministro para RSE no departamento de Indústria e Comércio, e da França, que possui um modelo mandatório segundo o qual as empresas com mais de 300 funcionários devem desenvolver um relatório de responsabilidade social. O apoio do Governo da Dinamarca vem em forma do desenvolvimento de um centro de pesquisa sobre RSE.

Porém, Jamali (2007) aponta que estas iniciativas não despertaram interesse similar nos países em desenvolvimento. Apesar de os dados serem escassos devido à pouca pesquisa desenvolvida no contexto internacional, pode-se assumir que alguns fatores impedem o desenvolvimento de RSE nos países em desenvolvimento ou emergentes, como por exemplo: a sociedade civil não é tão organizada, o governo não promove fortemente a RSE, as empresas não enfrentam uma pressão forte e constante e a imprensa ainda não assumiu o papel de regulador de RSE.

Constata-se também que países emergentes enfrentam algumas dificuldades para implantar ações de responsabilidade social, quando comparados com países da Europa e com os Estados Unidos. Isso se deve, principalmente, porque as instituições, seus padrões e sistemas são comparativamente fracos (Kemp 2001). Apesar dessas carências, percebe-se que cabe a sociedade civil estimular essa prática corporativa gerando uma maior demanda social e expectativa de responsabilidade por parte das empresas (Chapple e Moon 2005).

A seguir, será abordada a comunicação da responsabilidade social por meio da internet, já que este se configura como ponto central deste estudo.

2.3. Comunicação da responsabilidade social na internet

Paralelamente às ações de RSE, as empresas investem, cada vez mais, em estratégias de comunicação para que o consumidor conheça e valorize suas práticas socialmente responsáveis. A comunicação de RSE pode ser definida, portanto, como a "comunicação que é desenvolvida e distribuída pela própria empresa, abordando os esforços de Responsabilidade Social Empresarial" (Morsing 2006: 71). Mas, apesar de as práticas comunicacionais estarem enraizadas nas corporações, a comunicação mostra-se como um dos aspectos mais controversos da RSE, porque ao mesmo tempo em que as empresas desejam que os seus *stakeholders* – descritos como consumidores, funcionários, fornecedores, o governo e a comunidade local – estejam cientes das suas ações de responsabilidade social, elas temem as críticas e as expectativas que a comunicação das suas ações possa gerar (Schlegelmilch e Pollach 2005).

Apesar dessa problemática, verifica-se que tais estratégias comunicacionais utilizadas pelas companhias mostram-se, até o momento, bem pouco pesquisadas (Pollach 2003). Essa tensão, entretanto, não impede que os investimentos com divulgação de RSE ocupem, em muitos casos, o terceiro maior item no orçamento dos departamentos de comunicação corporativa em grandes empresas, sendo a publicidade de responsabilidade social, o relatório social e os websites das empresas os meios de comunicação mais utilizados (Hutton 2001).

A internet demanda um trabalho acadêmico minucioso ao apresentar, num contexto relativamente novo, uma alternativa midiática em contraposição aos meios mais tradicionais de comunicação (Coupland 2005). A internet se diferencia das outras mídias tradicionais principalmente porque permite que as empresas publiquem um volume maior de informação sobre as suas ações de maneira mais rápida e mais econômica (Marken 1998). Ainda como facilidade, a natureza da mídia é interativa e seu conteúdo está disponível para consultas a qualquer momento. Por sua vez, os internautas escolhem suas consultas, podendo selecionar a informação que desejam acessar.

Outra característica peculiar da internet é que ela permite que as empresas divulguem informações voltadas a determinados *stakeholders* e que obtenham um retorno desses (Branco e Rodrigues 2006). Ou seja, um único website pode ter várias seções, cada uma dirigida a um grupo de *stakeholders* diferente (Esrock e Leichty 2000).

Essas novas possibilidades resultam em um crescimento na presença das corporações na web. Esrock e Leichty (1998) identificaram que em

1998, 50% das empresas listadas na Fortune 500 tratavam em seus websites de assuntos relacionados à responsabilidade social empresarial como ações comunitárias, educação e meio ambiente. Segundo os mesmos autores, no ano de 2000, esse percentual teria aumentado para 80% (Esrock e Leichty 2000). Por sua vez, Pollach (2003) afirma que os websites estão, cada vez mais, substituindo as formas tradicionais de comunicação corporativa como kits informativos, brochuras e panfletos. Segundo a autora, a internet está se transformando em meio de autodivulgação, substituindo assim formas impressas de comunicação corporativa, com exceção do relatório anual. No mesmo sentido, Hunter e Bansal (2007) acreditam que os websites corporativos sejam até superiores ao relatório anual, tendo em vista que a informação é mais atual nos websites.

Porém, assim como as mídias tradicionais, a internet também não desfruta de grande credibilidade entre os consumidores. Segundo Goodman (1998), as matérias jornalísticas desfrutam de maior credibilidade entre os consumidores do que a comunicação institucional produzida pelas empresas. Em estudo realizado no Brasil, 45% dos consumidores afirmaram que não confiam no que as empresas comunicam a respeito das suas ações de responsabilidade social e ambiental. Mas, nessa mesma pesquisa, os entrevistados também afirmaram que gostariam de saber como as empresas tentam ser socialmente responsáveis (Akatu 2005).

Na tentativa de aumentar a credibilidade da comunicação de RSE, Azevedo (2004) sugere que a comunicação deve ser informativa e educacional, evitando o tom emocional. Da mesma maneira, Schlegelmilch e Pollack (2005) enumeram algumas ações que podem melhorar a credibilidade das empresas, como a divulgação de prêmios na área de RSE e evidências numéricas de contribuição para o terceiro setor.

Segundo Sousa Filho e Wanderley (2007), a comunicação da responsabilidade social pela internet pode ser avaliada através de 5 (cinco) indicadores de divulgação. São eles: divulgação do código de conduta ou código de ética da empresa; divulgação de informações que especificam quais são os projetos sociais internos e/ou externos; divulgação dos resultados dos projetos sociais diretamente no website; divulgação dos possíveis parceiros relacionados à RSE; e divulgação do balanço ou relatório social.

Morsing e Schultz (2006) defendem três estratégias comunicacionais para divulgação de ações de responsabilidade social: a informativa, a responsiva e a interativa. A estratégia informativa consiste na identificação de ações que sejam de importância para os *stakeholders* e que devem ser relacionadas com a natureza do negócio da empresa, que deve comunicar as ações de RSE objetivamente, com informações consistentes. A estratégia responsiva adota a comunicação bilateral favorecendo a empresa. Ou seja, a comunicação flui entre a empresa e os *stakeholders*, porém a empresa tenta adequar os *stakeholders* à sua estratégia. Por outro lado, a estratégia interativa evoca uma parceria com organizações não governamentais e líderes de opinião, visando, ainda, o desenvolvimento de um relacionamento com a comunidade local e endossos de *stakeholders* externos.

Assim, pode-se constatar a importância que atualmente é relevada à comunicação da responsabilidade social. As empresas buscam obter vantagens ao divulgar suas ações, e os consumidores buscam informações para escolher melhor a empresa e os produtos para comprar.

3. Método

Esta pesquisa tem caráter descritivo (Malhotra 2006), e seu objetivo é verificar a existência de correlações entre a comunicação da responsabilidade social nos websites corporativos, o desempenho da empresa e o seu país de origem, nas maiores corporações situadas nos países considerados de economia emergente ou G-20, segundo características específicas (Decarlo 2006). Mostra-se relevante registrar que a partir daqui a expressão Comunicação de RSE implica em Comunicação de RSE por meio da internet, utilizando websites corporativos.

Uma das funções da pesquisa descritiva, segundo Malhotra (2006), é estimar a porcentagem de unidades de uma população específica que exibe um determinado comportamento. Esse comportamento se refere à forma de comunicação da responsabilidade social pela internet utilizada pelas empresas investigadas. Ainda segundo o autor, este tipo de pesquisa tem a propriedade de determinar o grau de associação das variáveis envolvidas.

A amostra foi composta por 120 empresas, todas com nacionalidade em países emergentes participantes do G-20, que atualmente conta com 21 membros. O G-20 foi criado em agosto de 2003 e sua atuação está mais concentrada na agricultura. Seus países respondem por 60% da população mundial e 26% das exportações agrícolas. As companhias selecionadas estão entre as 2 mil maiores empresas de capital aberto do mundo relacionadas na revista *Forbes* (Decarlo 2006). O critério de seleção da amostra adotado é válido pelo reconhecimento da publicação por acadêmicos e executivos e principalmente por classificar as empresas pelo país detentor do controle acionário, assegurando que apenas empresas de países emergentes participaram do estudo.

A partir da amostra escolhida, os pesquisadores formularam as hipóteses que norteiam este estudo, a seguir na Tabela 1:

Hipóteses
Ho: Não existe correlação entre a comunicação da responsabilidade social pela internet, o desempenho da empresa e o país de origem.
H1: O desempenho da empresa está correlacionado com a comunicação da responsabilidade social pela internet.
H2: O país de origem influencia na comunicação da responsabilidade social pela internet.

Tabela 1: Hipóteses

A coleta de dados se deu mediante a observação sistemática nos websites institucionais das empresas investigadas; este método deve ser utilizado quando a informação desejada for especificada (Malhotra 2006). Na observação sistemática, o pesquisador especifica detalhadamente o que deve ser observado e como devem ser registradas as respostas (Malhotra 2006). O pesquisador deve ser objetivo, reconhecer possíveis erros e eliminar sua influência sobre o que vê ou recolhe (Marconi e Lakatos 2002). A coleta de dados ocorreu nos meses de fevereiro e março de 2007.

	Utilização termo RSE	Código ética	Projetos sociais	Resultados projetos	Divulgação parceiros	Relatório social	Valores org.
África do Sul	89%	44%	88%	75%	81%	75%	81%
Brasil	95%	42%	74%	26%	47%	63%	32%
Chile	20%	0%	20%	20%	0%	20%	0%
Egito	50%	50%	0%	0%	0%	0%	0%
Filipinas	0%	100%	0%	0%	0%	0%	100%
Índia	33%	26%	30%	07%	07%	07%	30%
Indonésia	25%	0%	25%	25%	25%	00%	00%
México	50%	50%	56%	50%	56%	25%	50%
Paquistão	100%	0%	100%	50%	100%	0%	100%
Tailândia	55%	45%	64%	36%	45%	18%	64%
Venezuela	0%	0%	0%	0%	0%	0%	0%
Total	58%	35%	53%	34%	39%	32%	43%

TABELA 2: Frequência da "Comunicação RSE" por país

Fonte: Adaptado dos websites corporativos.

Assim, para avaliar a comunicação da responsabilidade social nos websites corporativos, foi utilizado o conjunto de indicadores proposto por Sousa Filho e Wanderley (2007), citado no referencial teórico. Além daqueles indicadores, foram acrescentadas mais duas variáveis: a utilização do termo "Responsabilidade Social" e a referência aos valores organizacionais. A Tabela 2 mostra a frequência da divulgação de cada indicador por país.

Torna-se importante ainda mostrar a quantidade de websites de empresas por país que foram investigados neste estudo. A seguir, a Tabela 3 apresenta as frequências observadas relativas à distribuição das corporações por país.

País	Frequência	Percentual
África do Sul	18	15,0
Brasil	19	15,8
Chile	06	5,0
Egito	03	2,5
Filipinas	01	0,8
Índia	33	27,5
Indonésia	07	5,8
México	17	14,2
Paquistão	02	1,7
Tailândia	13	10,8
Venezuela	01	0,8
Total	**120**	**100**

TABELA 3: Distribuição das corporações por país
Fonte: Adaptado de Decarlo (2006).

Outros países fazem parte do G-20, porém, não tiveram nenhuma corporação relacionada entre as 2 mil maiores empresas de capital aberto do mundo (Decarlo 2006) e, portanto, houve redução no número de países participantes para doze, acima listados na Tabela 3.

A China, apesar de possuir 28 empresas listadas entre as 2 mil maiores de capital aberto do mundo, não compôs a amostra pelo fato de ser considerada uma potencial *outlier*. O comportamento das empresas chinesas caracterizado por um alto desempenho e por uma baixa comunicação, aliado ao grande percentual ocupado na amostra – número de casos = 28, é um fator tendencioso que sugere um viés aos resultados, como observado em estudo de Lucian et al (2007). A exclusão da China desta pesquisa permite observar com maior clareza o comportamento dos demais países estudados.

	Utilização termo RSE	Código ética	Projetos sociais	Resultados projetos	Divulgação parceiros	Relatório social	Valores org.
China	10%	0%	0%	0%	0%	5%	5%

Tabela 4: Dados da China, país excluído desta análise
Fonte: Adaptado de Decarlo (2006).

A companhia melhor classificada neste *rank* a participar do estudo é a corporação brasileira Petrobras, que ocupa a 51ª posição entre as 2 mil maiores empresas de capital aberto do mundo. A empresa da África do Sul Tiger Brands ocupa a 1989ª posição e é a companhia que ocupa posição mais inferior entre as analisadas. Pode-se observar na Tabela 4 a estatística descritiva média de acordo com os critérios: *rank*, faturamento anual, lucro anual, recursos de capital, valor de mercado e número médio de empregados.

País	*Rank* médio	Faturamento médio anual (bi/US$)	Lucro anual médio (bi/US$)	Ativos médio (bi/US$)	Valor médio de mercado (bi/US$)	Nº médio de empregados
África do Sul	1.168	5,41	0,61	16,95	8,77	28.307
Brasil	**932**	**9,88**	**1,17**	**25,03**	**16,80**	28.396
Chile	1.456	2,99	0,25	9,20	4,41	18.465
Egito	1.593	1,61	0,31	2,59	8,42	19.263
Filipinas	1.357	2,25	0,50	4,50	6,25	18.433
Índia	1.256	4,91	0,56	15,25	8,83	32.867
Indonésia	1.308	2,32	0,46	10,85	4,77	29.053
México	1.083	6,50	0,63	9,99	7,83	**42.695**
Paquistão	1.439	1,26	0,50	2,42	7,30	36.124
Tailândia	1.326	3,49	0,45	14,19	4,80	11.363
Venezuela	1.896	1,01	0,19	8,89	0,98	7.875
TOTAL	1.205	5,40	0,63	14,96	8,92	29.129

Tabela 5: Perfil das corporações utilizando estatística descritiva média por país

Fonte: Adaptado de Decarlo (2006).

Caso procuremos por posições de destaque em cada item das análises descritivas de tendência central, dois países ocupam lideranças: 1) Brasil, média mais alta em *rank*, faturamento anual, lucro médio anual, ativos médios e valor médio de mercado; 2) México, em número médio de empregados. Em síntese, o Brasil mostra-se como o país com maior destaque pelos indicadores médios analisados na Tabela 4.

As empresas investigadas foram classificadas dentro de 21 indústrias distintas. A mais representativa com 23,4% é a indústria "Bancária". Outras indústrias significativas foram "Petróleo e Gás Natural" (10,8%) e "Telecomunicações" (8,1%).

4. ANÁLISE DOS DADOS

Os dados obtidos através da análise dos websites foram submetidos a diversas análises com o objetivo de verificar a validade das hipóteses. A Figura 1 apresenta o desenho metodológico.

A identificação do perfil da amostra, apresentado no item anterior, serve como forma de conhecer melhor a amostra estudada e é fundamental para a interpretação dos resultados obtidos através das análises multivariadas.

Inicialmente os dados obtidos através da análise dos websites foram submetidos à técnica estatística da análise fatorial, que possui o objetivo de analisar as relações internas entre um dado número de variáveis e explorar os fatores latentes formados por estes itens. O objetivo é de encontrar um meio de condensar a informação em um número menor de variáveis (fatores) com o mínimo de perda de informações aceitável (Hair et al, 2006).

Segundo Hair *et al.* (2006: 128), a carga fatorial para uma amostra de 120 empresas é de no mínimo 0,45. Variáveis com cargas inferiores a estas devem ser excluídas para não comprometerem as análises. Para sua consistência interna, a análise fatorial deve possuir significância igual ou menor a 0,05. A medida de adequação da amostra de Kaiser-Meyer-Olkin é um índice utilizado para avaliar a adequação da análise fatorial que varia de 0 a 1. Índices acima de 0,5 são considerados altos, ou seja, a análise fatorial é adequada (Malhotra 2006: 549). Outro índice de adequação da matriz de correlação fatorial existente é o teste de esfericidade de Bartlett, em que é calculado o qui-quadrado e o grau de liberdade. Para o qui-quadrado, quanto maior o seu valor absoluto apresentado, mais adequada é a matriz (Malhotra 2006: 550). O grau de liberdade indica a partir de quantos valores conhecidos os demais não estão livres para variar (Levine et al 2000: 291), e neste caso esperam-se os maiores valores possíveis.

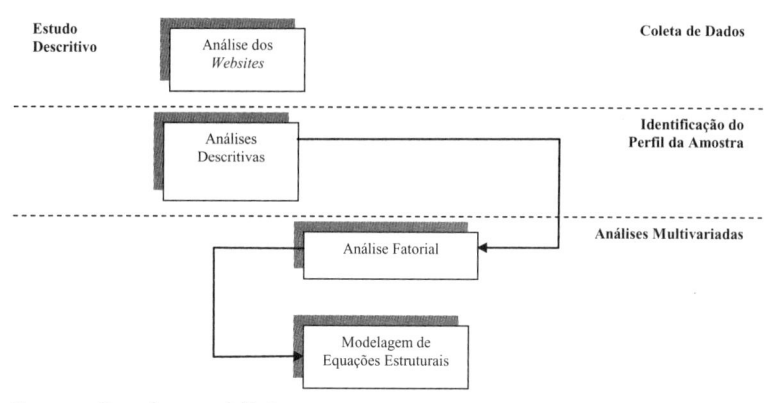

FIGURA 1: Desenho metodológico

Fonte: Autores.

De acordo com a teoria, os 7 (sete) itens checados durante a coleta de dados (Projetos sociais, Divulgação de parceiros, Utilização do termo Responsabilidade Social Empresarial, Resultados de projetos, Valores organizacionais, Relatório social e Código de ética) são partes de um mesmo fator latente denominado aqui de Comunicação da Responsabilidade Social Empresarial (RSE). Durante a realização dos testes estatísticos, essa expectativa foi confirmada, como demonstra a Tabela 6, a seguir.

A análise fatorial obteve um único fator denominado "Comunicação RSE". Todos os itens carregaram positivamente com cargas fatoriais adequadas. Os índices calculados nesta análise fatorial (KMO = ,855 /Quiquadrado = 495,815/Graus de Liberdade = 21 /Significância = ,000) são consistentes e estão dentro do esperado para uma pesquisa na área das ciências sociais (Malhotra 2006).

Itens	Fator único (Comunicação RSE)
Projetos sociais	,883
Divulgação parceiros	,872
Utilização termo RSE	,841
Resultados projetos	,820

Valores organizacionais	,668
Relatório social	,636
Código ética	,468

TABELA 6: Análise fatorial confirmatória. Fonte: Autores.

Uma vez confirmada a teoria e identificada a relação entre os 7 (sete) itens observados nos websites, o fator latente "Comunicação RSE" foi validado para ser utilizado nos testes de hipótese.

A técnica utilizada neste estudo para a confirmação das hipóteses é a modelagem de equações estruturais, pois esta considera que as variáveis de comunicação da responsabilidade social, desempenho organizacional e país de origem da empresa estão interligadas e se influenciam mutuamente de forma direta ou indireta.

A Modelagem de Equações Estruturais é um modelo estatístico que busca explicar o relacionamento entre múltiplas variáveis. Esta técnica examina as estruturas de inter-relacionamentos expressadas em uma série de equações, similarmente a uma série de equações de regressões múltiplas (Hair et al 2006).

Uma característica básica desta técnica é que pode testar uma teoria de ordem causal entre um conjunto de variáveis; desta forma, a técnica proposta oferece ao pesquisador a possibilidade de investigar tanto as variáveis independentes (diretamente observáveis) quanto as variáveis dependentes (indiretamente observáveis) (Maruyama 1998).

Para Maruyama (1998), a análise de caminhos (*path analysis*), outra denominação para a modelagem de equações estruturais, está relacionada a modelos com fluxo causal direcional único, em que as medidas de cada variável conceitual são perfeitamente confiáveis. Partindo desta premissa, acredita-se que não existe erro de medida (mensuração) ou de especificação (operacionalização) das variáveis. Isto é, cada medida é vista como uma exata manifestação da variável teórica. Certamente, nas ciências sociais, assumir que exista essa perfeita confiabilidade é irreal. Este fato restringiu por muito tempo a aplicação desta técnica de análise de dados neste campo da ciência. Uma solução parcial encontrada para este problema foi a inclusão de variáveis não observadas, ou latentes, assim como erros no modelo teórico ($e1$, $e2$, $e3$, ..., en). Estes indicadores revelam a quantidade de variância não explicada pelas variáveis exógenas (independentes) especificadas (Farias e Santos 2000).

O ponto inicial para a aplicação desta técnica é a teoria utilizada pelo pesquisador a respeito das relações causais entre um conjunto de variáveis. O pesquisador deve estar bem fundamentado na teoria quando da especificação das relações de causa. Assumindo isto como uma premissa, expressa-se esta teoria de um modo formal e claro em um modelo: que é apresentado tanto em palavras quanto em um diagrama. Este pode ser entendido como um grupo de afirmativas que resumem um conjunto de hipóteses (Farias e Santos 2000).

O modelo construído para esta pesquisa, com base na teoria revisada, que é utilizado no teste das hipóteses, é apresentado pela Figura 2. As variáveis "$e1$", "$e2$", "$e3$", "$e4$", "$e5$", "$e6$" e "$e7$" representam o erro estimado, ou seja, a variância não explicada pelo modelo. Os retângulos simbolizam as variáveis observáveis obtidas através da análise dos websites ou levantamento de dados secundários, enquanto a elipse indica a variável latente observada indiretamente. Quanto aos relacionamentos, as retas indicam regressão e as curvas, covariância.

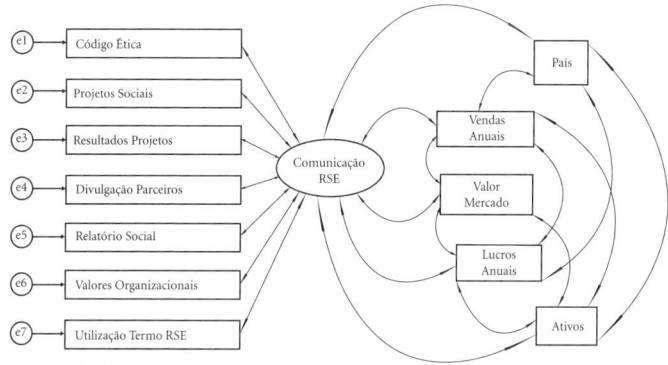

FIGURA 2: *Path diagram*

Fonte: Autores.

A existência de diversas covariâncias é necessária para a consistência do modelo, pois, as variáveis se influenciam mutuamente e estas relações não podem ser desprezadas. Os índices de ajustamento (*fit's*) do *path diagram*, que indicam a consistência interna do modelo, devem ser calculados com base no número de variáveis observadas e na quantidade N de amostras (Hair et al 2006); os valores esperados e observados para esta pesquisa são apresentados pela Tabela 6.

Índice de ajustamento	Esperado	Observado
CFI	>,900	,956
NFI	>,900	,919
IFI	>,900	,958
TLI	>,900	,922
RMSEA	<,080	,076

TABELA 7: *Fit's* do modelo

Fonte: Autores.

Como demonstrado pela Tabela 7, o modelo desenvolvido nesta pesquisa é consistente e seus resultados podem confirmar ou rejeitar as hipóteses.

A variável latente "Comunicação RSE" é correlacionada com a variável "País", que indica a origem da empresa investigada, e com as variáveis de desempenho "Valor mercado", "Vendas anuais", "Ativos" e "Lucros anuais". Esses relacionamentos são demonstrados pela Tabela 8.

Covariância	Estimativa	Desvio-padrão	Sig
Valor mercado ←→ Comunicação RSE	,080	,018	,702
Vendas anuais ←→ Comunicação RSE	,120	,024	,476

Ativos ←→ Comunicação RSE	-,152	,005	,141
Lucros anuais ←→ Comunicação RSE	,079	,234	,745
País ←→ Comunicação RSE	,224	,006	,020

TABELA 8: Correlação entre as variáveis do modelo proposto
Fonte: Autores

Foi observada apenas uma relação significativa, entre o país de origem e a comunicação da responsabilidade social empresarial.

Devido a estes testes, pode-se concluir que a hipótese nula (Ho) e H1 não foram confirmadas e H2 foi confirmada, pois as análises indicaram a existência de relação entre a comunicação da responsabilidade social empresarial pelos websites e o país de origem da empresa.

A relação observada (correlação positiva) indica a influência da origem das empresas, nos diversos países analisados, na geração dos diferentes índices de comunicação de responsabilidade social empresarial. Ao voltarmos para a Tabela 2, pode-se efetuar a comparação de frequências entre os países da amostra. Entre os países de origem das empresas analisadas com melhor comunicação em RSE, sobressaem-se África do Sul e Brasil. Estes resultados repetem os países que em pesquisa sobre expectativa do consumidor em diferentes nações apontou: Brasil, Rússia e África do Sul, não tendo a Rússia sido parte do presente trabalho (Akatu 2005).

5. CONCLUSÃO

A partir da análise dos dados, pode-se concluir que a África do Sul é o país que melhor comunica a responsabilidade social pela internet, pois as empresas sul-africanas utilizam mais os indicadores pesquisados em seus websites.

A influência do país na forma de comunicação da responsabilidade social foi um elemento conclusivo importante, e isto pode ser explicado por alguns motivos. Por exemplo, em países emergentes onde a democracia é desenvolvida e a economia é aberta, empresas estrangeiras passam a atuar e querem ter uma boa imagem no país receptor, investindo assim na comunicação da responsabilidade social e mostrando que este passa a ser um tema globalizado.

Especificamente com relação ao bom desempenho da comunicação da RSE na África do Sul nesta pesquisa, podemos buscar alguns fatores que impulsionaram e continuam a favorecer a RSE segundo Visser (2005). São eles principalmente: as reformas legislativas, a globalização, o ativismo social por parte dos *stakeholders* e o uso de código de RSE internacionais.

As reformas legislativas aconteceram após 1994 nas áreas: socioeconômica, por exemplo, o Ato do Black Economic Empowerment de 2003; meio ambiente, saúde e segurança através do Ato da Nacional Água de 1998; e do trabalho, governança e ética que podemos citar o Ato de Acesso a Informação de 2000. Além das leis/atos exemplificados, outros sucederam estes reforçando aspectos semelhantes (Visser 2005).

No mesmo sentido, a reentrada no país das multinacionais encorajou o desenvolvimento dos relatórios de sustentabilidade, embora empresas locais já estivessem publicando os seus relatórios. Segundo a Pesquisa Internacional sobre relatórios de responsabilidade social trienal da KPMG (2005), o número de relatórios voltados exclusivamente para RSE na África do Sul cresceu consideravelmente entre 2002 e 2005, passando de 1 para 18 neste período. A crescente força do ativismo social também impulsionou a RSE bem como o uso cada vez mais amplo de padrões internacionais como, por exemplo, o ISO 14.001, Global Report Initiative e o King Code (Sethi 2003 apud Visser 2005).

Vale ressaltar que os indicadores utilizados foram validados na pesquisa a partir da técnica estatística da análise fatorial. Assim, estes indicadores podem ser utilizados confiavelmente em outras pesquisas que visam avaliar a comunicação da responsabilidade social.

Por fim, pode-se concluir que fatores socioeconômicos, legislação ecultura nacional são fatores relacionados com as ações de comunicação de responsabilidade social empresarial pela internet. Outro achado desta pesquisa é relativa a correlação entre a comunicação da empresa e seu desempenho. Resalva-se contudo que a característica desta pesquisa apenas permite a identificação da relação, sem que se atribua uma dependência entre as variáveis, em outras palavras, não é possível afirmar estatisticamente se empresas comunicam mais por que possuem melhor desempenho ou possuem melhor desempenho por que comunicam mais.

Como informação contundente que confirma a correta escolha de exclusão da China do grupo de países com empresas listadas na *Forbes*, apresentamos a seguir como se comportaria a análise estatística em tal caso. Tal teste foi motivado pela curiosidade diante de empresas que apresentaram o mais baixo desempenho em comunicação de RSE e a mais alta performance financeira.

Covariância	Estimativa	Desvio-padrão	P
Valor mercado ←→ Comunicação RSE	-0,259	0,461	0,575
Vendas anuais ←→ Comunicação RSE	0,047	0,215	0,826
Ativos ←→ Comunicação RSE	**-2,522**	**1,125**	**0,025**
Lucros anuais ←→ Comunicação RSE	-0,002	0,034	0,951
País ←→ Comunicação RSE	**1,427**	**0,435**	**0,001**

TABELA 9: Correlação entre as variáveis, incluindo o *outlier*

Fonte: Autores.

Portanto, pode-se concluir que – excluindo a China – inexiste relação entre comunicação de RSE pela internet e performance financeira. Como sugestão para futuros trabalhos, fica a utilização dos mesmos indicadores em pesquisas que envolvam outras empresas e a tentativa de observar se existe diferença na divulgação entre empresas de setores diferentes. Encontram-se disponíveis dados que demonstram ser o país de origem fator de maior influência sobre a Comunicação de RSE pela internet do que o setor empresarial (Wanderley et al 2007).

REFERÊNCIAS

AKATU, Instituto Akatu para o Consumo Consciente. *Pesquisa 2005:* responsabilidade social das empresas – percepção do consumidor brasileiro. São Paulo: Instituto Akatu, 2005.

AZEVEDO, M. T. "Publicidade cidadã: como comunicar responsabilidade social empresarial", in *Responsabilidade social das empresas: a contribuição das universidades,* vol. 3. São Paulo: Peirópolis, p. 334-84, 2004.

BOWEN, H. R. *Social responsibilities of the businessman.* Nova York: Harper & Row, 1953.

BRANCO, M.C.; RODRIGUES, L.L. "Communication of corporate social responsibility by portuguese banks: a legitimacy theory perspective", in *Corporate Communications: An International Journal,* vol. 11, nº 3, p. 232-48, 2006.

CARROLL, A. B. "A three-dimensional conceptual model of corporate performance", in *The Academy of Management Review,* nº 4, p. 17-25, outubro de 1979.

CHAPPLE, W.; MOON, J. "Corporate social responsibility (CSR) in Asia: a seven-country study of CSR web site reporting", in *Business and Society,* vol. 44, nº 4, p. 415-41, 2005.

CHRISTMANN, P.; TAYLOR, G. "Globalization and the environment: determinants of firm self-regulation in China", in *Journal of International Business Studies,* vol. 32, nº 3, p. 439-58, 2001.

COUPLAND, C. "Corporate social responsibility as argument on the web", in *Journal of Business Ethics,* vol. 62, nº 4, p. 355-66, 2005.

DECARLO, S. *The World's 2000 Largest Public Companies*. *Forbes Special Report*: 30/03/2006. Disponível em: http://www.forbes.com/lists/2006/03/29/06f2k_worlds-largest-public-companies_land.html. Acesso em 28/01/2007.

ESROCK, S. L.; LEICHTY, G. B. "Organization of corporate web page: publics and functions", in *Public Relations Review*, vol. 26, nº 3, 2000.

_____. "Social responsibility and corporate web pages: self-presentation or agenda-setting?", in *Public Relations Review*, vol. 24, nº 3, p. 305-19, 1998.

ETHOS, Instituto Ethos de Empresas e Responsabilidade Social. *Indicadores Ethos de Responsabilidade Social – Versão 2006*. São Paulo, 2006. Disponível em: http://www.ethos.org.br.

FARIAS, S. A.; SANTOS, R. C. "Modelagem de equações estruturais e satisfação do consumidor: uma investigação teórica e prática", in *Revista de Administração Conteporânea*, vol. 4, nº 3, set/dez. 2000.

FREEMAN, R. E. *Strategic management: a stakeholder approach*. Boston: Pitman, 1984.

FRIEDMAN, M. "The social responsibility of business is to increase its profits", in *The New York Times Magazine*, 13/09/1970.

GILDEA, R. L. "Consumer survey confirms corporate social action affects buying decision", in *Public Relations Quarterly*, vol. 39, nº 4, p. 20-3, 1994.

GOODMAN, M. B. *Corporate communications for executives*. Albany: State University of New York Press, 1998.

HAIR, J. F. Jr.; BLACK, W. C.; BABIN, B. J.; ANDERSON R. E.; TATHAM, R. L. *Multivariate data analysis*, 6ª ed. New Jersey: Prentice Hall, 2006.

HUNTER; BANSAL. "How Standard is standardized MNC global environmental communication?", in *Journal of Business Ethics*, vol. 71, nº 1, p. 135-47, 2007.

HUTTON, J. G. "Reputation management: the new face of corporate public relations?", in *Public Relations Review*, vol. 27, nº 3, p. 247-61, 2001.

JAMALI, D. "The case for strategic corporate social responsibility in developing countries", in *Business and Society Review*, vol. 112, nº 1, p. 1-27, 2007.

_____.; MIRSHAK, R. "Corporate social responsibility (CSR): theory and practice in a developing country context", in *Journal of Business Ethics*, vol. 72, nº 3, p. 243-62, 2007.

KEMP, M. *Corporate Social Responsibility in Indonesia: Quixotic dream or confident expectation?* [Program Paper nº 6]. Geneva, Suíça: United Nations Research Institute for Social Development, 2001.

KPMG. *International survey of corporate responsibility reporting 2005*. Amsterdam, Holanda: KPMG Global Sustainability Services, 2005.

LEVINE, D. M.; BERENSON, M. L.; STEPHAN, D. *Estatística: teoria e aplicação*. São Paulo: LTC, 2000.

LUCIAN, R; WANDERLEY, L. S. O.; SILVA, F. F. A.; SOUSA FILHO, J. M. "Comunicação da Responsabilidade Social em *Websites* e Desempenho Financeiro nas Corporações do G-20", in XXVII *Encontro Nacional de Engenharia de Produção*, 2007, Foz do Iguaçu. Anais do XXVII ENEGEP, 2007.

LUETKENHORST, W. "Corporate social responsibility and the development agenda", in *Intereconomics*, vol. 39, nº 3, p. 157-68, 2004.

MALHOTRA, N. K. *Pesquisa de marketing: uma orientação aplicada*, 4ª ed. São Paulo: Bookman, 2006.

MARCONI, M. A.; LAKATOS, E. M. *Técnicas de pesquisa*, 5ª ed. São Paulo: Atlas, 2002.

MARKEN, G. A. "The internet and the web: the two-way public relations highway", in *Online Public Relations*, vol. 43, nº 1, p. 31-3, 1998.

MARUYAMA, G. M. *Basics of strutural equation modeling*. Thousand Oaks: Sage, 1998.

MORSING, M. "Corporate social responsibility as strategic auto-communication: on the role of external stakeholders for member identification", in *Business Ethics: A European Review*, vol. 15, nº 2, p. 171-82, 2006.

_____.; SCHULTZ, M. "Corporate social responsibility communication: stakeholder information, response and involvement strategies", in *Business Ethics: A European Review*, vol. 15, nº 4, p. 323-38, 2006.

POLLACH, I. "Communicating corporate ethics on the World Wide Web: a discourse analysis of selected company web sites". Frankfurt: Peter Lang Publishing, 2003.

SCHLEGELMILCH, B. B.; POLLACH I. "The perils and opportunities of communicating corporate ethics", in *Journal of Marketing Management*, vol. 34, nº 21, p. 267-90, 2005.

SNIDER, J.; HILL, R. P.; MARTIN, D. "Corporate social responsibility in the 21st century: a view from the world's most successful firms", in *Journal of Business Ethics*, vol. 48, nº 2, p. 175-87, 2003.

SOUSA FILHO, J. M.; WANDERLEY, L. S. O. "Divulgação da responsabilidade social empresarial: como os websites empresariais vêm sendo utilizados por empresas de energia e varejo", in *Cadernos EBAPE.BR (FGV)*, p. 13, 2007.

VISSER, W. "Corporate citizenship in South Africa. A review of the progress since democracy", in *Journal of Corporate Citizenship*, vol. 18, p. 29-38, 2005.

WANDERLEY L. S. O.; LUCIAN, R; SILVA, F. F. A; SOUSA FILHO, J. M. "CSR Information Disclosure on the Web: a context-based approach analysing the influence of country of origin and industry sectors", in *EBEN European Business Ethics Network Annual Conference 2007*. Leuven, EBEN, 2007.

_____.; COLLIER, J. "Responsabilidade social das empresas: na busca de um referencial teórico", in *Revista da Angrad*, vol. 1, nº 2, p. 40-51, out-dez, 2000.

Publicidade e sociedade: problematizações

Ilusões de ótica

Stuart Ewen[*]

* Professor Titular da Cátedra de Estudos sobre Filmes & Mídia na Faculdade Hunter e dos programas de Doutorado em História, Sociologia e Estudos Americanos no Centro de Pós-Graduação da Universidade da Cidade de Nova York (CUNY). É autor dos livros "Captains of Consciousness: Advertising and the Social Roots of the Consumer Culture" (1976); "PR! A Social History of Spin"(1996), de onde foi extraído, com a autorização do autor, este capítulo; e "Typecasting: On the Arts and Sciences of Human Inequality"(2006), em co-autoria Elizabeth Ewen, entre outros. A tradução é de Simone Delgado.

No final dos anos 1920, Georges Duhamel, um escritor francês eminente, fez uma viagem aos Estados Unidos. Como Alexis de Toqueville no século anterior, Duhamel almejou pesquisar o estado da sociedade americana, imaginando que, nos Estados Unidos, europeus poderiam descobrir "cenas da vida do futuro" que aguardavam por eles.

Publicado em 1931 – sob o título *América: a ameaça* – a narração da visita de Duhamel retratou a América moderna como uma "civilização devoradora", conduzida por um sistema gigantesco de publicidade. Para onde quer que você vire, ele conta aos seus leitores, a publicidade chama a atenção com "a persistência serena das máquinas", procurando capturar "o olhar perplexo do pedestre."[1]

A "civilização" americana, como Duhamel descreveu, era extremamente visual. Tendo abandonado toda fidelidade à verdade, a máquina da publicidade estava gerando uma agitação constante de estimulantes óticos, "luzes, repetições e explosões", que eram "concebidos para excitar os reflexos de um molusco sedentário". Com a

---

1   Georges Duhamel, *America the Menace: Scenes from the Life of the Future.* Charles Miner Thompson, trans. (Boston, 1931), p. xiv, 128.

intenção de estimular o sistema nervoso, mais do que educar a mente, esta é uma cultura que "apresenta às pessoas somente imagens que são elementares, poderosas e sedutoras". Para Duhamel, a publicidade americana era "um triunfo de desarmonia e desordem", uma "serenata de luzes", uma provocação feita para induzir o que ele chamou de "um tipo de masturbação do olho."[2]

Perturbado por essas seduções, Duhamel sentiu a sua noção de realidade, sua noção transitória de sua própria existência, esvaindo-se.

> Tudo era falso. O mundo era falso. Eu mesmo talvez não era mais nada a não ser um simulacro de um homem, uma imitação de Duhamel [...] Meus pensamentos não estavam mais no meu controle [...] imagens em movimento tomaram conta das minhas ideias.[3]

O exagero de Duhamel é notável, ainda que sua descrição discernisse sensivelmente os desenvolvimentos que até final dos anos 1920 tinham deixado uma marca singular no terreno da vida americana. A "masturbação do olho", como Duhamel sugestivamente afirmou, tornou-se um atributo característico da cultura americana do século XX e uma estratégia questionável empregada pelas profissões que exercem influência. Traços desses desenvolvimentos faziam parte dos arquivos da persuasão.

Em 11 de junho de 1923, por exemplo, William P. Banning, diretor de relações públicas da companhia americana de telefone (AT&T), deu uma palestra na Conferência de Publicidade sobre Sistema de Telefonia, realizada em Nova York.[4] A sua apresentação trouxe uma preocupação que vinha persistentemente direcionando a filosofia da liderança da

---

2   *Idem*, p. 128, 133, 210.

3   *Idem*, p. 27-8.

4   William P. Banning, "Advertising Technique and Copy Appeal," Conferência de Publicidade do Sistema de Telefonia (Nova York, Junho 11-15, 1923), p. 1-16.

corporação por aproximadamente vinte anos: a importância de manter continuamente o apoio público para o controle dos serviços de telégrafo e telefonia nos Estados Unidos.

Ainda que o tópico de Banning fosse familiar, o seu argumento não era. A sua palestra incluiu uma visão diferente de como a filosofia corporativa da AT&T poderia ser melhor preservada. As palavras de Banning sinalizaram uma ruptura definitiva da teoria de Theodore Vail.

Entre 1907 e 1917 – os anos da presidência de Vail –, a AT&T era defensora entusiasta das relações públicas corporativas, numa época em que poucos grandes negócios reconheciam essa necessidade. Em um contexto político contra grandes negócios e contra monopólios, Vail instruiu a AT&T a alcançar e preservar objetivos corporativos de longo prazo exigindo uma busca persistente por apoio público. Durante a gestão de Vail, isso significou uma campanha incessante para "educar" o público, para fornecer explicações coerentes e concretas aos americanos de classe média do porquê o monopólio da AT&T estava a serviço do seu próprio interesse e dos melhores interesses da América. O principal objetivo dessa estratégia, de acordo com a doutrina Progressista é que o público necessitava de explicação.

Mesmo que Banning tenha assumido essa posição para o seu time de profissionais em 1923, no entanto, essa suposição básica era claramente ausente. A história, a Primeira Guerra Mundial e a origem do pensamento psicológico moderno deixaram marcas na filosofia corporativa da AT&T, e a palestra de Bannning representou um claro repúdio da fé resoluta de Vail em um público racional. Referindo-se ao tópico de propaganda institucional – propaganda desenhada para promover uma corporação como um todo, em vez de um produto ou serviço particular –, Banning aconselhou seu time a não acreditar mais na noção de que o público poderia ser educado através da razão.

Era difícil para "homens de telefone" pensar sobre o público dessa nova maneira, ele reconheceu. Como profissionais modernos, comprometidos com o aperfeiçoamento da vida através do progresso científico e tecnológico – ele lisonjeou a sua audiência – os instintos dos empregados da companhia de telefone foram impulsionados por modos racionais de pensamento. Como outros profissionais altamente educados da era moderna, eles estavam acostumados a aplicar razão às tarefas. Por causa da sua disposição lógica, Banning generalizou, "é natural para uma companhia de telefone acreditar que os fatos deveriam ser a base dos apelos da propaganda".

> O negócio de telefonia é um negócio preciso e que exige exatidão em tudo. Acaba fazendo dos homens do telefone, homens de verdade. É um negócio envolvendo detalhes infinitos para funcionamento apropriado. Necessita de consideração do público, e uso inteligente de tudo que envolve o telefone, como uma meta para atingir o sucesso. Isso leva ao desafio de ensinar o público, e de aumentar o conhecimento e a consideração do público.

Se a lógica do homem da companhia era inquestionável, no entanto, o mesmo não poderia ser dito sobre o público. A natureza inerente do público simplesmente não respondia às questões lógicas. Mesmo que se deseje o contrário, disse Banning a seus profissionais, o público não é "composto de engenheiros elétricos". Banning caracterizou a mente do público para eles através de uma analogia de uma torcida esportiva apaixonada. "Vá a um grande jogo de futebol", ele sugeriu ironicamente, "e você verá o seu público".

Argumentos lógicos e evidências factuais simplesmente não atraem "o perfil do indivíduo que compõe o público, que é modesto, embora de natureza boa, com muitos problemas pessoais para se importar com questões de monopólios, por isso prefere ser entretido a ser instruído". O publicitário da AT&T, então, deve aceitar "o público como é, não como ele queria que fosse".

Mencionando a ideia de Edward L. Bernays de que as organizações devem empregar somente aquelas táticas a "que o público está pronto para responder" e devem ser capazes de prever "aquelas reações que o público está pronto para mostrar", Banning criou a seguinte proposta para o novo publicitário competente:

> Se ele mantiver em mente o ditado caseiro que melado é melhor que vinagre, se ele se lembrar que um apelo ao coração, aos sentimentos, é mais efetivo que o apelo baseado em lógica, ele dominará os princípios de uma boa técnica.

A partir dessa explicação, Banning chamou a atenção do seu time de trabalho, enfatizando que muito do trabalho deles era inspirado por um entendimento exato do público. "Parece como se fosse escrito por um engenheiro [...] Você falou sobre fatos e números [...] como se você esperasse que cada leitor de jornal que viu um dos seus comerciais assimilasse as informações valiosas por si próprio." Esse entendimento das relações públicas, ele afirmou, era errôneo. Não sabemos se Banning tinha familiaridade com a teoria desenvolvida por Freud da catexia do objeto – com a proposição de que o amor induz a uma "submissão humilde [...] em torno do objeto amado" comparável ao relacionamento que se desenvolve entre o objeto hipnotizado e o hipnotizador. No pensamento de Banning, no entanto, a essência da perspectiva de Freud era implícita.

> O trabalho dos Diretores de Publicidade do sistema de telefonia é fazer as pessoas entenderem e amarem a companhia. Não apenas dependendo conscientemente dela – nem somente considerando-a como necessidade – nem por segurança, mas amando a companhia – sentindo verdadeira afeição por ela – tornando-a membro pessoal da força dos negócios, como um membro íntimo admirado da família.

De maneiras diferentes, os comentários de Banning espelharam a "sabedoria" do seu tempo. A sua apresentação foi influenciada pelas teorias de Gustave Le Bon; as lições pragmáticas da Primeira Guerra Mundial e o Comitê de Informação Pública; e a prescrição de Bernays de que um especialista em relações públicas de sucesso será um estudante devotado da mente humana.

Para a AT&T e para a América corporativa de maneira geral, no entanto, as implicações da palestra de Banning foram reveladoras. Elas marcaram o surgimento de um novo vernáculo dirigido pela emoção e através do qual as corporações iriam se comunicar e influenciar os seus públicos.

Assim como a AT&T mudou a tática para atingir o seu público usando a emoção em vez da razão, as técnicas oratórias da publicidade corporativa também mudaram. Se, quando Vail dirigiu a companhia, a publicidade da AT&T era dominada pela confiança na mídia escrita – e por argumentos racionais –, agora a corporação começou a seguir uma noção mais visual e subjetiva de persuasão. A palestra de Banning em 1923 forneceu evidência eloquente dessa mudança.

Ao invés de ver um comercial institucional como um argumento lógico, sustentado por informação, Banning encorajou o seu time a pensar em cada comercial como uma crescente experiência visual, desenhada para evocar uma resposta essencialmente psicológica.

> Pense no seu comercial inteiro como uma foto e eu acredito que o problema de encontrar um resultado atraente será simplificado. Considere a borda do seu comercial como sua moldura, considere a ilustração como a casa, ou o grupo de árvores, ou de amantes, ou outros centros de interesse de seres humanos ou animais que aparecem em muitas telas.

Textos escritos eram ainda costume, mas eles foram se tornando cada vez mais submissos à imagem – o novo instrumento redescoberto, vital para uma mensagem ser transmitida.

> Considere o seu assunto em questão como o lugar de destaque na fotografia, o que cria o cenário apropriado para a ilustração [...] A imagem e o texto juntos devem atrair a atenção do leitor ou ele nunca vai chegar lá; e o texto deve conter a assinatura (a marca corporativa) se você quiser que ele entenda toda a história. No entanto, o valor de um comercial nunca é perdido se a imagem e o principal texto são atraentes o suficiente para parar o leitor por um momento, por um tempo o texto pode ser pequeno, cada pessoa que hesitar através do interesse gerado pela ilustração e texto vai querer saber pelo menos a origem e vai dar uma olhada na assinatura. *Você não precisa se importar se o texto é negligenciado, se o resto do comercial apresentou a impressão certa.*

Onde o texto foi empregado deve também ser guiado pelo paradigma da imagem; deveria ser escrito para desencadear sentimentos em vez de pensamento.

> Tenha senso de humor sem ser sovina. Seja amigável sem ser energético. Lembre-se que uma risada terá mais efeito do que muita lógica; que entretenimento é muito mais apreciado do que instrução; que o animal humano somente receberá lógica ou instrução quando vestida de entretenimento [...] Isto é que torna a imagem em movimento tão indispensável.

Numa dramática ruptura das relações públicas da AT&T do passado, o princípio de Vail de educação pública foi sacrificado pelo gerenciamento premeditado das impressões. O paradigma de Banning era uma sedução ótica calculada. A afirmação de Gustave Le Bon de que a multidão "é sedenta por ilusões", "pensa em imagens" e é mais efetivamente dominada por "uma imagem marcante que preenche e invade a mente" estava no processo de ser transformada aos poucos em comunicações corporativas.

Ao falar para um público ilógico, Banning concluiu que a imagem é o instrumento de persuasão mais confiável do que a palavra. O conceito de Walter Lippmann de que símbolos são instrumentos dinâmicos para conciliar "emoções depois que elas são separadas das próprias ideias", que elas são "centros de caminhos estratégicos" que intensificam o "sentimento" enquanto diminui "significado", evoluiu além do campo especulativo e passou a fazer parte dos níveis mais altos do pensamento dos negócios.[5]

Nos anos 1920, a consciência de Banning da imagem como um instrumento de relações públicas não era estranha. Ideias similares foram espalhadas pelo mundo dos negócios; particularmente, entre aquelas companhias que eram engajadas na fabricação de mercadorias de consumo, companhias para as quais o cultivo da lealdade do público era essencial. Enquanto muitas empresas continuaram a desconsiderar preocupações com o público, especialistas de propaganda em algumas das maiores corporações americanas se voltaram para as estratégias visuais para promover altruísmo, imagens corporativas direcionadas para o serviço.

Correspondente a esse desenvolvimento, a utilidade dos símbolos foi se tornando um elemento de padrão no treinamento de uma geração pós-guerra de formadores de opinião que aprenderam os truques do negócio. Começando na cidade de Nova York – o centro nervoso da indústria de comunicações do país –, universidades começaram a oferecer cursos formais em técnicas de relações públicas nos quais o

---

5   David E. Nye. *Image Worlds: Corporate Identities at General Electric, 1890-1930* (Cambridge, Mass., 1985), p. 33. O livro como um todo traz uma discussão aprofundada sobre o uso da fotografia pela GE.

estudo da imagem como um instrumento de persuasão ocupava um lugar importante no currículo.

Como professor de um dos primeiros cursos na NYU (New York University), em 1923, Bernays trouxe seu próprio ponto de vista para o assunto de RP, abandonando paradigmas jornalísticos que tinham sustentado a teoria de relações públicas até então, enfatizando a importância dos símbolos e a sua capacidade – quando aplicados sistematicamente – para produzir cadeias inconscientes de associação mental.[6]

Simultaneamente, na New School para Pesquisa Social, Harry Overstreet – um psicólogo social renomado – lançou um curso, *Influenciando o comportamento humano*, no qual ele também enfatizava a importância da vida mental irracional e as maneiras pelas quais as imagens poderiam ser empregadas para terem acesso àquela vida.

> "Dar às pessoas os fatos" como uma estratégia de influência, ele contou aos seus estudantes, tem sido um fracasso; o apelo à razão tem sido "um negócio repleto de equívocos".[7] Persuasão, ele argumentou, não pode ser alcançada através da disseminação de informação factual, mas requer a capacidade de atingir a vida pessoal do público, "de transformar os desejos dormentes em ações."[8]

Porque muitas pessoas são "controladas pela visão", ele completou; a maneira mais segura de alcançar esse objetivo é traduzir uma men-

---

6   Entrevista com Edward L. Bernays, 12/10/1990, Cambridge, Mass. Ver também *Biography of an Idea: Memoirs of Public Relations Counsel Edward L. Bernays* (Nova York, 1965), p. 292.

7   H. A. Overstreet. *Influencing Human Behavior* (Nova York, 1925), p. 29.

8   *Idem*, p. 65, 34.

sagem "em forma visual" e então "aumentar o seu poder".[9] Pensando nisto, escreve:

> Palavras e imagens são instrumentos. Elas são instrumentos para comunicar ideias, estimular interesses, despertar sentimentos e emoções. A única pergunta que nós devemos ter sobre esses instrumentos é: qual delas trabalha de maneira mais efetiva? Quando nós colocamos a questão dessa maneira, não há dúvidas sobre a resposta. "Uma imagem, com poucas palavras de explicação, fará com que seja possível entender uma ideia em um minuto, em vez de dois minutos sem a imagem".[10]

Como Banning, Overstreet afirmou que mesmo as palavras devem ser tratadas como imagens. "Se pudermos colocar de lado o que não tem cor, palavras abstratas de uso diário, e substituir palavras por imagens sugestivas; se nós pudermos criar o que as pessoas devem ver [...] nós adicionamos não só claridade aos nossos pensamentos, mas também poder à nossa influência sobre o comportamento humano."[11]

Para aprender como guiar pensamento e comportamento, Overstreet afirmou que os estudantes devem explorar o pouco explorado mundo da linguagem visual. "Nós devemos aprender o que as imagens têm a dizer",[12] "aprenda a falar a linguagem das imagens". Aqueles interessados em influenciar o comportamento humano "devem se esforçar seriamente para treinar-se [...] na busca do poder para criar e transmitir imagens visuais".[13]

---

9   *Idem*, p. 50.

10 *Idem*, p. 55.

11 *Idem*, p. 63.

12 *Idem*, p. 65.

13 *Idem*, p. 52.

Vida intelectual moderna, ele acrescentou, tem feito pouco para incrementar essa compreensão. "Pessoas inteligentes" são pouco equipadas para usar "os meios mais claros e simples para transmitir ideias". Os intelectuais são atingidos por ignorância visual, a incapacidade de apreciar ou fazer sentido da experiência visual e da comunicação.[14] Saídos da escola do Século das Luzes que valoriza a escrita, eles desconsideram as imagens como parte da vida primitiva, reminiscência da cultura emblemática, característica de existência "não intelectual".[15] O curso de Overstreet – que forneceu a base para um livro de sucesso, *Influenciando o comportamento público*, publicado em 1925 – foi elaborado para ajudar a corrigir essa deficiência indesejável.

Em suas palestras, Overstreet mostrou duas categorias diferentes de imagens com as quais os estudantes devem se familiarizar. A primeira delas ele chamou de "imagens imitadoras". A segunda, e mais importante, era a categoria de "imagens seletivas". "Imagens imitadoras" eram aquelas que copiam – ou tentavam copiar – a realidade tal qual vista pelos olhos. Fotografia era a expressão simbólica desse gênero, e Overstreet discutiu sobre a habilidade da fotografia transmitir um sentido de verdade objetiva onde o texto escrito falhava:

> Uma fotografia, ou desenho fotográfico, de um vestido, ou arma, ou bicicleta, ou prédio é [...] muito mais efetivo do que uma descrição verbal [...] Os olhos percebem instantaneamente cem detalhes, compreendem a "plenitude" de uma coisa na forma de imagem, onde iria engatinhar vagarosamente de palavra para palavra em uma descrição, e no final não tem nenhuma imagem clara.[16]

---

14   Ver Oliver Sacks, "A Neurologist's Notebook: To See and Not See", *New Yorker* (10/05/1993), p. 61.

15   H. A. Overstreet. *Influencing Human Behavior* (Nova York, 1925), p. 53.

16   *Idem*, p. 55-6.

Se "imagens imitadoras" poderiam ser persuasivas, Overstreet viu "imagens seletivas" como instrumentos ainda mais potentes de influência. Focando a atenção de um espectador em um aspecto particular da realidade – omitindo o que poderia interferir – uma "imagem seletiva" seria capaz de desencadear uma experiência mental particular. Movendo-se para além dos olhos, tais imagens alcançam o "olho da mente" e se direcionam silenciosamente rumo a uma maneira diferente de ver as coisas. Se a "imagem imitadora" simulava o mundo objetivo, o movimento da "imagem seletiva" era mais intimamente ligado à vida subjetiva do espectador.

Se o ponto de referência para a "imagem imitadora" era a fotografia de documentário, a "imagem seletiva" adquiria a sua força do "poder de toda arte". Produzia a sua mágica através "do poder de ênfase seletiva". Se a "imagem imitadora" era informativa, a "imagem seletiva" era hipnótica; poderia ser aplicada para desencadear uma "sugestão".

Alguém pode, ele instruiu, empregar uma "imagem seletiva" para "induzir uma experiência imaginável" na mente de um espectador, uma ocorrência mental funcional que levará uma pessoa, inconscientemente, a certas conclusões ou ações desejadas. Apesar do narcótico "poder de sugestão", Overstreet acrescentou, o espectador não terá consciência que ele está no meio de um processo para ser persuadido. Ele explicou:

> O segredo de toda persuasão verdadeira é induzir a pessoa a persuadir-se a si mesma. A principal tarefa do comunicador, por conseguinte, é induzir a experiência. O resto acontecerá naturalmente. O segredo de tudo [...] é que uma pessoa é levada a fazer o que ela realmente sente. Prática em fazer as pessoas se sentirem elas mesmas é o caminho mais certo da persuasão.[17]

---

17   *Idem,* p. 65-70.

O vocabulário visual marcante de Overstreet – como o de Banning – refletia uma maneira de ver que foi se tornando cada vez mais rotina na sociedade americana durante os anos 1920. Ainda que a revolução em torno de uma constante "masturbação do olho" não fosse simplesmente um produto dos anos 1920; era também impulsionada pelos desenvolvimentos tecnológico e estético que influenciaram as perspectivas da vida visual por décadas.

A convicção de Overstreet de que fotografia e arte eram a dupla de referência pela qual táticas modernas de persuasão deveriam ser guiadas refletia uma compreensão implícita das maneiras que essas duas artes conectadas tinham batido nas portas da percepção por algum tempo e tinham – antes dos anos 1920 – já deixado profundas marcas no idioma e na trajetória do pensamento do século xx.

• • •

A partir de 1830, não havia melhor catalisador para modos visuais e modernos de pensar do que a fotografia. Mais que uma invenção, a fotografia logo se tornou uma metáfora social de grande importância, uma referência sagrada da verdade, anunciando o poder das imagens para controlar – e dirigir – a imaginação do público, como a palavra impressa tinha feito no século anterior.[18]

O surgimento da fotografia alterou a física da percepção; iniciou uma colaboração harmônica entre o olho de uma pessoa tirando uma

---

18 A partir da Renascença, claro, artistas do Oeste abraçaram o desafio de reproduzir realidade como era realmente vista pelos indivíduos. O uso da câmera obscura e a introdução da perspectiva linear na pintura contribuíram para isso. Mas pinturas realistas eram consideradas, na melhor das hipóteses, simulações criativas. Com a evolução das câmeras fotográficas e da iluminação, no entanto, tudo mudou. Uma réplica técnica do olho humano – completa com lente, íris e uma retina prata – a câmera era capaz de gerar uma imagem que, como jamais aconteceu antes, era fluente na linguagem da visão; para milhões, falou a linguagem dos olhos.

fotografia e o mundo físico do qual a foto foi tirada.[19] A ideia de "tirar uma foto" sugeria que a fotografia não era algo criado como um ato artístico consciente, mas era simplesmente extraída – ainda que verdadeira – do mundo objetivo. Uma parede antiga dividindo subjetividade e objetividade foi aparentemente medida com novas proporções; as sombras nas paredes da caverna pareciam que não eram mais sombras; elas eram reais.

Muitos fizeram experimentos com a fotografia como uma forma de arte, mas a qualidade mais atraente da fotografia era a sua magnética ligação com a factualidade. Mesmo quando transportada do tempo e das circunstâncias em que a foto foi tirada, mesmo quando removida do contexto da experiência vivida, a fotografia continuava a desfrutar do status de evidência suprema. Fotografias não só se aproximam da verdade, elas rapidamente se tornaram o símbolo da verdade: em jornais e revistas, em que impressões de madeiras eram certificadas com o texto "baseadas numa fotografia"; nas investigações de polícia e tribunais de leis, onde fotografias evidenciavam testemunhas de crimes; na documentação de eventos históricos (Gettysburg, o enforcamento dos conspiradores de Lincoln); em fornecerem uma oportunidade fascinante para ver lugares distantes como se você estivesse lá; e em álbuns comuns de famílias, onde fotos gravaram histórias pessoais ou identidades pessoais autenticadas.[20]

---

19 Walter Benjamin observou que a fotografia deixou de exercer "funções artísticas". Agora, mais que nunca, a imagem era um produto direto de um olho "olhando para uma lente". Ver Benjamin, "The Work of Art in the Age of Mechanical Reproduction", em *Illuminations: Essay and Reflection* (Nova York, 1968), p. 219.

20 Enquanto as fotografias rapidamente afetavam as vidas e atitudes de milhões, elas não eram, no início, capazes de serem produzidas em massa. As primeiras fotografias – daguerreótipos – funcionavam com uma foto por vez. Mesmo com a introdução dos negativos fotográficos – papel, daí vidro – as fotos ainda tinham que ser impressas uma por vez em uma sala escura. Com o refinamento do "halftone" para o processo de impressão durante 1890, no entanto, as foto-

A habilidade da fotografia em mostrar convincentemente um modo de ver como se fosse verdade foi explorado cedo para servir uma variedade de agendas sociais. Durante a última metade do século XIX, por exemplo, a fotografia era diariamente usada nos Estados Unidos e na Inglaterra como um instrumento para "cientificamente" validar uma coleção de preconceitos relativos a raça, classe, gênero e padrões normais de normalidade. Usando a mídia da fotografia, frenologistas (estudantes dos tipos criminais do século XIX) e outras "autoridades" organizaram catálogos visuais de estereótipos humanos nos quais as fisionomias do bem e do mal, da loucura e criminalidade, e de refinamento e brutalidade mostraram ostensivamente uma existência objetiva. Reformatórios e casas de trabalho para crianças publicaram evidência fotográfica antes e depois, verificando visualmente como o trabalho duro e disciplina severa transformaram menores de rua em pequenos cidadãos conscientes. Um inventário de fatos aparentes foi especificado e, com isso, referências palpáveis contra o que a verdade social poderia medir estavam sendo estabelecidas.

Considerando uma fé absoluta na "majestade dos fatos" e na habilidade da câmera de transmitir a verdade, não é difícil imaginar que alguns progressistas inovadores se cercaram da fotografia na luta pela reforma social. A partir de 1890, muitos fotógrafos progressistas que eram contra as imagens que sustentaram o *status quo* começaram a juntar uma quantidade considerável de fatos de oposição, fatos sugerindo que algo estava fundamentalmente errado na América anglo-saxônica, proclamando a urgência de uma "reforma social".

---

grafias – transferidas para padrões de telas compostas por pontos – poderiam ser reproduzidas , como palavras, em impressoras de alta velocidade. Agora a imagem poderia não só duplicar realidade, poderia transmitir também. Com este desenvolvimento, a utilidade da fotografia para servir como um instrumento de publicidade foi agilizada.

Entre esses fotógrafos, estava Jacob Riis, um jornalista de Nova York que – junto com um time de assistentes de fotografia – iniciou a prática de fotografia de reforma urbana nos Estados Unidos.[21] Os retratos fotográficos marcantes de Riis da sujeira e do caos das favelas de Nova York constituíram um silencioso, ainda que extraordinário, apelo para uma geração de americanos de classe média agonizados pela procura por mudança. O historiador Peter Hales explicou que "Riis queria que suas fotos fossem vistas com uma maneira particular de pensar".

> Elas eram para ser antíteses deliberadas, chocantes das exigências culturais do seu tempo – exigências por ordem, limpeza, luz, uniformidade, espaço, e todos os outros acessórios do pensamento Vitoriano [...] Conectando a falta dessas qualidades reais com a condição urbana, Riis esperava encorajar a sua audiência para agir.[22]

Implícito nos esforços de Riis estava o reconhecimento que não importa o quão "objetiva" a foto pode parecer, fotografias não são nunca neutras. Cada uma expressa um ponto de vista particular. Enquanto Overstreet traçou uma linha teorética entre a imagem de fotografia "imitadora", a qual era ostensivamente objetiva, e imagens "seletivas", que apresentavam uma maneira de ver subjetiva, o desenvolvimento social da fotografia sugere que essa divisão era falsa. Enquanto algumas imagens podem se intitular objetivas, todas são "seletivas", todas escondem e expressam um ponto de vista.

---

21 A documentação visual da pobreza foi desenvolvida na Inglaterra por Henry Mayhew, do qual a obra *London Labour and the London Poor* (Londres, 1861-62) ilustra enfaticamente com gravuras e oferece um catálogo ótico da vida da classe trabalhadora na metade do século dezenove em Londres.

22 Peter B. Hales. *Silver Cities: The Photography of American Urbanization, 1879-1915* (Philadelphia, 1984), p. 197.

Com este pensamento em mente, Riis e o círculo de fotógrafos que trabalharam para ele empregaram a fotografia para enfatizar a pobreza, degradação e desintegração moral que tomaram conta das favelas. As imagens deles pretendiam chocar.

Outros fotógrafos progressistas, particularmente Lewis Hine, usaram a fotografia para enfatizar a dignidade inerente da classe trabalhadora, esperando causar uma admiração pelos assuntos das suas fotografias nas mentes dos americanos de classe média que as viram nas publicações Progressistas. Nos dois casos, a fotografia se revelou como uma mídia controversa através da qual incontestáveis rendições da realidade poderiam, ao mesmo tempo, servir a um ponto de vista particular social.

A ligação entre a factualidade aparente da fotografia e a sua habilidade extraordinária de persuadir era evidente para Hine. Em uma palestra para trabalhadores sociais em 1909, Hine percebeu que os homens de negócios "há muito tempo concordaram" que propaganda vale a pena. Agora era a hora de os trabalhadores sociais seguirem o mesmo ditado. "Serventes da Causa Comum" devem aprender a "educar e dirigir a opinião pública." Em torno desse objetivo, ele continuou, a fotografia – particularmente fotos priorizadas pelas "imagens com textos sociais", o seu próprio termo visual para textos – forneceu um instrumento único de publicidade.

Hine ofereceu uma fotografia de uma jovem trabalhadora, uma menina trabalhando em um moinho de algodão em Carolina, como um exemplo. Simplesmente por si própria, ele observou, a foto "faz um apelo". Com um texto engajado, o apelo se transforma em urgência acelerada. Ele então sugeriu um texto para ser usado junto com a imagem:

A ideia de opressão foi percebida por essa triste servidão. Quando eles se encontram em tal condição no início da existência – tão jovens, tão fracos, lutando entre os homens –, o que passa nessas almas jovens de

Deus? Mas enquanto são crianças eles escapam, porque são pequenos. O menor buraco os salva. Quando eles são homens, a responsabilidade do nosso sistema social vem de encontro a eles e os esmaga.

Duas criações de Lewis Hine: uma, o retrato de uma menina trabalhando em uma fábrica de algodão, e a outra, uma colagem de diagramas apresentando um argumento contra trabalho de crianças.

"Com a foto, então, complacentemente interpretada", Hine exclamou, "que inclinação nós temos para reforma social!"

No entanto, apesar do seu elogio da fotografia como um instrumento excepcional para a "revelação da verdade", Hine tinha uma outra consciência consideravelmente mais problemática do poder que as imagens – todas as imagens – exercem sobre os espectadores. A misteriosa atração das imagens, Hine afirmou, está na capacidade delas de tocar algo primitivo na vida mental da humanidade. Imagens, ele enfatizou, falam "uma linguagem aprendida cedo na raça e no individual". A aparente objetividade da fotografia, Hine acreditou, somente aumenta o magnetismo da imagem e seus perigos.

"A pessoa comum", ele notou com ambivalência, "acredita implicitamente que a fotografia não pode falsificar". Precisamente, por causa desse realismo, fotografias podem ser usadas como instrumentos para a abreviação – mesmo a falsificação – da realidade. "Enquanto as fotografias podem não mentir", ele observou sabiamente, "mentirosos podem fotografar". Nessa tensão inerente, o potencial da fotografia serve tanto para o bem quanto para o mal. Hine aconselhou fotógrafos que desejavam servir à causa de reforma social a adotar padrões éticos inquestionáveis em seus trabalhos. Nós devemos "acreditar", ele alertou a todos, "que a câmera da qual nós dependemos não carrega maus hábitos".[23]

● ● ●

Além das maneiras que as fotografias poderiam ser usadas para documentar e promover fatos sociais objetivamente, havia outros aspectos da fotografia com relação ao poder das imagens para atingir as

---

23 Lewis Hine. "Social Photography, How the Camera May Help in the Social Uplift". *Proceedings*, National Conference of Charities and Corrections (jun. 1909). Reimpresso em Alan Trachtenberg, *Classic Essays on Photography*. (New Haven, Conn., 1980), p. 110-1.

pessoas em níveis de percepção mais inconscientes e irracionais. Se o surgimento da fotografia sugeria maneiras pela qual objetividades instrumentais – se imagináveis – poderiam ser transmitidas, simultaneamente intensificou um relacionamento existente entre imagens e vida mental, entre imagens e as indescritíveis estruturas de memória.

Há uma cena em *Cidadão Kane*, de Orson Welles, na qual, na tentativa de explicar o significado de "Rosebud", o antigo gerente de negócios de Kane, Bernstein – agora um homem idoso – reflete profundamente sobre suas recordações de quando era jovem. "Um companheiro lembrará muitas coisas que você não pensaria que ele pudesse lembrar", ele começou, "Você me leva".

> Um dia em 1896, eu estava atravessando de *ferry* para Jersey, e quando nós saímos, havia outro *ferry* chegando. E dentro dele havia uma moça esperando para sair. Ela estava de vestido branco, e carregava um guarda-sol branco. E eu somente a vi por um segundo. Ela não me viu de jeito nenhum. Mas tenho certeza que não passou um mês, desde então, que eu não tenha pensado naquela moça.

Em poucas palavras, a história intensa de Bernstein se refere à dinâmica psicológica da mente, o poder de eventos casuais da vida, para se obter um significado subjetivo que é mais importante do que a magnitude objetiva do momento capturado. Isto é também um poder da fotografia.

Quando foi introduzida no final de 1830, a fotografia cativou o "olhar de admiração" da humanidade. Oliver Wendell Holmes, um ávido fotógrafo amador, descreveu a fotografia como um "espelho com uma memória". A partir daí, ele observou, seria possível resolver "a mais temporária das nossas ilusões, que o apóstolo e o filósofo e o poeta têm usado como exemplo de instabilidade e ficção". Além do argumento de

A Enciclopédia Billboardica

O poder mágico das imagens não é novo. A ornamentação da vida é um elemento permanente da história humana; tem sido praticada há muito tempo. Na verdade, tem se argumentado que é precisamente esta propensão de representação estética do mundo que distingue os humanos de outras formas de vida animal.

FIGURA 1: Imagem de uma caverna em Lascaux.

Artefatos pré-históricos sugerem que as imagens ocuparam um lugar venerado nas vidas dos primeiros seres humanos. Cerca de trinta mil anos atrás, por exemplo, num lugar que hoje é chamado França, um artista importante viajou por lugares perigosos da terra para pintar o retrato de um bisão na parede da mesma caverna. Pegadas no chão da caverna indicavam que outros caminharam bastante para ver essa imagem ou as outras encontradas na mesma área. Para as pessoas que vivem da caça, essa imagem pode ter sido uma oferenda para a terra determinando se eles poderiam sobreviver ou não.

Milhares de anos mais tarde, enquanto a estátua maia de Tlazotoetl – a Deusa da Lua – dava luz a ela mesma, uma outra imagem celebrava a origem natural da existência humana. Para os fazendeiros que reverenciavam Tlazotoetl, a analogia entre a lua e o milagre feminino do nascimento fazia sentido. Como os ciclos constantes da lua marcavam as estações, eles também marcavam os ciclos reprodutivos pelos quais as plantas cresciam, eram cultivadas e colhidas. A afinidade visual entre a lua e a reprodução humana faz sentido maior se lembrarmos que o ciclo menstrual de uma mulher normalmente corresponde ao mês lunar.

Em imagens "pagãs" como essas, a gente tem a visão cultural que era – no passado – supernatural e extraordinariamente terrena; mágica, ainda que intensamente consciente da natureza e do longo processo que mantém a vida humana.

Hoje isso mudou significadamente. Se as imagens antes falavam em nome de significados eternos, hoje elas não têm meia-vida. Como as imagens faziam parte de uma mudança perpétua no campo da visão, elas contribuíram para um aumento na falta de sentido. Se as imagens, mesmo de deuses, estavam escondidas no processo da natureza, o espetáculo de hoje é separado do mundo natural. Imagens sem corpo – sem considerar tempo ou espaço – são acima de tudo inexplicáveis.

FIGURA 2: Deusa da Lua nasce dela mesma.

Até metade do século XIX, imagens sem corpo alteraram a física da percepção, mudando o senso de realidade das pessoas, assim como o entendimento das relações entre imagens e o mundo físico.

Ao comentar sobre a chegada recente da tecnologia fotográfica na revista The Atlantic Monthly, em 1859, Oliver Wendall Holmes, descreveu a câmera como se ela tivesse aumentado a conexão das pessoas com o mundo material:

827 A ENCICLOPÉDIA BILLBOARDICA

FIGURA 3: 1991 foto de um pôster de parada de ônibus, Cidade de Nova York, tirada durante a primeira semana da Guerra do Golfo. Isso é conhecimento para o público ou demagogia visual?

Hoje, olhando para o nosso mundo, é difícil não pensar na visão de Holmes. Na arte e na economia, representações imaginárias fornecem motivação para a vida diária. Imagens mecanicamente reproduzidas surgem de várias origens e são aplicadas a qualquer superfície para transmitir ideias ou vender produtos. A origem da imagem é muito menos importante do que a sua utilidade. No processo, os significados são constantemente renegociados. Durante o espetáculo, a noção que pode haver realidades permanentes, ou que deveria haver um diálogo entre a consciência humana e o mundo material, parece antiquado, inapropriado ao nosso tempo. As implicações desse desenvolvimento são contraditórias e complexas.

Nas mãos de publicitários cínicos e de manipuladores de cálculos politicos, o aumento da divulgação das imagens acabou provocando associações mentais errôneas ou de má interpretação, como, por exemplo, Gannett Poster promovendo a Guerra do Golfo para estimular uma reação pública.

Por outro lado, nas mãos de um público crítico e reflexivo, a habilidade de integrar e disseminar imagens pode fazer que as pessoas estabeleçam conexões iluminadas entre assuntos aparentemente distintos, para comunicar ideias que facilitem uma melhor compreensão do mundo. Para isso acontecer, o acesso universal aos canais e instrumentos de comunicação se faz essencial.

"Proposal for a New Flag" © Archie Bishop 1981

Figura 4: Proposta de uma nova bandeira, Archie Bishop 1981. Esta imagem, combinando o tema da bandeira americana com o Código de Produto Universal, comentários sobre uma sociedade onde o consumo substituiu a cidadania, onde os interesses de negócios reduziram os valores democráticos.

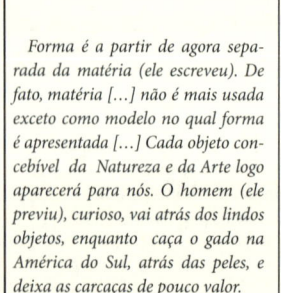

Forma é a partir de agora separada da matéria (ele escreveu). De fato, matéria [...] não é mais usada exceto como modelo no qual forma é apresentada [...] Cada objeto concebível da Natureza e da Arte logo aparecerá para nós. O homem (ele previu), curioso, vai atrás dos lindos objetos, enquanto caça o gado na América do Sul, atrás das peles, e deixa as carcaças de pouco valor.

© BILLBOARDS OF THE FUTU-

"objetividade científica", fotografias também se referem ao vernáculo da ilusão e da fantasia.

Na sua habilidade de capturar o momento temporário – definindo a própria passagem do tempo – a fotografia também desafiou noções usuais de mortalidade. Fotografias tinham a capacidade de capturar gestos efêmeros, de preservar o lugar comum, o casual, de registrar eventos que anteriormente sobreviveram somente como transitórios, se potentes, luzes da memória.

Sigmund Freud escreveu extensivamente sobre os poderes que tais impressões efêmeras exerceram na economia da mente. Ele se concentrou nos momentos casuais da vida, aparentemente esquecidos, e no desenvolvimento do caráter, fornecendo elementos importantes no que diz respeito aos nossos desejos e descontentamentos. Dentro de cada um de nós, esses momentos descansam ocultos, confirmando suas influências, aguardando redescoberta. Mais do que a questão de falsa objetividade, as percepções da psicanálise é que fazem parte do poder da fotografia; a sua habilidade de reproduzir o imenso poder do momento no contexto da experiência humana.

A fotografia, como tecnologia inovadora, pôde preservar a moça no vestido branco e atrair os olhos apaixonados de um jovem homem que estava no barco. Na sua imponente calma, a fotografia pode guardar as saudades mais profundas. Dentro desse contexto, a caracterização fotográfica de Duhamel da modernidade americana – sua incessante masturbação do olho – assume uma sabedoria oracular.

A partir do começo do século XX, conexões entre imagem e vida interior foram agilizadas pelo desenvolvimento do cinema. Os cineastas inovadores começaram a empregar conscientemente subjetividade ótica como a linguagem de origem do filme, aplicando novas formas visuais de se contar histórias. As lentes do câmera man e a montagem das cenas feitas pelo editor se tornaram substitutos para o que Overstreet chamaria mais tarde de "olho da mente", ou o que Rosalind Krauss – emprestando de Walter Benjamin – chamou de "inconsciente ótico".[24]

---

24 Rosalind E. Krauss. *The Optical Unconscious* (Cambridge, Mass., 1993). Krauss desenvolveu este conceito a partir do trabalho de Walter Benjamin, especialmente a obra "The Work of Art in the Age of Mechanical Reproduction", p. 235-7.

Focando em pequenos e transitórios detalhes, a câmera se move preenchendo o que é comum com significado incomum, e acreditando em coisas que, conscientemente, atraem pouca atenção. Através de shows calculados de sombra e luz, sentimentos podiam ser silenciosamente registrados de acordo com os acontecimentos, fornecendo uma perspectiva subjetiva de eventos objetivos. Na montagem, os cortes e outras técnicas de edição, processos subliminares de associação mental forneceram uma linguagem cinematográfica de contar histórias que mais tarde fundiram – ou confundiram – a relação entre formas de expressão visual e os contornos da vida psicológica.

Em teatros escuros, os filmes serviram para transformar a dinâmica da vida subjetiva em um entretenimento de massa. "O filme", Benjamin escreveu em 1936, "aumentou o nosso campo de percepção com métodos que podem ser ilustrados pela teoria freudiana." A linguagem do cinema, ele argumentou, personificou a linguagem da vida psicológica inconsciente. Ele elaborou ainda mais esse tema:

> Filmando de perto coisas ao nosso redor, focando em detalhes escondidos de objetos familiares, explorando cenários comuns sob a direção esperta da câmera, o filme, de um lado, amplia a nossa compreensão das necessidades que ditam as nossas vidas; por outro lado, cria uma garantia para nós de um campo de ação imenso e inesperado [...] Com os "close-ups" (imagens de perto), o espaço aumenta; com a velocidade lenta, o movimento é estendido [...] Evidentemente, uma perspectiva diferente se abre para a câmera que se abre para o olho nu – somente quando um espaço invadido inconscientemente é substituído por um espaço conscientemente explorado pelo homem [...] O ato de se alcançar um isqueiro ou uma colher é rotina familiar, mesmo não sabendo o que realmente acontece entre a mão e o metal, sem mencionar como isso pode interferir nos nossos humores. Aqui a câmera intervém com técnicas de abaixar e levantar, com suas interrupções e isolamentos, extensões e acelerações,

aumentos e reduções. A câmera nos introduz à ótica inconsciente, assim como a psicanálise aos impulsos inconscientes.[25]

Até 1920, a fotografia e o cinema afetaram profundamente a experiência visual da vida diária, alterando as maneiras que as pessoas viam e entendiam o mundo. A associação entre a imagem e a vida subjetiva, no entanto, o início de uma "ótica inconsciente", como Benjamin afirma, estava acontecendo muito além dos limites da fotografia ou do filme. Em uma grande variedade de cenários artísticos e intelectuais, o pandemônio energético da modernidade acabou criando novas maneiras psicológicas de ver o mundo.

Georg Simmel, estimado sociólogo alemão, ponderando a fábrica mental peculiar da metrópole moderna em 1903, delineou um mundo no qual a comoção visual da existência humana estava desestabilizando os sentidos.

> A base psicológica do tipo metropolitano de individualidade consiste na intensificação da estimulação nervosa que resulta da mudança e da alteração sem interrupção do estímulo externo e interno [...] Com a passagem do tempo e a multiplicidade da economia, com a vida social e ocupacional, a cidade estabelece um contraste profundo com a cidade pequena e a vida rural com referência às bases sensoriais da vida mental.[26]

Contra os ritmos lentos da existência social costumeira e sua visão relativamente estreita, Simmel viu o movimento perpétuo da cidade moderna como uma preparação das bases para novos modos de experimentar a vida. Com estradas lotadas, os modos mecanizados de produção e de

---

25 Benjamin, *Illuminations*, p. 236-7.

26 Georg Simmel, "Metropolis and Mental Life", in Eric e Mary Josephson, (eds.), *Man Alone: Alienation in Modern Society* (Nova York, 1962), p. 152.

transporte, fixação por dinheiro e uma infinita variedade de estimulantes óticos, a cidade fornecia um contexto potente para reimaginar e reconfigurar o mundo. A noção de vida como um espetáculo se tornou comum; uma condição de distração nervosa contínua era cada vez mais a norma.

Este estado de distração nervosa estava começando a inundar as artes em geral. Na Europa, os artistas estavam cada vez menos contentes com a tarefa de duplicar o comportamento de um mundo "objetivo" e cada vez mais interessados em explorar os filtros mentais, sensuais e experimentais através dos quais indivíduos encontraram e sentiram aquele mundo. Considerando as energias e dilemas da existência industrial, a "arte moderna" se tornou vibrante, se não ansiosa, teatro visual, no qual artistas lutaram para comunicar a ascendência e o tumulto da era da máquina, o otimismo e a tensão da vida contemporânea.

Na pintura, escultura, arquitetura e no teatro, o "choque do novo" e a exploração da existência subjetiva estavam se tornando fixações da expressão artística. Numa procissão de movimentos modernos – cubismo, dada e surrealismo, entre outros –, artistas procuravam atrair audiências para os ambientes confusos de um "segundo mundo", um cenário ótico no qual a ideia de realidade objetiva era colocada em questão.[27] Se o realismo ou o naturalismo celebraram o negócio de imitar um mundo conscientemente percebido, a arte moderna estava entrando e tentando compreender o terreno inconsciente da mente.

O modernismo enfatizou as maneiras que imagens podem transmitir um ponto de vista particular; acentuou as maneiras que os símbolos e a subjetividade são inevitavelmente conectados. Desde o nu abstrato chocante de Marcel Duchamps descendo uma escada no Sétimo Regimento de Armamento em Nova York em 1913, essas maneiras explosivas de ver o mundo propostas por modernistas europeus conquistaram

---

27   Arnold Hauser. *Naturalism, Impressionism, the Film Age*, vol. 4 of *The Social History of Art* (Nova York, 1958), p. 230.

1313   A Enciclopédia Billboardica

Eloquência Visual

No anos anteriores à Primeira Guerra Mundial, muitas pessoas desejando influenciar a opinião pública ainda consideravam a palavra impressa como o instrumento mais efetivo à disposição. Esta propensão era vista como um tributo à Paine e Jefferson, Madison e Hamilton, homens do "Século das Luzes", que ajudaram a formar o pensamento de uma nação desde o seu início. Há mais de um século, jornalistas sensacionalistas e especialistas corporativos de relações públicas competiam por

sentimentos do público, ambos continuavam a acreditar na palavra.

Durante a Primeira Guerra Mundial e até 1920, no entanto, esse ponto de vista começou a mudar. Onde antes a palavra publicada era aceita como um instrumento básico de pesuasão, agora a imagem parecia abrir outras portas na mente

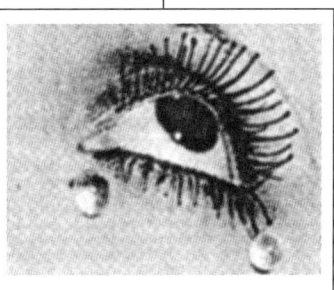

Man Ray, 1933.

do público. A partir daquela época, Eloquência Visual tinha sido cada vez mais empregada como um instrumento favorável para a comunicação com o público.

Apesar dessa mudança histórica, a nossa educação nos prepara pouco para compreender essa tentação magnética. Na era das imagens, o poder exercido pelo "visual" sob a imaginação do público continua superficialmente entendido.

Um corretivo parcial para isso é sugerido em "Para Ver e Não Ver", o estudo de um caso em 1993 feito pelo neurologista Oliver Sacks (veja nota no final deste texto). O estudo de Sack descreve um homem chamado "Virgil" que, embora "cego desde cedo na infância", teve a sua visão cirurgicamente restaurada com 50 anos de idade. O artigo foca nas dificuldades formidáveis que Virgil encontra com o início difícil da visão;

a sua inabilidade de processar informação visual fornecida pelos seus olhos.

Enquanto a "retina e o nervo ótico de Virgil eram ativos" e estavam "transmitindo impulsos" para o seu cérebro, Sacks reporta, a sua mente "não tinha capacidade de senti-los".

A incapacidade de Virgil ver tinha origem nos hábitos de percepção que ele tinha desenvolvido durante anos de formação e extensão da cegueira. Incapacitado de ver com os seus olhos, Virgil – como outros sem visão – se acostumou a formar a sua concepção do mundo através de "sequências de impressões (táteis, olfativas e de audição)". Para o cego, Sacks explica, a realidade é produto de um modo crescente e consciente de percepção. É algo que deve ser adquirido com o tempo.

Ver com os próprios olhos, Sacks argumenta, é qualitativamente diferente. Uma vez aprendida, a visão permite "percepção visual simultânea, possibilitando uma cena visual instantânea". Se as pessoas sem visão devem cuidadosamente construir o sentido do mundo objetivo, padrões comuns de ver encorajam a percepção da objetividade instantânea com pouca consideração consciente.

A história de Virgil e os seus problemas ressaltam que apesar de as pessoas habitarem o mesmo universo, as percepções podem ser muito, muito diferentes. De maneiras sugestivas, a discussão de Sacks sobre o caso de Virgil também chamou a atenção para a mudança que houve desde as estratégias de persuasão da palavra impressa até as estratégias formadas com a criação das imagens.

1314   A ENCICLOPÉDIA BILLBOARDICA

Tanto imagens quanto palavras impressas dependem do nosso sentido de visão, mas entender as palavras em uma página é diferente da "leitura" de uma imagem. O fenômeno lógico da leitura das palavras se aproxima mais do modo de percepção que Sacks associa com a cegueira. Para muitas pessoas, a leitura é um processo lento e conscientemente interpretativo. Diferente das imagens – que empregam o vocabulário do olho e podem transmitir uma cosmologia em um instante palavras impressas devem ser decifradas, uma após a outra, e combinadas sequencialmente para as suas realidades serem confirmadas (você é indubitavelmente consciente disso nesse momento). Como um quebra-cabeças de criança, a leitura fornece uma maneira lenta de ver as coisas que não são imediatamente legíveis, que somente se tornam aparentes através de um processo de montagem consciente.

É exatamente esse processo de deliberação que pode nos ajudar a entender por que especialis-

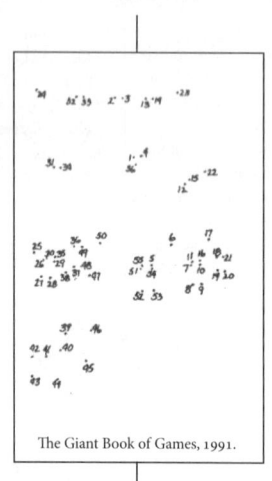

The Giant Book of Games, 1991.

tas de relações públicas e outros profissionais de comunicação deixaram a palavra impressa e abraçaram cada vez mais a retórica das imagens. Para esses pioneiros modernos da persuasão, deliberação pública independente era algo a ser evitado a todo custo. Na sua capacidade aparente de prever uma visão do mundo em um momento fascinante, e surpreender a mente do público até a submissão, a imagem era concebida para ser um antídoto efetivo do pensamento crítico.

Nota: Para uma discussão mais completa do sofrimento de Virgil, ver Oliver Sacks, "A Neurologists Notebook: To See and Not See" para ver e não ver". The New Yorker, May 10, 1993, p. 59-73.

© BILLBOARDS OF THE FUTU-

a América, e, em combinação com a fotografia, cinema e outras opções visuais – estavam igualmente agradando a imaginação americana.

Para aqueles preocupados em dirigir a percepção humana e o comportamento, o modernismo enfatizou mudanças na cultura visual que foram se desdobrando por algum tempo. "A nova arte", escreveu o prodígio americano do merchandising Earnest Elmo Calkins, "era imaginária em vez de realística. Tentou sugerir em vez de mostrar."[28] Para Calkins e outros, a arte moderna estava fornecendo um vocabulário funcional para "fotos seletivas", uma maneira de entender a relação entre imagens e os poderes da sugestão.

Ao analisar os pronunciamentos de profissionais da persuasão e fazendo um levantamento do material da cultura americana a partir da Primeira Guerra Mundial, é constatado que a propaganda em torno de uma eloquência de imagens não é ambígua. Como o historiador Roland Marchand discutiu, publicitários dos anos 1920 e 1930 acreditavam que as imagens eram os instrumentos mais eficientes para enfrentar os processos críticos de pensamento dos consumidores. Psicólogos especializados em motivação especulavam que se as palavras estimulavam o pensamento e provocavam indesejáveis "conflito e competição", as imagens eram capazes de causar "uma resposta pronta e previsível".[29] Ao mesmo tempo, desenhistas industriais e artistas gráficos estavam cada vez mais sensíveis às maneiras que a aparência de um produto ou o desenho da sua apresentação poderiam ser empregados para estimular uma "reação emocional positiva no consumidor".[30]

O campo das relações públicas não era exceção. Se RP era, como Bernays argumentou, a arte de "criar circunstâncias", o período que se prolongou da Guerra até os anos 1930 testemunhou uma mudança decisiva em torno da criação das circunstâncias que eram montadas explicitamente para cobertura visual.

---

28 Earnest Elmo Calkins. "Beauty the New Business Tool", *Atlantic Monthly*, 140 (ago. 1927), p. 147-8.

29 Alfred Poffenberger, psicólogo que trabalhava com publicidade, citado e discutido por Roland Marchand em *Advertising, the American Dream* (Berkeley, 1985), p. 235-6.

30 Harold Van Doren, designer citado e discutido por Stuart Ewen em *All Consuming Images* (Nova York, 1988), p. 50.

Materiais de imprensa convencionais continuaram a ser produzidos e distribuídos para ajudar os jornalistas, mas uma grande apreciação da eloquência de imagens previa um século americano no qual o brilho da oratória visual definiria, cada vez mais, os termos e limitações da comunicação com o público.

REFERÊNCIAS

BANNING, William P. "Advertising Technique and Copy Appeal", in *Conferência de Publicidade do Sistema de Telefonia*. Nova York: junho 11-15, 1923, p. 1-16.

BENJAMIN, Walter. "The Work of Art in the Age of Mechanical Reproduction", in *Illuminations: Essay and Reflection*. Nova York:, 1968.

CALKINS, Earnest Elmo. "Beauty the New Business Tool", *Atlantic Monthly*, 140 (ago. 1927), p. 147-8.

DUHAMEL, Georges. *America, the menace: Scenes from the Life of the Future*. Boston: Charles Miner Thompson, trans, 1931, p.128.

ENTREVISTA com Edward L. Bernays, 12 de outubro, 1990, Cambridge, Mass. Ver também *Biography of an Idea: Memoirs of Public Relations Counsel Edward L. Bernays* (Nova York, 1965), p. 29.

EWEN, Stuart. *All Consuming Images* (Nova York, 1988), p. 50.

HALES, Peter B. *Silver Cities: The Photography of American Urbanization, 1879-1915* (Philadelphia, 1984), p. 197.

HAUSER, Arnold. *Naturalism, Impressionism, the Film Age*, vol. 4 of *The Social History of Art* (Nova York, 1958), p. 230.

HINES, Lewis. "Social Photography, How the Camera May Help in the Social Uplift". *Proceedings*, National Conference of Charities and Corrections (jun. 1909). Reimpresso em Alan Trachtenberg, *Classic Essays on Photography*. (New Haven, Conn., 1980), p. 110-1.

KRAUSS, Rosalind E. *The Optical Unconscious* (Cambridge, Mass., 1993).

MAYHEW, Henry. *London Labour e o London Poor* (Londres, 1861-62)

MARCHAND, Roland. *Advertising, the American Dream*. (Berkeley, 1985). p. 235-6.

NYE, David E. *Image Worlds: Corporate Identities at General Electric, 1890-1930* (Cambridge, Mass., 1985), p. 33

OVERSTREET, H. A. *Influencing Human Behavior* (Nova York, 1925).

SACKS, Oliver. "A Neurologist's Notebook: To See and Not See", *New Yorker* (10/05/1993), p. 61.

SIMMEL, Georg. "Metropolis and Mental Life", in Eric e Mary Josephson, (eds.), *Man Alone: Alienation in Modern Society.* (Nova York, 1962), p. 152.

Narrativas midiáticas e o processo da recepção simbólica
comunicação e cultura na arena do debate

Wellington Teixeira Lisboa[*]

*   Aluno do Doutorado em Sociologia na USP, Mestre em Comunicação e Jorna-
lismo/Universidade de Coimbra, Graduado em Comunicação Social/Unisan-
tos. Pesquisador do Centro de Investigação Media e Jornalismo (Portugal) e da
Rede de Pesquisadores ALBAN.

As Ciências da Comunicação têm protagonizado um deslocamento nos modos de "olhar" os processos comunicativos, distanciando-se de concepções apocalípticas que, por longas décadas, caracterizaram as análises empreendidas neste campo. É de conhecimento geral que, em contexto de profundas mudanças sociopolíticas e tecnológicas, coincidentes com o período da Primeira Guerra Mundial, as primeiras investigações desta área preconizavam a capacidade onipotente dos meios de comunicação massiva, identificando-os como eficazes instrumentos de manipulação social.[1]

Posicionado numa das extremidades desse circuito direto e linear do processo comunicativo, o receptor fora associado, naqueles estudos,

---

[1] A proposição de que os meios de comunicação atuam diretamente nos comportamentos dos sujeitos sociais aparece sistematizada, pela primeira vez, na obra de Harold D. Lasswell, intitulada *Propaganda Techniques in the World War*, em 1927. Nesse trabalho, Lasswell, um dos representantes do *Mass Communication Research*, defende que a propaganda constitui o único meio de suscitar a adesão das massas. Este autor consagra, pois, uma visão instrumental que se coaduna ao senso comum prevalecente no pós-guerra: a derrota dos exércitos alemães deve-se, em grande medida, ao trabalho de propaganda dos Aliados (Mattelart & Mattelart 2002).

a ponto final e lugar amorfo onde penetram e se disseminam os estratagemas do emissor (Nightingale 1999; Wolf 2006). Assim, de acordo com aquele modelo behaviorista de estímulo-resposta, o receptor não era mais que um ser alienado, indefensável e apático, ante as estratégias mercadológicas e as influências dos meios de comunicação, que não raramente eram percebidos como esferas distintas e distantes dos contextos sociohistóricos e culturais (Brittos 1999).

O desenvolvimento dos estudos da comunicação propiciou a adoção de novas reflexões e posturas acadêmico-intelectuais sobre as inter-relações da mídia com os sujeitos e grupos sociais, creditando a possibilidade de categorias específicas intervirem no processo comunicativo e, particularmente, no processo da recepção.[2] Essa viragem paradigmática nas formas de compreender a produção de textos das indústrias culturais e, sobretudo, as múltiplas maneiras como os enunciatários apropriam-se desses produtos simbólicos parece, com efeito, indicar uma saturação das doutrinas amparadas na simetria emissor/mensagem/receptor.

Na sequência à corrente teórica denominada Hipótese dos Usos e Gratificações,[3] os Estudos Culturais são considerados a segunda grande

---

2   Entre os estudos desenvolvidos no campo das Ciências da Comunicação tem sido frequente a expressão "momento da recepção", designando a etapa em que o receptor/enunciatário se apropria do texto simbólico. No entanto, tal como Martín-Barbero (1997; 2002) e Lopes et al (2002), consideramos pertinente utilizar "processo da recepção", por entendermos que, contrariamente a um *momento* estanque, circunscrito em tempo determinado, a recepção/reelaboração é, essencialmente, um *processo* estruturante, complexo e contínuo, que se articula a todo o ciclo comunicativo.

3   Integrada aos estudos funcionalistas nos finais dos anos 60 e durante os anos 70 do século xx, a Hipótese dos Usos e Gratificações objetivava, numa primeira instância, superar as tendências behavioristas da comunicação e apresentar uma alternativa teórico-metodológica diante da Teoria Crítica frankfurtiana. Simbolicamente representada pelo funcionalismo de Kappler, pela pesquisa empírica de Elihu Katz, Jay Blumer e Michael Gurevitch, essa corrente de

mudança paradigmática no que toca aos modos de "olhar" os processos comunicativos, tendo sistematizado modelos de investigação valiosos para o aprofundamento dos estudos da recepção midiática. Inaugurado por intelectuais britânicos nos anos 60 do século xx, esse campo científico transdisciplinar "objetivava investigar as formas, as práticas e as instituições culturais e as suas relações com a sociedade e com a mudança social" (Mattelart & Mattelart 2002: 88). Com base nos trabalhos publicados por Richard Hoggart, Raymond Williams e Edward Thompson, autores que se debruçaram sobre as alterações dos valores tradicionais da classe operária inglesa do pós-guerra, esse movimento acadêmico-intelectual instituiu o *Centre for Contemporary Cultural Studies* (cccs), na Universidade de Birmingham.[4]

Como demonstram Polistchuk & Trinta (2003), embora não tenha havido, no seu sentido *stricto,* uma continuidade dos pressupostos do paradigma crítico-radical, o modelo teórico dos Estudos Culturais revisitou e retomou muitas das reflexões exploradas pela corrente teórica frankfurtiana.[5] Essa rearticulação dos princípios fundamentais da Teoria Crítica lançou um viés "culturológico" à interpretação da própria cultura, apreciando suas intrínsecas confluências com as práticas sociais cotidianas, com os contextos históricos e políticos, com os dinamismos da linguagem e, também, com a representatividade simbólica dos textos

---

pensamento e pesquisa científica afirma que a capacidade de influência social da mídia depende de como os sujeitos operam, *usam* os produtos midiáticos. Sendo assim, atribui ao receptor um papel ativo no processo comunicativo, contribuindo para com as investigações no campo da comunicação social (Mattelart & Mattelart 2002; Wolf 2006).

4   Richard Hoggard, professor de Literatura Inglesa, funda o cccs em 1964, com base nos resultados obtidos em sua pesquisa intitulada *The Uses of Literacy* (1957).

5   Relativamente a esse propósito, Turner e West (2005) consideram que a retomada dos princípios marxistas pelos Estudos Culturais é mais sutil do que direta, já que este movimento acadêmico-intelectual diverge, até certo ponto, do marxismo clássico.

midiáticos entre os distintos grupos sociais. Assim, distanciando-se de certas ortodoxias marxistas e perfilhando teses gramscianas, os estudos empreendidos pelos pesquisadores de Birmingham concebiam a cultura não apenas como um repositório de tradições, "mas um processo pelo qual se constroem significações, atualizadas e refeitas pelas ações interativas do dia-a-dia, em meio social" (*idem*: 131).

Nesse sentido, a cultura afigura-se como mola propulsora do projeto dos Estudos Culturais. Ao mesmo tempo que, por um lado, esse movimento acadêmico-intelectual contesta a concepção vigente de que a cultura é exclusivamente forjada por expressões e textos literários e artísticos, assinalando, portanto, um questionamento da hierarquização entre as formas culturais, por outro lado, afirma que a cultura permeia e incorpora as experiências individuais e coletivas, os modos de vida cotidianos. É precisamente nessa acepção que Álvares & Silveirinha (2005) referem que, adotando uma perspectiva situada no entrecruzamento dos domínios da Antropologia, da Psicanálise e da Semiótica, ou melhor, agregando pressupostos teóricos advindos de campos científicos diversificados, os Estudos Culturais incidem sobre as subjetividades e vivências, reais e imaginárias, dos sujeitos sociais, explorando as narrativas tecidas e partilhadas na vida de todos os dias. A atuação das indústrias culturais, das estratégias mercadológicas, dos discursos midiáticos junto aos cotidianos simbólicos clarificam-se, pois, a partir da análise crítica e contextualizada de tais narrativas.

Stuart Hall (2003), ex-diretor do CCCS e um dos expoentes dos Estudos Culturais, atesta que a cultura não pode ser concebida apenas como uma prática cotidiana, nem tampouco como o somatório dos costumes e manifestações populares, pois "está perpassada por todas as práticas sociais e constitui a soma do inter-relacionamento das mesmas" (*idem*: 136). Equivale dizer que, no conceito de cultura, mesclam-se quer o conjunto de valores, significados e representações produzidos no interior dos grupos sociais – representações que, de fato, contribuem para com as (re)configurações de identidades pessoais e coletivas –, quer as práticas efetivas por meio das quais esses valores e significados se exprimem, e nas quais estão contidos (Wolf, 2006).

Essa perspectiva redimensiona a conceitualização de cultura para um terreno inscrito por relações de disputas de poder e por tramas de metáforas, ideologias e sentidos, ou a um espaço simbólico onde as dinâmicas do cotidiano transcorrem num movimento, difuso e complexo, de consentimentos e resistências, de legitimação, negociação e ressignificação de ideias. Assim, é no âmbito da cultura, em seus pontos de tensão, fluidez e pulsão, que os textos midiáticos são articulados e (re)interpretados, tanto no que diz respeito à sua produção discursiva quanto no que concerne ao processo receptivo. A intersecção entre práticas sociais e ubiquidade de valores culturais, isto é, a cultura como dinamizadora das estruturas sociais e como força sobressalente na construção social da realidade, desvela, logo, o posicionamento da mídia "não como causa de transformações culturais, mas como um texto onde se encontram presentes valores históricos e emergentes indicadores culturais" (Cunha 2002: 137). Nessa linha de pensamento, as comunicações massivas são analisadas como componentes integrantes e reveladores das historicidades vigentes e da própria cultura, já que suas narrativas exploram os temores e aspirações, os conflitos e fabulações dos sujeitos e grupos com os quais interagem.

Turner & West (2005), relativamente a esse propósito, demonstram que os Estudos Culturais, embora concordem que os meios de comunicação de massa também sirvam para comunicar os pensamentos tidos como dominantes, asseguram que esses discursos são passíveis de questionamento e contestação, pois sujeitam-se aos inúmeros modos como as audiências os lêem. Nesse sentido, ainda que os dispositivos midiáticos representem uma fonte de poder nas sociedades, instituindo "lugares de fala" de grupos que buscam sua legitimação social, é o poder da ação humana (agência) que, para os teóricos dos Estudos Culturais, deve ser priorizado nos debates sobre as interações entre enunciadores e enunciatários, estratégias midiáticas e sujeitos receptores, entre mercado e cidadãos consumidores. Efetivamente, ponderam a atividade inventiva da cultura, as forças contra-hegemônicas que também a constituem e a dinamizam.

OFÍCIOS DE RECEPTOR

As relações entre comunicação e cultura constituem problemática-base das investigações dos Estudos Culturais. Como vimos, Hoggart, Williams e Thompson já haviam se debruçado sobre a temática da apropriação de produtos simbólicos da mídia pelos sujeitos receptores, salientando as envolvências dos contextos socio-históricos e culturais nesse processo (McQuail 2003; Wolf 2006). Importa-nos mencionar, contudo, que muitas das análises contemporâneas acerca desse debate suportam-se teoricamente no modelo Codificação/Decodificação, proposto por Stuart Hall na década de 70 do século xx.

Ao refutar as abordagens defensoras de alienação cultural e de efeitos negativos das indústrias culturais sobre a cultura popular, o modelo sistematizado por Hall considera que as audiências desempenham um duplo papel no processo comunicativo, sendo enunciatários e enunciadores do texto midiático. Essa ambivalência inerente aos ofícios dos receptores desvela, logo, uma tentativa de reposicioná-los como agentes indissociáveis dos processos de produção, circulação, consumo e apreensão dos produtos culturais (Cunha 2002; McQuail 2003; Turner & West 2005).

Em suas análises, Hall (2003) parte das observações críticas a respeito das articulações de todas as etapas do ato comunicativo, mapeando as significações presentes tanto nas práticas de produção/enunciação quanto no contexto da recepção/reelaboração, também entendido como produção. Na produção institucional do texto midiático, por exemplo, não raramente ocorre a atribuição de valores e sentidos hegemônicos ao que se pretende que circule em sociedade, tipificando um autêntico processo ideológico de codificação discursiva. No entanto, e como salienta Hall, a prática da produção textual não se esgota nos limites da concatenação de ideias e interesses do enunciador, pois tem continuidade em fases posteriores do ciclo comunicativo, como no caso da recepção do texto/discurso. Nesta etapa, o sujeito receptor, o cidadão consumidor, procede à decodificação discursiva, (re)interpretando e reelaborando os significados do texto. Experimenta, pois, uma outra trajetória de produção de discurso, reconstruindo os códigos e sentidos que lhes são ofertados e, assim, interrogando e recompondo sua própria identidade de *sujeito-leitor*.

Deste modo, mesmo que essa atividade mais não sirva do que para legitimar representações sociais vivificadas em temporalidades diversas, o processo receptivo desencadeia-se de forma complexa, estruturante e dialógica, não se reduzindo a uma apatia geral e a um acriticismo popular que, como mencionamos, supunha-se em estudos defasados das Ciências da Comunicação. Como destaca Hall (2003), a produção institucional é notoriamente relevante em todo o ciclo comunicativo, já que elege as representações que servirão de agenda pública e debate social, polarizando a atenção coletiva em torno de determinadas questões. Por outro lado, e precisamente porque as audiências são compostas por sujeitos dotados de matrizes culturais e de características psicológicas diversas, preponderantes na apropriação, ressemantização e *usos* diferenciados dos conteúdos das indústrias culturais, as práticas de produção e recepção não são nem coincidentes nem excludentes, mas correspondem a etapas comunicativas intrinsecamente conjugadas.

Nesse sentido, Hall (2003) assinala que as *leituras preferenciais*, que atendem às estratégias e aos códigos emaranhados no ato da codificação do texto/discurso, também podem trilhar percursos outros, inimagináveis e até discrepantes em relação àqueles que foram previstos, almejados. Equivale dizer que, tal como as leituras podem simetrizar-se às ideologias e pensamentos tidos como dominantes, isto é, convergirem às *leituras preferenciais* sugestionadas no texto, podem também se configurar como *leituras negociadas* e de *oposição*.

Sucintamente, as *leituras negociadas* ocorrem quando o decodificador, embora tendo apreendido os códigos estruturados no texto, readapta-os, atribuindo-lhes uma significação que vai ao encontro dos interesses pessoais e das historicidades socioculturais vigentes. Por sua vez, as *leituras de oposição* pressupõem que o decodificador reconhece o conjunto de significados codificados e questiona-os, pois são discursos com relação aos quais os sujeitos receptores mantêm estranhamentos e divergências (Hall, 2003).

Ante esse jogo de sentidos e leituras, o momento da hegemonia, a que se refere Hall para explanar as supostas simetrias entre codificação e decodificação, constitui um paradigma comparado a um "tipo de sonho de poder – nenhum chuvisco na tela, apenas a audiência totalmente passiva" (*idem*: 366). Acresce que, pelo fato de não possuir apenas um único significado, o *texto* é essencialmente polissêmico e seus elementos constitutivos, tais como os valores ideológicos, as relações de poder e as vozes que constróem e legitimam a identidade textual, não aniquilam outras significações possíveis, outros trajetos de leitura e de interpretação/reconstrução. Interessante aludirmos que, já nos primeiros estudos de crítica literária desenvolvidos no bojo dos Estudos Culturais, defendia-se que os sentidos do texto não se encontram terminantemente inscritos nele mesmo, podendo ser negociados pelos leitores, sujeitos reais com experiências e conhecimentos para além daqueles que os textos propõem.[6]

---

6   No campo literário, muitos exemplos podem ser encontrados relativamente a essa conjugação entre textos, condições de produção de *leituras* e contextos diferenciados. A personagem Antonio José Bolívar, protagonista do livro *O velho que lia romances de amor*, de Luís Sepúlveda (2000), ao ler, no meio da Floresta Amazônica, no Brasil, um romance cujo cenário centra-se na cidade de Veneza, na Itália, logo ressemantiza os referentes desconhecidos, relação apresentada no excerto que se segue: "Ao chegar a hora da sesta tinha lido e refletido umas quatro páginas, e estava incomodado com a sua incapacidade de imaginar Veneza com as características atribuídas a outras cidades também descobertas nos romances [...] A palavra 'gôndola' conseguiu acabar por seduzi-lo, e pensou em chamar assim à sua canoa. A Gôndola do Nangaritza" (*idem*: 65).

Assim, como sujeitos cultural e socialmente localizados, é evidente que os leitores ativam suas memórias individuais e coletivas, os imaginários e as múltiplas competências de leitura na situação de decodificação dos textos simbólicos.

As análises de Certeau (1994) também confluem nessa linha de pensamento, pois este autor defende a existência de uma criação anônima, sub-reptícia, que se forma nos processos de apropriação dos produtos culturais por parte dos consumidores. De acordo com este autor, é preciso investigar os *usos*, aquilo que os cidadãos consumidores *fabricam,* apreendem em sua dinâmica cultural cotidiana, pois é nesse movimento que se estabelece um jogo de forças em que os sujeitos trapaceiam, desviam e não se conformam com a disciplina de poderes instituídos. É a arte da bricolagem, uma "atividade de formigas", que possibilita a mobilização dos receptores na economia cultural dominante, defendendo seus interesses e regras próprios, exercendo e burlando a ordem vigente.

Nessa perspectiva, e posicionando-se contrariamente a uma suposta passividade por parte dos consumidores, Certeau (1994: 45)afirma que os cidadãos receptores são *produtores desconhecidos, poetas de seus negócios*, que, no anonimato do espaço tecnocraticamente arquitetado, constróem *frases imprevisíveis, trilhas em parte ilegíveis.* Uma construção anônima que, embora composta por elementos assimilados da ordem cultural dominante, desenha "as astúcias de interesses outros e de desejos que não são nem determinados nem captados pelos sistemas onde se desenvolvem" (*idem: ibidem*). Assim, no entender deste autor, se, no relacionamento com os consumidores, os produtores dispõem de estratégias para gerir seus interesses, no lado oposto, os cidadãos receptores, *produtores desconhecidos*, utilizam-se de táticas para jogar com e contra as forças hegemônicas. Deste modo, são as *operações* e os *usos* individuais e coletivos, as trajetórias variáveis dos *praticantes* que dimensionam a cultura como (re)apropriação, enquanto o consumo e a recepção, por sua vez, como *maneiras de praticar, artes de fazer.*

Essa convergência teórica entre o modelo proposto por Hall e os pressupostos defendidos por Certeau parece, com efeito, balizar a necessidade de as pesquisas de recepção midiática ponderarem os *usos*, as satisfações e os processos de decodificação múltiplos e diferenciados dos receptores, não negligenciado os contextos socio-históricos e culturais que integram e matizam essas práticas cotidianas. No que concerne aos percursos metodológicos trilhados nas investigações sobre as audiências ativas, têm sido frequentes as abordagens de cunho quantitativo e qualitativo, sendo que muitas pesquisas têm valorizado o cruzamento de ambas as perspectivas (Jensen & Jankowski 1993; Lopes 1997). Importa-nos referir, no entanto, que, como um dos desafios dos Estudos Culturais tem sido agregar em seus estudos as envolvências históricas, culturais e institucionais circundantes aos sujeitos receptores – considerando que as historicidades são preponderantes aos modos como os cidadãos apropriam-se dos produtos simbólicos –, as perspectivas qualitativas vêm, comumente, sendo as mais exploradas, incidindo em métodos de análises textuais e discursivas, aplicações de entrevistas em profundidade e etnografias de audiência.[7]

Como demonstram Jensen & Jankowski (*idem*), as abordagens qualitativas objetivam compilar informações que sejam difíceis de serem expressas numericamente, nomeadamente aquelas reveladoras de desejos, medos, crenças e atitudes dos grupos pesquisados. Todavia, se, por um lado, essa perspectiva possibilita compreender as causas e motivações, imaginárias ou não, inerentes às ações coletivas, por outro lado, apresenta a impossibilidade de se generalizar os resultados auferidos. Daí a complementaridade com a perspectiva quantitativa, que, embora deva ser ponderada casuisticamente, fornece informações mensuráveis,

---

7   Segundo Hartley (2004), as etnografias de audiência originam das abordagens antropológicas e envolvem a integração do investigador num determinado grupo, objetivando (re)conhecer as escolhas midiáticas e culturais e os comportamentos partilhados pelos membros do grupo.

indicadoras de tendências e padrões particulares. A delimitação do viés metodológico, em suma, deve ser claramente consentânea aos objetivos gerais e específicos da investigação. O que, de fato, não se pode descurar é que produção e recepção comunicativa, como processos indissociáveis, afloram e ocultam sentidos para além do que "olhares" simplistas conseguem captar.

Arenas de mediação: "olhares" latino-americanos

Neste trajeto reflexivo, demonstramos que os Estudos Culturais britânicos facultam-nos pistas para pensarmos as relações entre comunicação e cultura, de modo que as múltiplas *maneiras de praticar* dos consumidores/receptores não sejam negligenciadas em nossas análises. O postulado-base dessa vertente científica assegura que os receptores são sujeitos sociais dotados de variadas competências de leitura, que os permitem relacionar-se diversificadamente com os produtos e discursos das indústrias culturais.

Se retomarmos, então, a problemática alusiva aos modos como os sujeitos leem as ideologias e outros textos propagados pelos veículos de comunicação, logo depreendemos que há complexos percursos de leitura, de apropriações e interpretações possíveis, dependentes de variáveis emergentes nos processos de decodificação do texto/discurso. Como demonstra Hall (2003), assim como as leituras podem divergir em relação àquelas propostas no ato da codificação textual – dissonância proveniente de expectativas, conhecimentos e universo de valores diferenciados dos receptores diante do que lhes é apresentado –, também podem sintonizar-se com as leituras sugestionadas pelo enunciador, o que não significa que tal reciprocidade implique qualquer relação de passividade e alienação dos leitores, mas, pelo contrário, seja fruto de constante negociação interpretativa. Relativamente a esse propósito, consideramos fundamental questionar quais os elementos estruturais contidos no texto, ou que lhes são externos, que servem de eixos de convergência entre as pressuposições da mídia (e, inclusive, do mercado) e as múltiplas competências de leitura dos receptores. Em outras palavras, que fatores nodais possibilitam a composição de "lugares de encontro" entre interesses, à primeira vista, distintos?

Radicada nos Estudos Culturais britânicos, a vertente científica latino-americana desenvolvida no campo das Ciências da Comunicação também nos propicia subsídios teóricos para compreendermos a estreita relação entre os meios de comunicação e as audiências plurais, ou melhor, entre a mídia e as distintas matrizes culturais. Tendo como problemática central as novas configurações da cultura popular na América Latina, desencadeadas a partir da emergência das indústrias culturais no sistema capitalista da segunda metade do século XX, esses estudos procederam a um repensar dos processos comunicativos, contribuindo com a mudança paradigmática que, desde a década de 1980, a vem sucedendo nesse campo científico americano.

Como demonstra Escosteguy (2001), apesar das singularidades que caracterizaram o desenvolvimento dos Estudos Culturais nessa região, existe afinidade entre o corpo teórico-metodológico de análise cultural britânica com as investigações latino-americanas, uma vez que ambas as vertentes problematizam a inserção das indústrias culturais no tecido social. Acresce que, tendo em conta que a América Latina abarca heterogeneidades culturais, pluralidades étnicas, diversidades econômicas e, de fato, um contexto social bastante diferenciado diante do da Grã-Bretanha, as investigações latino-americanas adotaram contornos peculiares, enfatizando a análise historicamente consentânea àquele contexto cultural híbrido (Canclini 2001). Sendo assim, e como demonstram Escosteguy & Jacks (2003), mais do que a uma questão simplesmente geográfica, a metodologia dessses estudos diz respeito a um "posicionamento a partir do qual se pensa politicamente, isto é, entende a comunicação como um espaço estratégico para pensar as contradições das sociedades latino-americanas" (*idem*: s/p).

Nesse sentido, esse movimento acadêmico-intelectual focaliza, no plano teórico, as correspondências entre comunicação e cultura, mas relativizando a primeira a partir da última, ou melhor, concebendo os processos comunicativos e culturais como fenômenos integrantes às práticas cotidianas. Deste modo, descentraliza as análises isoladas sobre os veículos de comunicação e seus conteúdos, isto é, os *meios*, para evidenciar as matrizes culturais e as *mediações* que configuram a existência das culturas massivas e dos *meios-tecnologias* (Martín-Barbero 1997, 2002; Martín-Barbero & Rey 2001).

Na acepção de Martín-Barbero (*idem*), um dos expoentes desse movimento latino-americano, é preciso desenvolver outros parâmetros de estudo acerca dos meios de comunicação, de modo que os processos comunicativos sejam (re)pensados a partir das práticas socioculturais, das transformações e experiências do dia-a-dia dos sujeitos e grupos. Segundo este autor, faz-se necessário ultrapassar a concepção de que tais processos sejam estruturados de forma regular, unidimensional, fundamentados no paradigma produção/mensagem/recepção, para perspectivá-los como um sistema multifacetado e cíclico. A recepção, segundo esses "olhares" latino-americanos, configura-se como uma atividade viva e criativa, como um lugar novo. Na base do pensamento de Martín-Barbero e de demais investigadores que constituem essa vertente científica – como Canclini, González, Orozco e outros –, defende-se que não são apenas mensagens que circulam nos meios *massivos* de comunicação, assim como não são de efeitos e reações que se compõem o ato comunicativo, mas de textos e competências de leitura diferenciadas, ativadas quando da recepção dos bens simbólicos.

Tal como demonstrado no modelo proposto por Hall, essa vertente de pensamento e pesquisa também reconhece o peso da cultura nas transações produtoras de sentidos sobre os textos midiáticos. Mas o "olhar" latino-americano identifica, inclusive, a atuação de instâncias mediadoras entre os dois extremos do processo comunicativo: os veículos de comunicação e os sujeitos receptores. Assim, as mediações seriam as responsáveis pelas variações de postura diante dos bens simbólicos, uma vez que "constituem um conjunto de fatores que estrutura, organiza e reorganiza a percepção e apropriação da realidade, por parte do receptor" (Britos 1999: 4).

Com a finalidade de estabelecer critérios teóricos e metodológicos para os estudos sobre os *usos* sociais dos dispositivos midiáticos, especialmente sobre a recepção televisiva, Martín-Barbero (1997) propõe três dimensões, ou melhor, três *lugares* onde se estruturam as *mediações*: a cotidianidade familiar, a temporalidade social e a competência cultural. Resumidamente, o cotidiano, lugar privilegiado para abordar o processo de recepção, é onde ocorre a captação do real, onde os sujeitos sociais se relacionam com as múltiplas dimensões de sua vida, atribuindo significados a cada uma delas. As dinâmicas familiares, as trajetórias de vida individuais e coletivas, os haveres e saberes, os medos e desejos compartilhados ou recalcados constituem fatores propulsores dos movimentos cotidianos, das instâncias mediadoras e, portanto, das práticas receptivas.

A temporalidade social, por sua vez, refere-se à especificidade do tempo cotidiano, que, diferentemente do tempo produtivo, é cíclico, repetitivo e fragmentado, como o tempo organizado pela mídia, nomeadamente pela televisão. Por fim, a competência cultural refere-se aos repertórios adquiridos tanto por via educação formal quanto a partir das pertenças a um grupo social, como as culturas regionais, os dialetos locais e as distintas mestiçagens urbanas. São competências transmitidas, reconfiguradas e vivificadas nas memórias e nos imaginários coletivos e com base nas quais "projetam sua identidade os homens e as mulheres, os adultos e os jovens, os indígenas e os negros, os camponeses, os habitantes da cidade" (Martín-Barbero 2002: 175). São, em suma, esses *lugares de mediação* que, segundo Martín-Barbero, permitem a identificação dos sujeitos sociais com as narrativas midiáticas, possibilitando o *drama do reconhecimento* dos receptores com as identidades individuais e coletivas que se espraiam, em especial, nas telas da televisão.

Leal (1986), num dos primeiros trabalhos desenvolvidos com base nos postulados teórico-metodológicos dos estudos da recepção e das *mediações*, assinala que o ato de assistir à televisão pressupõe a ativação de condições de produção de leituras, que são articuladas pelas *mediações*. Esta autora chegou à conclusão de que as *mediações* se diferenciam entre os grupos sociais, mas se assemelham entre grupos com características similares, como as relativas ao gênero, ao estatuto social, à idade, ao nível de escolaridade, dentre outras variáveis. Em sua pesquisa sobre a recepção de telenovelas, Leal afirma que "a eficácia da mensagem estaria comprometida se o argumento da novela não se organizasse em uma narrativa que dissesse respeito a estes afetos e a todo um sistema de crenças e valores sociais" (*idem*: 86).

Da mesma forma, Lopes et al (2002), ao desenvolver o projeto de pesquisa sobre a recepção da telenovela brasileira, propõe um protocolo metodológico para o estudo e a interpretação das *mediações* no gênero ficcional televisivo. Para além dos *lugares de mediações* propostos por Martín-Barbero, esta autora tipifica as seguintes arenas mediadoras: a subjetividade, que abarca a esfera da intimidade individual, remetendo ao intercâmbio entre o sujeito e a cultura, ou seja, entre o *self*, o imaginário e o ambiente social; a videotécnica, referente aos nexos entre a recepção e os artifícios técnicos utilizados pelos produtores na construção do texto televisivo; os gêneros ficcionais, como matrizes culturais portadoras de referenciais comuns de mediação entre produtores culturais, bens simbólicos e receptores, isto é, como características e valores arraigados nas culturas e imaginários sociais contemporâneos.

Assim, repensar os processos comunicativos deslocando o "olhar" para as *mediações*, em suas intrínsecas confluências com os meios, ou seja, articular comunicação e cultura como indissociáveis da prática social cotidiana, requer problematizar as representações e ideologias enaltecidas pelos meios de comunicação. Principalmente a televisão, "cenário cotidiano das mais secretas perversões do social e também da constituição de imaginários coletivos" (Martín-Barbero 2001: 26), pode ser concebida como o *locus* privilegiado onde as matrizes culturais se fazem presentes, ou o meio onde os diferentes grupos expressam e legitimam seus desejos e medos, suas exigências, frustrações e percepções das realidades. É nesse sentido que Martín-Barbero (*idem*) afirma que a capacidade de *mediação* da televisão resulta menos do aparato tecnológico e da modernização de seus formatos do que das expectativas sociais e culturais ante esse referente midiático. Equivale dizer que não são os conteúdos que convocam as pessoas para a prática da *televidência* (Orozco 2001), senão os contextos socioculturais que as impelem ao diálogo com a televisão, pois se "a televisão atrai é porque a rua expulsa, é dos medos que vivem os meios" (Martín-Barbero 2001: 40).

Para concluirmos, importa-nos retomar as reflexões apresentadas anteriormente no intuito de salientarmos que, no processo da recepção midiática, afloram-se as matrizes culturais, as subjetividades, as representações e sentidos que transitam nas memórias e imaginários coletivos. Estes são, certamente, elementos indicadores de História e Cultura que influem de forma ativa nos inter-relacionamentos entre textos midiáticos e sujeitos receptores. Ainda que as leituras empreendidas pelos cidadãos convirjam com as *leituras preferenciais* dos meios de comunicação massiva, compartilhando clarividências de ideologias enaltecidas no decurso dos tempos, acreditamos, tal como Hall e Certeau, nas negociações desencadeadas no ato de *ler* e *usar* os bens simbólicos.

Mas também é possível invertermos o prisma através do qual buscamos analisar o processo da recepção midiática. A vertente latino-americana dos Estudos Culturais é bastante categórica ao certificar que os processos comunicativos encontram-se estritamente vinculados aos dinamismos culturais e que as diferentes *mediações* configuram o entorno significante, a matriz de sentidos que alimenta o processo da recepção, e inclusive o da produção. Pensar a comunicação a partir da cultura, deslocando, portanto, o *lugar* desde onde se questiona essa relação, leva-nos a considerar que, no bojo das narrativas midiáticas, não transitam apenas estratégias discursivas de interesses políticos e econômicos locais e transnacionais. Para além desta constatação, são conhecimentos sociocêntricos,[8] enredos históricos e culturais que dimensionam "lugares de encontro" entre duas arenas efetivamente interdependentes: comunicação e cultura.

REFERÊNCIAS

ÁLVARES, Cláudia; SILVEIRINHA, Maria J. "Introdução à Mesa Temática Estudos Culturais e de Género", in *Livro de Actas do 4º Congresso da Associação Portuguesa de Ciências da Comunicação (SOPCOM)*. Aveiro: Comissão Editorial da Universidade de Aveiro, 2005.

BRITTOS, Valério C. *Comunicação e cultura: o processo de recepção.* Disponível em: http://www.bocc.ubi.pt/pag/brittos-valerio-Comunicacao-cultura.pdf. (Acesso em fevereiro de 2006).

CANCLINI, Nestor G. *La Globalización Imaginada.* Buenos Aires: Paidós, 2001.

CERTEAU, Michel de. *A invenção do cotidiano: 1. Artes de fazer.* Tradução de Ephraim Ferreira Alves. Petrópolis: Vozes, 1994.

CUNHA, Isabel F. *Comunicação e culturas do quotidiano.* Lisboa: Quimera, 2002.

ESCOSTEGUY, Ana C. D. *Cartografias dos estudos culturais: uma versão latino-americana.* Coleção Estudos Culturais. Belo Horizonte: Autêntica, 2001.

_____. & JACKS, Nilda, A. "Objeções à associação entre estudos culturais e folkcomunicação", in *Verso e reverso: revista da comunicação*, nº 37, ano XVII, 2003. Disponível em: http://www.versoereverso.unisinos.br/index.php?e=1&s=9&a=10. Acesso em fevereiro 2006.

---

8   Os conhecimentos *sociocêntricos* (Arruda 2002), estudados principalmente no campo da Psicologia Social, atendem às aspirações, aos interesses, aos medos e desejos do grupo.

HALL, Stuart. *Da diáspora: identidades e mediações culturais.* Organização Liv Sovik. Tradução de Adelaide La Guardiã Resende. Belo Horizonte: Editora UFMG; Brasília: Representação da UNESCO no Brasil, 2003.

HARTLEY, John. *Comunicação, Estudos Culturais e Media: conceitos-chave.* Tradução de Fernanda Oliveira. Lisboa: Quimera, 2004.

JENSEN, K. B. & JANKOWSKI, N. W. (Edits.). *Metodologias caulitativas de investigacion en comunicacion de masas.* Barcelona: Bosh, 1993.

LEAL, Ondina F. *A leitura social da novela das oito.* Petrópolis: Vozes, 1986.

LOPES, Maria I. V *Pesquisa em comunicação,* 3ª ed. São Paulo: Loyola, 1997.

_____. *et al. Vivendo com a telenovela: mediações, recepção, teleficcionalidade.* São Paulo: Summus, 2002.

MARTÍN-BARBERO, Jesús. *Dos meios às mediações: comunicação, cultura e hegemonia.* Tradução de Ronald Polito e Sérgio Alcides. Rio de Janeiro: Editora UFRJ, 1997.

_____. *Ofício de cartógrafo. Travessias latino-americanas da comunicação na cultura.* Tradução Fidelina González. São Paulo: Edições Loyola, 2002.

_____. & REY, Germán. *Os exercícios do ver: hegemonia audiovisual e ficção televisiva.* Tradução de Jacob Gorender. São Paulo: SENAC, 2001.

MATTELART, Armand; MATTELART, Michele. *História das teorias da comunicação,* 2ª ed. Porto: Campo das Letras, 2002.

MCQUAIL, Denis. *Teoria da comunicação de massas.* Lisboa: Fundação Calouste Gulbenkian, 2003.

NIGHTINGALE, Virgínia. *El estudio de las audiencias. El impacto de lo real.* Barcelona: Paidós Comunicación, 1999.

OROZCO, Guillermo. *Televisión, Audiências y Educación.* Buenos Aires: Norma, 2001.

POLISTCHUK, Llana; TRINTA, Aluizio R. *Teorias da comunicação: o pensamento e a prática da Comunicação Social.* Rio de Janeiro: Campus, 2003.

TURNER, Lynn H.; WEST, Richard. *Teoría de la comunicación. Análisis y Aplicación.* Madrid: McGRAW-HILL, 2005.

WOLF, Mauro. *Teorias da comunicação.* Tradução de Maria Jorge Vilar de Figueiredo, 9ª ed. Lisboa: Editorial Presença, 2006.

Política como mercadoria
consumo, cidadania e cultura jovem nos discursos publicitários

Fernanda Martineli[*]

Mônica Machado[*]

* Graduada em Comunicação Social (UFES), Mestre em Comunicação e Cultura (UFRJ), Doutoranda em Comunicação e Cultura (UFRJ). Pesquisadora da Coordenação Interdisciplinar de Estudos Contemporâneos. Co-autora no livro Infância e Consumo: estudos no campo da comunicação (ANDI/Instituto Alana).

** Graduada em Comunicação Social; Mestre em Multimeios IA–Unicamp; Doutoranda do Programa de Pós graduação em Midias e mediações socioculturais ECO-UFRJ. Professora assistente da escola de comunicação ECO-UFRJ.

Introdução

Nas últimas décadas, uma das questões mais frequentemente vinculadas ao consumo tem sido a da cidadania. Um fator evidente deste movimento é a expansão dos regimes neoliberais, que promoveram uma série de privatizações ampliando a participação das empresas em áreas que tradicionalmente eram do escopo do governo, como energia, telefonia, saúde, educação e diversas outras. Nessa nova realidade, as empresas passam a atuar mais enfaticamente na organização da vida social, mediando debates sobre questões sociais e até políticas que perpassam os discursos corporativos do consumo. Em muitos casos, os produtos e serviços são anunciados conotando atitude cidadã, geralmente revestida de uma atmosfera de responsabilidade, engajamento e comprometimento.

Este trabalho objetiva discutir questões relacionadas ao consumo "cidadão", mais especificamente aos discursos dirigidos a uma categoria que adquire cada vez mais destaque nos estudos de consumo: a do jovem consumidor. O foco está na construção dos discursos publicitários direcionados aos jovens com pretensão de sensibilizá-los para o "politicamente correto".

O que os discursos no campo de consumo têm a dizer sobre os novos pertencimentos políticos e novos sentidos de cidadania relacionados aos jovens? Em que medida é possível pensar a circulação dos discursos publicitários dirigidos aos jovens com conotações de cidadania e participação política? Quais são os pressupostos de liberdade associados à juventude no universo do consumo no atual estágio da modernidade?

Para buscar respostas para estas questões, recorre-se a uma reflexão que vá além das tradicionais interpretações interiores ao próprio discurso e permita, através da análise de três campanhas publicitárias, pensar sua repercussão no contexto social, como, por exemplo, refletir em que medida a publicidade atua na formação do repertório cultural desses jovens. Considera-se ainda a hipótese de que os discursos constituem em certa medida um paradoxo, pois a enunciação da cidadania nos textos publicitários para jovens se constrói aprisionada ao mundo das marcas.

Antes de desenvolver detalhadamente essa discussão, contudo, será traçado um panorama a respeito da importância de se tomar os estudos de consumo como um lugar privilegiado para entender o capitalismo contemporâneo e da pertinência do conceito de juventude como categoria central nas narrativas de consumo.

1. Consumo como lugar privilegiado para entender o capitalismo contemporâneo

A importância de tomar o consumo como objeto de pesquisa é buscar entendê-lo não simplesmente como um estudo das mercadorias, mas um estudo sobre como as pessoas se relacionam com um universo que é enfaticamente marcado pela troca de bens como uma experiência social. Essa tarefa requer uma reflexão a partir de uma perspectiva social crítica, entendendo a cultura do consumo como categoria fundamental para refletir sobre a modernidade e compreender o capitalismo.

Sinalizando nessa direção, Slater (2002; 2007) procura sustentar historicamente que o consumo é um fenômeno de características eminentemente modernas e progressistas. O autor desenvolve a ideia de sujeito moderno visto enquanto consumidor, como um sujeito autônomo, dotado de racionalidade, e sugere uma abordagem do consumo que vá além da tradicional interpretação de mensagens publicitárias como estruturas ideológicas, comum nos anos 1970 e 1980. Nesse sentido, afirma que na sociedade atual se constitui uma *cultura do consumo*, onde diversas áreas da vida social (política, trabalho, religião, educação etc.) são invariavelmente atravessadas pelas práticas de consumo.

Acredita-se aqui que os estudos culturais contribuem de forma singular para essa agenda de estudos sobre consumo, pois valorizam os artigos da cultura popular (os próprios artefatos ou objetos que são consumidos, sejam eles bens ou produtos culturais) e a vida cotidiana como um rico campo de experiências que se colocam como objeto do estudo em questão. Além disso, buscam politizar o conceito de cultura e conferem uma respeitabilidade aos indivíduos no sentido de não os considerar como simples marionetes passíveis de manipulação. Contudo, pode-se ir mais além e considerar que o consumo é um campo propício para a interdisciplinaridade, pois permite um diálogo entre estudos culturais, sociologia, antropologia, comunicação, economia, administração e áreas afins.

Falar do consumo requer ainda um olhar atento à publicidade, pois é ela que faz a ponte entre os domínios da produção e do consumo (Rocha 1995). O discurso publicitário, ele próprio uma produção, constrói e comunica às pessoas o significado simbólico dos produtos e serviços dando acesso a um sistema de informação sobre os bens e constituindo uma espécie de pedagogia do consumo. No universo do consumo, os bens funcionam como comunicadores (Douglas e Isherwood 2004), e isso se processa de duas maneiras: inicialmente, quando têm seu significado traduzido pela publicidade, e posteriormente, quando entram em circulação nas práticas de consumo e adquirem significados que são atribuídos pelas pessoas nos processos de interação social mediados por esses objetos e discursos. A publicidade, por sua vez, faz uso de referenciais da cultura para criar uma ambiência e familiaridade com o público e desse modo se torna, ela mesma, uma produção cultural, como bem observou Raymond Williams (2003: 53):

> [...] com muitas outras instituições culturais dependendo cada vez mais do rendimento ou do patrocínio dessa instituição específica do mercado, a propaganda tornou-se um fenômeno cultural bastante novo e, caracteristicamente, estendeu-se a áreas de valores sociais, econômicos e explicitamente políticos, como uma nova espécie de instituição cultural empresarial

Os estudos sobre consumo devem, portanto, valorizar os usos dos bens, da cultura material, juntamente com seus significados simbólicos. Tomam-se os discursos do consumo no ambiente social, pois o público-alvo (para utilizar uma linguagem técnica específica) não deve ser considerado como composto por receptores passivos. As pessoas agem sobre o conteúdo desses discursos nem sempre da forma prevista pelas corporações, muitas vezes propondo novos usos e interpretações.

Isso não significa ignorar o caráter ideológico presente no consumo. Contudo, faz-se necessário interpretar o conteúdo dos discursos publicitários transpondo as questões para o universo social mais amplo, no sentido de problematizar sua influência na organização da vida social. A esse respeito, Slater (2002: 32-33) afirma que

> [...] os valores derivados do reino do consumo invadem outros domínios da ação social, de modo que a sociedade moderna é *in toto* uma cultura do consumo, e não apenas especificamente em suas atividades de consumo. A disseminação dos valores de mercado para a sociedade em geral ocorre primeiramente porque o próprio consumo se torna um

> foco crucial da vida social [...]; e, em segundo lugar, porque os valores da cultura do consumo adquirem um prestígio que encoraja sua extensão metafórica a outros domínios sociais, como a extensão do modelo do consumidor aos serviços públicos [...]

A cultura do consumo, portanto, tem a pretensão de organizar várias dimensões da vida social contemporânea, e a publicidade é um forte instrumento para o exercício dessa tarefa. Através dela, muitas empresas divulgam um discurso com pretensões políticas e buscam sensibilizar consumidores com uma fala que apela a um engajamento cidadão. Nesse sentido, o bem ou serviço se apresenta como um veículo de transformação social. Se anteriormente as esferas do consumo e da cidadania eram consideradas dimensões sociais distintas e relativamente autônomas, correspondendo uma ao mundo íntimo e privado e outra à esfera pública, atualmente observa-se que existe uma interpenetração. Nessa configuração, acredita-se ainda que o contexto político contemporâneo, fortemente marcado pelo neoliberalismo, faz uso dessa dinâmica consumo-cidadania para promover um engajamento civil através de práticas de consumo travestidas em ações políticas. De acordo com o discurso neoliberal, ser um cidadão livre significa ser um cidadão que tem acesso à cultura de consumo, às "liberdades de mercado".

Nesse panorama em que o mercado se coloca como lugar de autonomia individual e liberdade de expressão, o universo do consumo passa a ser um forte espaço de afirmação identitária onde se observa uma articulação de práticas, valores e representações. Diante dessa constatação, procura-se destacar neste trabalho como o discurso neoliberal se organiza e se articula a partir de referenciais do consumo (e vice-versa) na tentativa de promover um acesso à cidadania mediado pelos bens e discursos publicitários e discutir esse arranjo problematizado a partir da categoria do jovem consumidor. As discussões se concentram em como esses discursos operam quando são direcionados aos jovens, público-alvo de grande parte do material veiculado,[9] e como a publicidade faz uso de referenciais da cultura, especialmente de subculturas jovens, em suas narrativas. Cabe, por isso, aprofundar a compreensão sobre o conceito de juventude como categoria de consumo.

2. NARRATIVAS SOBRE A JUVENTUDE NA SOCIEDADE DE CONSUMO

Assim como Canclini (1999) entende que a identidade é uma construção que se narra, parte-se aqui do pressuposto de que a noção de juventude também o é, como afirma Freire Filho (2006: 37-38):

> A despeito de sua aparente obviedade e solidez epistemológica, adolescência e juventude são conceitos complexos e historicamente instáveis, definidos e representados dentro de diferentes formações discursivas que circulam, colidem e articulam-se em um determinado tempo e espaço.

---

9   Dados de pesquisa feita pelo Instituto Ipsos-Marplan publicados no site da revista *Exame* estimam em 30 bilhões de reais o potencial de consumo dos 28 milhões de brasileiros na faixa de 15 a 22 anos (Blecher 2003). Segundo a edição especial da revista *Veja Jovens*, o mesmo instituto constatou que 37% dos jovens do país fazem compras em shoppings, contra 33% dos adultos (Eles gastam muito 2003). A mesma matéria afirma ainda que essa parcela de consumidores tem poder de influenciar as compras dos pais estimado em 94 bilhões de reais e que "a maior parte do que se produz no mercado publicitário, que movimenta 13 bilhões de reais por ano, tem como alvo a parcela de 28 milhões de brasileiros com idade entre 15 e 22 anos. É esse grupo que fornece boa parte do ideário da propaganda, enchendo os anúncios com mensagens de liberdade e desprendimento" (Eles gastam muito, 2003). Outra pesquisa, divulgada pelo Instituto Akatu, revela que os jovens brasileiros são os que mais têm interesse no tema compras: 37% dos brasileiros, seguidos dos franceses (32%) e Japão (31%) (Akatu 2007).

Mas embora a noção de adolescência comece a ganhar espaço no universo acadêmico no fim do século XIX enquanto categoria social, somente em meados do século XX uma cultura de consumo jovem começa a se consolidar. De acordo com Osgerby (2004), a expressão *teenager* é inaugurada na década de 1940 e demarca o universo de consumidores jovens interessados na indústria do entretenimento, lazer e investidos em satisfazer seus desejos individuais.

Há, especialmente, explicações do ponto de vista da racionalidade econômica para justificar o ingresso dos jovens como categoria de interesse das estratégias de *marketing* e publicitárias nos EUA e na Inglaterra do período. A participação de jovens no mercado de trabalho cresceu vertiginosamente no pós-guerra, especialmente entre os anos 1950 e 1960 nestes países. Assim, o poder de consumo de jovens de classe média se amplia na medida em que muitos vivem com seus pais e concentram a maior parte de suas rendas no dispêndio com bens de consumo (Milles 2002; Osgerby 2004).

Mas as mudanças mais significativas podem ser atribuídas à revolução cultural do período a partir da década de 1970, quando a expressão *youthquake* foi utilizada por comentaristas culturais para "denotar os abalos sísmicos ocorridos nas vidas dos jovens dos anos 1950" (Osgerby 2004: 16). Com investimento concentrado da indústria da cultura e do entretenimento no público jovem, assinala-se uma revolução de comportamento que demarca um lugar específico para a juventude no mundo contemporâneo. Na metade da década de 1970, contudo, uma crise econômica (em função da alta do petróleo) e a queda dos indicadores demográficos do público adolescente (devido à queda nas taxas de natalidade) desequilibram o mercado consumidor jovem nos países centrais. Neste período, a produção e o consumo jovem crescem nos países periféricos, onde ocorre uma rápida e acentuada expansão da classe média e o consequente desenvolvimento de um mercado e um consumo mais diversificados.

No período denominado pós-fordismo (Slater 2002; Osbergy 2004), que no Brasil compreende o início dos anos 1990 até a virada do novo milênio, as transformações passam a ser ainda mais intensas, pois ocorre a transição de um contexto de produção, comunicação e consumo massivos para um movimento de segmentação no consumo altamente sofisticado tecnologicamente, que cria, no dizer dos profissionais de marketing, nichos de mercado, baseados em critérios de identificação de estilos de vida muito específicos. A indústria cultural dirige seus produtos para um público-alvo cada vez mais variado em termos de gênero, faixa etária, pertencimento socioeconômico e hábitos socioculturais, de tal forma que olhar para o mercado consumidor passa a ser cada vez mais complexo.

3. Liberdade de escolha e cidadania nas narrativas publicitárias dirigidas aos jovens

Na tentativa de compreender os discursos sobre a liberdade de escolha e modos de representação na cena de consumo dedicada aos jovens na virada do milênio, são analisadas aqui algumas campanhas publicitárias veiculadas no Brasil recentemente.[10] Considera-se que neste momento vivencia-se a experiência do pós-fordismo e, por isso, a publicidade, ao comunicar produtos tangíveis ou serviços, elege um viés cada vez mais subjetivo, simbólico e com conotações sociais. O conceito de cidadania está presente nas associações produzidas nos três filmes publicitários escolhidos para ilustrar o argumento. A partir desse material com temática dirigida ao público jovem, busca-se discutir as potencialidades e limita-

---

10   Filmes publicitários veiculados em televisão aberta no Brasil entre 2004 (campanha "O melhor do Brasil é o Brasileiro", da Associação Brasileira de Anunciantes) e 2007 (campanhas "*Videogame*", da Coca-Cola e "Fox: por um mundo melhor", da Volkswagen).

ções dos discursos de liberdade e cidadania nas narrativas dos comerciais. O que se pretende mostrar é a publicidade (e, por extensão, a mídia) como um campo de produção de significados, práticas e representações. Para efeito didático e com intenção de facilitar a análise, foi feita uma decupagem do material, transcrita a seguir.

Filme 1 – *O melhor do Brasil é o brasileiro*

O filme de um minuto inicia-se com cenas de Herbert Vianna e de sua banda antes do acidente que o vocalista sofreu em 2003. A trilha sonora é a música "Tente outra vez", de Raul Seixas. Cada trecho da música vem acompanhado de imagens relatando a trajetória de vida de Herbert Vianna e, para ilustrar o período após o acidente, surgem na tela imagens de jornais com matérias que destacam o episódio, a internação do cantor e as suas melhoras progressivas, em ordem cronológica. Essas imagens são intercaladas com outras que mostram fotos de fãs apreensivos, aguardando a recuperação do artista. A trilha sonora permanece a mesma ao longo de todo o filme e as imagens são em preto e branco, para dar um tom solene e histórico ao que é narrado. No momento que a manchete de um jornal anuncia a recuperação de Vianna utilizando a expressão "milagre da vida", as cenas passam a ser coloridas, para marcar a transição entre o estado de saúde gravíssimo e a esperança de uma grande recuperação com retomada da carreira artística. A partir daí, as manchetes são substituídas por imagens congeladas do cantor em shows após o acidente, até que, na última cena, agora em movimento, Herbert Vianna surge tocando no palco. Entra então o *slogan* com fonte manuscrita, por cima da imagem: "Eu sou brasileiro e não desisto nunca", seguido de um corte para a assinatura da campanha e do anunciante: "O melhor do Brasil é o brasileiro. ABA (Associação Brasileira de Anunciantes)".

Filme 2 – *Videogame: the Coke side of life*

O filme de um minuto reproduz imagens do ambiente virtual do violento jogo de *videogame* GTA.[11] As primeiras cenas são de um carro em alta velocidade percorrendo as ruas de uma metrópole. O céu é sombrio, revelando um ambiente hostil. O carro trafega perigosamente e em constante situação de risco. Passa por barris que explodem e em diversos momentos quase provoca acidentes envolvendo outros veículos e pedestres. A trilha e os efeitos sonoros ajudam a conotar o ambiente de violência. Em determinado momento, o carro para bruscamente em frente a uma loja de conveniência e nesse instante o protagonista sai do veículo. O personagem é um homem alto, branco, que usa óculos escuros e tem aspecto rude. Ele desce do carro e entra na loja. O atendente se assusta e, pensando tratar-se de um assalto, ergue as mãos para o alto. O protagonista, contudo, segue em frente, abre a geladeira e toma uma Coca-Cola. Este é o clímax do comercial, quando toda a atmosfera de tensão e violência começa a se transformar. Ao beber sua Coca-Cola, o personagem se modifica e torna-se uma pessoa melhor. Deposita o valor referente à bebida no balcão da loja e segue para a rua, onde interpela um outro rapaz de aspecto "mauricinho" que passa em um conversível. O protagonista o tira de dentro do carro e

---

11   *Grand Theft Auto* (GTA) é o nome policial para "roubo de carro" e também de uma série de jogos de computador e *videogames* criada pela Rockstar North e distribuída pela Take-Two Interactive. A primeira versão foi lançada em 1997, tendo 10 jogos já lançados até 2006. Estima-se que toda a série já tenha vendido mais 40 milhões de cópias em todo o mundo. Pela liberdade que proporciona e alto grau de violência, esses jogos já foram censurados em vários países. Neles é possível atropelar pessoas livremente na rua, queimá-las e entrar em confronto com a polícia usando um seleto arsenal de armas, como pistolas, metralhadoras, bazucas, granadas, tacos de baseball e até serra elétrica. A série já foi proibida na Nova Zelândia, na China e na Alemanha. Em todo lugar onde é lançada, recebe a classificação para maiores de idade.

oferece uma Coca-Cola. Os dois brindam e o protagonista segue a pé pela cidade. A trilha sonora muda e, no lugar de barulhos de trânsito e sirenes, surge uma música com conotação de felicidade ("*You give a little love*", de Paul Williams). A partir daí, as cenas se alteram: o céu fica cor-de-rosa, o protagonista dá dinheiro a um músico de rua, apaga um incêndio, devolve um saco de dinheiro que cai de um carro-forte, dá a sua jaqueta para um rapaz solitário que passa pela rua e o coloca em um conversível cheio de Lelas garotas, recupera a bolsa roubada de uma velhinha e modifica o dizer de placas que alguns homens portavam nas ruas, substituindo a mensagem "*The end is near*" pelo título da trilha sonora "*Give a little love*". Por onde ele passa, o mundo se transforma a partir das suas ações. Muitos começam a segui-lo, pessoas e até animais dançam felizes pelas ruas e a situação se transforma em uma espécie de parada onde todos se confraternizam: policiais, transeuntes, *cowboys*, pessoas de diferentes grupos sociais e também os animais. Fogos de artifício aparecem no céu colorido. Por fim, um helicóptero passa no céu fazendo manobras conotando entusiasmo e surge um *outdoor* com a silhueta vermelha da tradicional garrafa da Coca-Cola e o *slogan* da campanha: "*The Coke side of life*", ou na adaptação do filme para o Brasil: "Viva o lado Coca-Cola da vida".

Filme 3 – *Fox: por um mundo melhor*

O filme de trinta segundos tem a seguinte locução em *off*: "O Fox é espaçoso e compacto. Se você comprar um Fox e todo mundo fizer o mesmo, vão ter mais vagas para estacionar nas ruas. Sem a briga por vagas, as pessoas vão gostar mais umas das outras. Com mais amigo no mundo, menos gente vai apoiar as guerras. Governantes acabam com as armas, ganham admiração e passam a ser copiados pelos próximos líderes. O planeta viverá sempre em paz. Por um mundo melhor, compre um Fox". A trilha sonora é uma música que repete insistentemente o refrão "*Help the planet, help the planet, help the planet right now*". Durante a locução o filme, que tem cores fortes e alegres (predominam os tons vibrantes de amarelo e laranja), é exibida uma sequência dinâmica (edição no estilo *videoclipe*) de várias cenas em animação mostrando características técnicas do carro e situações relacionadas com o que diz a narrativa: vagas disponíveis para quem dirige um Fox, apertos de mão, pessoas se abraçando, passeata contra as guerras e pronunciamento de um governante contra as armas. Por fim, surge uma imagem da Terra estilizada com diversas pombas da paz ao redor. A imagem do planeta se transforma então na logomarca da Volkswagen. Entra a imagem do veículo anunciado e em seguida a assinatura, onde o carro aparece em uma ambiente com uma cidade estilizada ao fundo, em cores quentes e com arco-íris no céu.

Esses três filmes ilustram com bastante propriedade vários pontos abordados até aqui. A campanha desenvolvida pela ABA (Associação Brasileira de Anunciantes) em 2004, por exemplo, tem como conceito central levantar a autoestima da sociedade civil. Objetiva, em última instância, sensibilizar a população brasileira para a sua condição de cidadania. Neste filme da campanha, o protagonista é Herbert Vianna apresentando sua história de vida e o repertório musical; para ativar a sensibilidade do público, reforça-se com a música de Raul Seixas. Ao utilizar referenciais da cultura jovem, observa-se neste comercial uma clara intenção de mobilizar esse segmento para o exercício da cidadania. O emprego de ícones da cultura musical jovem busca criar uma atmosfera de identificação pela sensibilização estética. Esse movimento de construção de conexão entre jovem, música e cidadania é um dos acionamentos emocionais utilizados com frequência pela sociedade de consumo contemporânea, tanto que, segundo observa Canclini (1999: 52), existe atualmente uma "consequente redefinição do senso de pertencimento e identidade, organizado cada vez menos por lealdades locais ou nacionais e mais pela participação em comunidades transnacionais ou desterritorializadas de consumidores", citando como exemplos os jovens em torno do rock e que acompanham programas de redes transmitidas por satélite, como a MTV.

Torna-se ainda fundamental verificar o lugar dos autores do discurso. De acordo com Foucault (2006), para compreender as apropriações sociais de um discurso, é preciso acionar o princípio de rarefação, ou seja, compreender as referências conjunturais de produção discursiva. Assim, cabe destacar que esta não é uma campanha institucional do governo federal ou uma campanha de mobilização idealizada por representantes do terceiro setor. O enunciador-protagonista é a instituição que ocupa um lugar hegemônico na reafirmação da indústria cultural: a ABA (Associação Brasileira de Anunciantes). Ou seja, o discurso de cidadania é proposto dentro da lógica do sistema de consumo.

O filme *Videogame: the Coke side of life*, por sua vez, criado pela agência americana Wieden + Kenned e vencedor de um Leão de Ouro (maior prêmio do Festival Internacional de Publicidade *Cannes Lions*) em 2007, busca relacionar-se com jovens de classe média a partir de outros ícones de seu mundo de interesses: entra no universo do *videogame* e transforma uma experiência virtual repleta de representações sígnicas da violência, convertendo violência em boas ações depois que o protagonista bebe uma Coca-Cola. O filme altera o princípio da ação: da associação ao crime à perspectiva do herói, uma vez que o *bad boy* se transforma em um jovem cidadão politicamente correto após beber o refrigerante. O consumo de Coca-Cola é o momento ritual de passagem de um mundo de transgressão pela violência para o mundo do prazer idílico, da alegria e do exercício da boa cidadania. Buscando entender os princípios do funcionamento do discurso, pode-se afirmar que a perspectiva de cidadania pelo herói se constrói no aprisionamento discursivo da marca Coca-Cola.

Já o filme da Volkswagen *Fox: por um mundo melhor*, criado pela agência brasileira de publicidade ALMAP/BBDO, propõe o engajamento do sujeito em uma lógica de cidadania pela via do consumo do veículo. O filme trabalha com o argumento de que se o consumidor adquirir o carro Fox por suas características intrínsecas (compacto, pequeno por fora, espaçoso por dentro), há uma ação política relevante. O desenrolar da trama é que anuncia essa relação: sem disputa por vagas no trânsito, haverá menos brigas e guerras, os governantes se dedicarão a causas consideradas mais nobres e o mundo viverá em paz. Mais uma vez nota-se que a promessa de um mundo melhor está intimamente condicionada ao símbolo da marca Volkswagen e sua linha Fox.

A teoria da governamentalidade de Foucault (2006) pode ser acionada aqui para entender os três filmes, pois fornece pistas para compreender o exercício narrativo da "boa conduta" no interior da lógica discursiva da própria sociedade de consumo. O que as mensagens publicitárias sugerem é que as garantias do sujeito para agir como politicamente correto lhe são oferecidas na ativação de seu papel de consumidor-cidadão. Por isso, as campanhas têm em comum uma tentativa de governar a juventude. Buscam adesão não simplesmente ao produto, mas aos valores das corporações, que são articulados com os valores dos grupos que constituem seu público-alvo. Nesse contexto, todos os exemplos analisados evocam constantemente o tema da liberdade: liberdade de escolha, de ação, de representação.

A esse respeito, Slater (2002: 41) afirma que historicamente existe a intenção de "vincular o consumo a temas centrais de liberdade, razão e progresso do Iluminismo através dos conceitos de escolha e mercado". A tradição do liberalismo é de afirmar que o consumidor é soberano em uma sociedade de mercado. O autor prossegue dizendo que "o modelo da escolha do consumidor passou a ser visto como o mais adequado para *todas* as formas de cidadania e ação social, e o mercado, como o único meio de coordenação social que assegurava tanto a liberdade quanto o progresso" (*idem*: 44).

De fato, embora exista todo um discurso publicitário cuidadosamente construído para atribuir significados às práticas de consumo, quando os produtos ou serviços entram em circulação, novos usos e significados podem ser conferidos a eles, e significados que muitas vezes não estavam previstos inicialmente. Fiske (1989) vê aí uma potencialidade de resistência e considera o consumo um campo de luta onde os indivíduos são atores sociais com autonomia para construir e modificar a ordem social e subverter o poder hegemônico. Através da produção de novos significados, o autor considera a possibilidade de se construir linhas de fuga e espaços de ruptura dentro do próprio sistema. Porém, é preciso cautela para não considerar toda manifestação contra-hegemônica uma forma de resistência, como parece ser a abordagem de Fiske. Ao revestir as minorias de um fortíssimo poder de ação, pode-se perguntar por que então o autor se dirige a esses atores sociais como "fracos".

Diante dessas estratégias que visam instituir a figura do consumidor como cidadão politicamente engajado e proativo na reivindicação dos seus direitos, Canclini (1999), por sua vez, politiza o consumo de uma maneira mais tradicional que Fiske, pois, ao invés de ruptura, o autor fala de um exercício de criatividade e renovação em termos de reposicionamento do mercado na sociedade.

Para escapar do impasse das visões antagônicas, vale recorrer novamente ao conceito de governamentalidade em Foucault. Nessa perspectiva, o liberalismo é visto com um olhar histórico, como campo que não governa por meio de ações coercitivas, mas exerce o poder de modo capilar, inscrito nas formas de produção das instituições. As estratégias de subjetividade são associadas ao autocontrole, de tal forma que Slater (2002: 66), também a partir de Foucault, assinala: "ao contrário do liberalismo, tornar-se um eu que escolhe não é uma liberação, e sim uma estratégia da moderna arte de governar".

Foi com esse olhar que se buscou aqui entender os modos discursivos dirigidos ao jovem na cena da publicidade. A hipótese inicial converge com o que propõe Foucault: as imagens do liberalismo estão impregnadas nos discursos das instituições de poder na modernidade tardia. Em especial, são retratadas nos sistemas simbólicos de comunicação. É nesse sentido que as estratégias discursivas hegemônicas sobre a juventude na sociedade de consumo salientam os ideais de autonomia, superação de limites, independência, força e autenticidade.

Considerações Finais

Os argumentos defendidos aqui buscam exemplificar o que foi afirmado no início: que o consumo vai além da simples aquisição de mercadorias. A publicidade cria situações narrativas e ambientações nas maneiras como os objetos são apresentados ao consumo, seja diretamente nas lojas ou comunicados aos consumidores pela mídia (televisão, rádio, web e mídias externas como *outdoors* e *busdoors*). Articula na paisagem urbana uma verdadeira ecologia de produtos, sempre agregando ao objeto um valor que supera o seu valor prosaico e utilitário. Cria e divulga um valor simbólico que muitas vezes não se relaciona apenas com as características físicas e aspectos cognitivos do bem, mas vai além, transformando esse objeto em algo que frequentemente personaliza características humanas: a própria identidade das coisas é construída com base em características relacionadas à identidade do grupo (público-alvo) junto ao qual busca encontrar adesão. Nesse processo, dependendo do contexto social em que o objeto busca se inserir, o artefato pode se transmutar em algo com valor político, de tal forma que o objeto narrado pelo discurso publicitário corporativo deseja passar a ideia de promotor da cidadania. Assim travestido, o ato da compra adquire uma nova respeitabilidade. Consumir esses produtos passa a significar deixar de lado um individualismo e se comprometer politicamente. Esse tipo de consumo se coloca não só como uma prática que ajuda a promover e desenvolver o senso de cidadania, como também ganha um novo estatuto em que seu sentido de utilidade para a nação deixa de ser exclusivamente econômico para se tornar também político.

Essa idealização do consumo como mediador de transformações sociais e políticas pode ser interpretada como uma tentativa de afastá-lo da ideia de futilidade (concepção ainda tradicional entre o senso comum). Ao revestir os objetos que produzem ou serviços que fornecem com conotações políticas e sociais, as empresas passam a ser representadas como ativas organizadoras da vida cotidiana e fazem do consumo uma instância de agregação social, participação, construção de liberdade, expressão e autonomia.

Fica então evidente que no consumo existe uma grande carga simbólica de liberdade associada ao produto, entretanto, apesar da promoção desse valor de agregação social, o que mais se observa é o exercício de uma liberdade relacionada ao indivíduo, uma liberdade individual. Em uma configuração: perde-se a ideia de cidadania vinculada a uma comunidade e parte-se para uma cidadania individualizada.[12]

No contexto do neoliberalismo, o sentido da compra muda. A publicidade, que busca pautar a vida cotidiana, agora procura fazê-lo de uma nova maneira: transforma, ao menos em discurso, o ato da compra em um ato político, de tal forma que as identidades de consumidor e cidadão se confundem quando narradas no discurso neoliberal, assim como surge também uma confusão entre sociedade civil e sociedade de consumo (Keller 2005; Slater 2002).

Observa-se que diversos trabalhos têm apontado para uma aproximação entre as figuras de "consumidor" e "cidadão", e que existem diferentes nuances entre as abordagens, mesmo entre aquelas que se aproximam. Por outro lado, em comum existe a inegável tendência de tomar essas figuras, que normalmente ocupavam espaços distintos nas discussões acadêmicas, como pauta em uma mesma instância. Cabe ainda a consideração de que, nessa agenda, para avançar a discussão

---

12 Segundo pesquisa realizada pela UNEP e UNESCO em 24 países, os jovens preferem ações individuais às coletivas para melhorar o mundo (UNEP & UNESCO 2001).

de considerar as conexões entre essas duas identidades e delas com o espaço público, é imprescindível introduzir a política no debate.

A presença constante do ideal político/democrático que atribui um novo sentido à compra nos discursos publicitários direcionados aos jovens certamente é estratégica e parece se relacionar com uma certa atitude *blasè* no sentido simmeliano, pois, diante do grande volume de mensagens publicitárias tradicionais que recebem, os jovens tendem a não reagir na mesma proporção desses estímulos. A política surge nesse contexto agregando valor, como um diferencial no discurso das empresas, no conteúdo do material publicitário que essas corporações produzem e no repertório cultural dos jovens que são seu público-alvo. Daí o sucesso das campanhas aqui analisadas.

Contudo, se esses discursos conduzem à atuação política efetiva, é algo que merece uma investigação mais extensa. Até porque não há garantias de que a intenção das corporações em última instância seja mesmo promover tal ação, ou se isso se esgota uma vez que a ação principal seja efetuada: a aquisição do bem ou serviço anunciado.

É certo que o consumo por si só representa apenas uma dimensão do universo social. Porém, relacioná-lo a questões vinculadas à cidadania e à cultura jovem se revela um importante ponto de partida para pensar também outras dimensões da sociedade. Se a política tem sido assunto recorrente até nos discursos mercantis, o tema não deve ser negligenciado. Como visto aqui, as mensagens de liberdade de escolha e cidadania são propostas para a juventude quando acionadas aos sentidos simbólicos das marcas. Resta investigar ainda se o universo de sensibilizações ofertado na cena do consumo se generaliza para outros ambientes socioculturais, ou seja, se há ou não incentivo ao movimento de politização da juventude na sociedade a partir das enunciações publicitárias.

REFERÊNCIAS

AKATU divulga pesquisas sobre jovens. Disponível em: http://www.akatu.net/ Acesso em 26/07/2007.

BLECHER, Nelson. "Consumo Jovem: como abordar um público afluente mas avesso às mensagens comerciais", in *Exame*, 08/12/2003. Disponível em: http://pubweb.abril.com.br/exame/v/index.jsp?vgnextoid=36beaf8791864 010VgnVCM1000000b0417acRCRD&vgnextrefresh=1&vgnextnoice=1. Acesso em 26/07/2007.

CANCLINI, Néstor García. *Consumidores e cidadãos*, 4ª ed. Rio de Janeiro: UFRJ, 1999.

DOUGLAS, Mary & Isherwood, Baron. *O Mundo dos Bens: para uma antropologia do consumo*. Rio de Janeiro: UFRJ, 2004.

ELES GASTAM MUITO. *Veja Jovens*. Edição especial, julho de 2003. Disponível em: http://veja.abril.com.br/especiais/jovens_2003/p_080.html. Acesso em 26/07/2007.

FISKE, John. "Commodities and culture", in *Understanding Popular Culture*. Londres: Unwin Hyman, 1989.

FOUCAULT, Michel. A "Governamentalidade", in MOTTA, Manuel Barros (org.). *Estratégia, poder-saber. Ditos e escritos*, vol. 4, p. 281-305. Rio de Janeiro: Forense Universitária, 2006 [1978].

FREIRE FILHO, João. "Formas e normas da *adolescência* e da *juventude* na mídia", in FREIRE FILHO, João e VAZ, Paulo (orgs.). *Construções do tempo e do outro: representações e discursos midiáticos sobre a alteridade*, p. 37-64. Rio de Janeiro: Mauad X, 2006.

KELLER, Margit. "Freedom calling: telephony, mobility and consumption in post-socialist Estonia", in *European Journal of Cultural Studies*, vol. 8, nº 2, p. 217-38, 2005.

MILES, Steven *et al. The changing consumer: markets and meaning*. Londres: Routedges, 2002.

OSGERBY, Bill. *Youth media*. Londres: Routledge, 2004.

ROCHA, Everardo. *Magia e capitalismo: um estudo antropológico da publicidade*, 3ª ed. São Paulo: Brasiliense, 1995.

SIMMEL, Georg. "As grandes cidades e a vida do espírito". Tradução de Leopoldo Waizbort (Trad.). Die Grobstädte und das Geistesleben (1903), in *Georg Simmel Gesamtausgabe*, Frankfurt/M, Suhrkamp, 1989 ss., vol. 7, p. 116-31.

SLATER, Don. *Cultura do consumo e modernidade*. São Paulo: Nobel, 2002.

_____. & MILLER, Daniel. "Moments and Movements in the Study of Consummer Culture: a discussion between Daniel Miller and Don Slater", in *Journal of Consumer Culture*, nº 7; 5, p. 5-23, 2007.

UNEP & UNESCO. *Is the Future Yours? A research project on Youth and Sustainable Consumption*. Disponível em: http://www.uneptie.org/pc/youth_survey/index.htm. Acesso em: 26/07/2007.

_____. *Youth, Sustainable Consumption Patterns and Life Styles*. Managemente of Social Transformations, 2001. Disponível em: http://unesdoc.unesco.org/images/0012/001242/124238e.pdf. Acesso em 26/07/2007.

WILLIAMS, Raymond. *Cultura*, 2ª ed. Rio de Janeiro: Paz e Terra, 2003.

Esta obra foi impressa no outono de 2010 em Santa Catarina pela Nova Letra Gráfica & Editora. No texto foi utilizada a fonte Minion Pro, em corpo 10,5, com entrelinha de 14,8 pontos.